KB066172

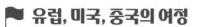
유럽, 미국, 중국의 여정

" 역사 속으로 한 걸음,

민주주의 흥망의
역사를 걷다

김종천 지음

이야기로 풀어나가는 민주주의 역사 기행 "

어문학사

민주주의 흥망의 역사를 걷다
: 유럽, 미국, 중국의 여정

김종천 지음

어문학사

머리말

약 1만 년 전까지 야생동물처럼 떠돌이 생활을 했던 인류가 오늘날과 같은 문명을 이룬 것은 기적 같은 이야기이다. 1만 년 전의 원시인이 타임머신을 타고 날아와서 현대인이 사는 모습을 보게 된다면, 현대인이 비행접시에서 내리는 우주인을 볼 때보다 한층 더한 충격을 받을 듯하다. 과학기술의 발전으로 현대인은 과거의 인류가 상상도 할 수 없었던 물질적 풍요와 생활의 편리함을 누리고 있다. 인류 문명의 발전은 단순히 물질적 영역에서뿐만 아니라 사회생활에서도 이루어졌다. 돌도끼를 손에 든 몇 명의 남자들이 사냥한 야생동물을 어깨에 메고 몇 개의 갈대 움막으로 둘러싸인 평평한 마당으로 들어서면 채집한 야생 열매를 손질하던 여자들과 아이들이 환호하면서 몰려들었다. 그날 밤에 그들은 마당에서 고기를 구워서 나누어 먹고는 흡족한 기분으로 한바탕 춤과 노래를 즐겼다. 이렇게 원시 공동체에서 출발한 인류 사회는 촌락, 도시, 국가 공동체로 점차 규모가 확대되었고 이에 따라 권력, 규범 및 제도가 출현하였다. 야생동물의 세계에도 권력이 존재하지만, 권력을 제어하거나 나누는 제도는 오로지 인류 사회에만 존재한다. 그런 면에서 인류 사회 최고의 발명품은 아마도 민주주의일 것이다. 대체 민주주의가 어디서 어떻게 시작되었는가를 정확히 알 수는 없지만, 까마득한 옛날에 자유와 권력 사이의 다툼에서 출현했던 것으로 보인다. 그 시절에 사람들은 권력에 제한을 가하는 것을 자유라고 불렀다.*

널리 알려지기로는 민주주의가 고대의 지중해 세계에서 시작되었다고 한다. 지중해의 유럽 연안에는 거의 전역에 산들이 늘어서 있고, 이 산들은 바다를 향해서 달린다. 가파르고 굴곡진 지형 덕분에 곳곳에서 절벽과 푸른 바다가 어우러진 절경이 출현한다. 지중해에 속한 에게해 연안의 좁고 척박한 도시인 아테네는 고대 시대에 찬란한 문명의 꽃을 피워서 흔히 서양 문명의 요람이라고 불린다. 바로 이 도시에서 약 2,500년 전에 자유와 평등 그리고 시민 주권을 확립한 민주주의가 출현하여 먼 훗날에 탄생하는 근대 민주주의의 뿌리가 되었다.

고대의 찬란한 문명이 무너지고 서양 세계에 어둠이 드리웠던 시절이 있었다. 역사책에서 흔히 중세라고 불렸던 빈곤과 무지의 시대에도 지중해 연안에서 환한 빛을 발했던 도시가 있었다. 바로 아드리아해의 끝자락 구석에 자리 잡은 베네치아였다. 이 도시는 갯벌 호수 속의 늪지대라는 불리한 자연환경을 극복하고 약 천 년 동안 지중해 해상 교역의 중심지로 번영하며 풍요롭고 찬란한 문명을 이루었다. 오늘날에는 단지 세계적인 관광지로 명성을 누리고 있는 이곳에서는 이미 중세에 정치와 종교의 분리, 언론과 출판의 자유 그리고 권력의 견제와 균형이 실현된 공화국이 출현하였다.

---

* 존 스튜어트 밀, 『자유론』, 책 세상

베네치아의 중세 민주주의는 아테네의 고대 민주주의와 함께 자유와 평등의 정신을 근대 서구 사회에 전해주었다.

15세기 말에 대항해 시대가 개막된 이후로 대서양을 통한 교역이 활기를 띠면서 유럽 문명의 중심지는 점차 지중해 연안에서 대서양 연안으로 이전했다. 특히 대서양 북서 연안의 많은 도시에서 근대자본주의가 발전하면서 흔히 '시민계급'이라고 불리는 상공업자 계급이 성장했고 결국에는 그들이 주인공인 근대 서구 사회가 출현했다.

"서구 제국이 근대적으로 된 것은 그들이 서구 사회의 지배적인 계층이 될 만한 능력을 갖춘 부르주아지를 낳은 순간부터였다."[*]

시민계급의 발흥과 함께 17세기에 잉글랜드에서는 의회가 전제왕권과 싸워 이기고 유럽 최초로 입헌군주제를 정착시켰다. 그리고 이웃 나라인 프랑스에서는 18세기에 봉건적 신분 질서와 전제왕권을 무너트린 대혁명이 발생했다. 이 사건은 최초에는 혁명 과정에서 흘린 피로 전 유럽을 놀라게 했고, 훗날에는 새로운 혁명 사상을 전 유럽에 전파하여 온 세상을 진동시켰다. 이 두 나라에서 근대에 발생했던 혁명으로 인하여 '국민이 국가의 주권자'라는 의식이 서구 사회의 기본 정치사상으로 뿌리내렸다. 하지만 근대 민주주의는 순탄하게 발전한 것이 아니라 때때로 어이없는 퇴행을 겪기도 했다. 특히 20세기 전반기에 독일에서 출현한 나치 정권은 근대 민

[*]   A. J. Toynbee, 『역사의 연구 II』, 흥신문화사

주주의 역사에서 최악의 참사였다. 이 사건은 발전된 문명국에서도 때로는 민주주의가 허망하게 무너질 수 있고 보통선거를 통해서도 독재 정권이 출현할 수 있다는 것을 보여주었다.

근대 서구 문명이 전 세계로 퍼져나가면서 더불어서 근대 민주주의도 비유럽 지역에서 자리 잡게 되었다. 특히 대서양 건너편에 있는 북아메리카의 광활한 대지 위에 서구 문명을 이식한 미국인은 18세기 말에 영국에서 독립하여 독특한 연방 공화국을 세웠다. 그들은 유럽의 낡은 악습을 청산하고 자유롭고 평등한 새로운 민주 사회의 모범을 제시했다. 하지만 세월이 흐르면서 미국의 민주주의는 건국 초창기의 모습에서 많이 변질되었다. 자신들의 삶을 스스로 결정했던 마을과 소도시의 풀뿌리 민주주의는 시들었고, 워싱턴에는 제왕적 대통령이 자리 잡고 있다. 대자본의 금권이 정가를 주무르면서 사회를 지배하고 빈부차와 인종 갈등이 날로 심화하는 오늘날의 미국을 과연 민주주의 모범 국가라고 할 수 있을지 의문이 제기되고 있다.

동양 문명의 대명사이자 중세에 세계 최고의 문명을 이루었던 중국은 그 긴 역사에서 민주주의의 맹아를 틔우지 못했다. 마침내 20세기에 들어와서 중국의 전제 왕조와 봉건적 신분 질서가 무너지고 자유와 평등을 내세운 중화민국이 새로이 수립되었다. 하지만 전제주의와 봉건적 인습이라는 오랜 독기가 배어있는 토양에서 민주주의는 제대로 뿌리를 내리지 못했고, 중화민국은 독재와 부패라는 오욕을 안고서 중국의 대륙에서 사라져버렸다. 그리고 1949년에 새로 출현한 중화인민공화국에서는 공산당 일당독재가 지금까지 계속되고 있다. 그래서인지 '중국인의 유전자에는 민주주의가 없다.'라는 서양인의 조롱과 함께 '공자 탓'이라는 자조가 출현하기도 했다. 심지어는 "황인종은 복잡한 국가에까지 발전할 수는 있으나 민주체제에까지 도달할 수는 없다."[*]라는 백인 우월주의에 기반을 둔 평론까지 출현했다. 과연 중국은 이런 모욕을 딛고 일어나서 민주화를 이룰 것인가?

  이 책에서 전개되는 민주주의 이야기는 단순한 정치적 사건의 모음이 아니라, 정치적, 사회적, 경제적, 문화적 요소들이 상호작용하는 인류 문명사적 고찰이다. 그리고 여기서 민주주의 이야기는 이상과 이념의 틀을 벗어나서 수많은 사람들이 자자손손 살아가면서 투쟁했던 대하 드라마이다. 민주주의는 인류 사회 최고의 발명품이지만 정착하기도 힘들었고 일단 정착해도 때때로 어이없이 무너졌다. 그래서 민주주의 역사는 일보 전진 일보 후퇴의 파란 많은 이야기이다. 그래서 나는 민주주의를 찾아 떠난 역사의 여행길에서 민주주의 발전과 쇠락에 관한 보편적인 담론을 두 사람 사이의 문답식 대화 형식으로 중간중간에 제시하였다. 더불어서 "백문이 불여일견"이라는 격언을 생각하며 역사적 현장과 인물을 담고 있는 사진을 끼워 넣기도 했다. 독자들의 지루함을 줄일 수 있지 않을까 하는 기대에서 전통적인 역사 서술 방식에 변화를 주었지만, 이에 관한 평가는 전적으로 독자의 몫일 것이다.

[*]   모리스 뒤베르제, 『정치란 무엇인가』, 나남출판

목차

1.
아테네
민주주의

1. 아테네 민주주의

평균적 아테네 시민의 지적 수준은 법정과 시민 집회에서의 실천을 통해 고대와 현대를 막론하고 다른 어떤 정치의 지적 수준보다 훨씬 뛰어났다.[*]

아테네를 둘러싸고 있는 그리스 중부 아티카 지방의 토양은 고대로부터 기름진 땅이 아니었다. 철학자 플라톤의 말에 의하면 높은 지역에서 씻겨 내려온 흙들은 심한 폭풍에 의해서 이렇다 할 퇴적평

아티카(Wikipedia)

야를 아티카에서 만들지 못하고 바다로 다 쓸려나가서 기름진 흙은 다 사라져버리고 땅의 뼈다귀만 남았다.[**]

---

[*]   민주주의, 『한스 포어랜더』, 북 캠퍼스
[**]   H.D.F. 키토, 『고대 그리스, 그리스인들』, 갈라파고스

"이렇게 척박한 땅에서 어떻게 찬란한 고대 문명이 발전할 수 있었을까요?"
"농사가 안 되면 먹고살기 위해서 다른 방법을 찾게 되는데, 바로 해상 교역이었어."

아테네 도자기, 대영박물관 소장

아테네는 지중해의 여러 지역과 교역을 늘리면서 점차 부유해지기 시작했다. 아테네의 수출품은 주로 도자기, 수공업 제품, 올리브유, 포도주 등이었는데, 그 품질이 우수해서 지중해 연안의 시장을 석권하였다.

반면에 아테네는 자신들에게 부족한 밀과 목재 등을 대량으로 수입하였다. 그 바람에 아테네 도심에서 약 8km 떨어져 있는 피레우스 항구가 크게 발전하였다. 아테네와 피레우스 항구는 일체화되어 하나의 거대한 경제 중심지를 이루었다.

"구름 한 점 없이 파란 하늘 아래 항구는 상인들로 북새통을 이루었고, 부두에는 수백 개도 넘는 거대한 창고와 세관, 환전소가 있었다. 사람들은 환전소 앞에서 줄을 서서 차례를 기다리며 수다를 떨고 있었다. 창고 앞에는 물건을 보관하려는 사람과 물건을 찾는 사람들로 혼란스러웠다. 파피루스 종이를 묶은 책자를 들고 있는 관리는 무엇인가를 쉴 새 없이 기록하고 있었다."[*]

---

[*]   막스 크루제, 『시간여행 1』, 이끌리오

BC 5세기에 피레우스 항
구는 에게해의 교역 중심지
였고, 항구 주변에는 조선소
가 두 개나 있어서 외국에서
들어온 선박의 수리를 맡기
도 했다. 이곳에 있던 조선소
들은 그리스 세계에서 가장

피레우스 항구(Wikipedia)

규모가 크고 잘 정비된 설비를 갖추고 있어서 배가 400척까지 들
어갈 수 있었다.

"상공업이 발전한 사회에서 민주주의가 발전하나요?"
"그런 경향이 있어. 상공업 중심 사회는 농경 사회보다 진취적, 역동적, 개방
적이며 계층과 직업의 분화가 일어나기 때문에 민주주의가 발전하기에 좋은
토양을 갖고 있어."
"그러면 아테네에서 민주주의가 발전한 것이 상공업 중심의 사회였기 때문인
가요?"
"그뿐 아니라 '폴리스'라고 불리는 그들만의 독특한 공동체가 형성되었기 때문
이기도 했지."
"그런데 폴리스에서 민주주의가 발생한 이유가 무엇이죠?"
"폴리스는 정치적으로 독립적인 공동체였고, 이곳에서 사람들은 자율적인 삶
을 영유하면 자유를 삶의 기본적인 조건으로 간주했어."

BC 13세기에 북쪽에서 내려온 도리스인이 그리스의 중남부 지
역을 침입하자 혼란에 빠진 이오니아인들이 아테네로 모여들어서
비교적 인구가 많은 폴리스가 형성되었다고 한다. 역사가 투키디데

스는 당시 상황을 이렇게 적었다.

> "헬라스의 다른 지방에서 전쟁이나 내란으로 도망쳐온 사람들 가운데서 가장
> 세력이 큰 자들이 아테네의 안정된 상태에 마음이 끌려 그곳에 정착했다."[*]

아크로폴리스(Wikipedia)

이 시대에 아테네인들이 가파른 언덕 위에 신전과 성벽을 건설하여 '높은 도시'라는 의미의 아크로폴리스를 세웠다고 한다.

> "저렇게 높은 곳에다가 힘들게 건축을 한 이유가 무엇인가요?"
> "아크로폴리스는 본시 외적이 침략하면 주민들이 그곳으로 도피하여 적의 공
> 격을 막아내는 방어 거점이었어. 그래서 높은 곳에 성벽을 쌓아서 요새화하
> 였고 그곳에 신전을 건축했지."

[*]   투키디데스, 『펠로폰네소스 전쟁사 上권』, 범우

도리스인의 침입으로 그리스 전체가 암흑시대를 겪은 뒤에 BC 6세기에 들어서면서 아테네는 이른바 고전기라고 불리는 번영기를 시작하게 되었다. 새 시대의 초석을 세운 사람은 솔론이었다. 아테네의 한 귀족 가문에서 태어난 솔론(BC 638~560)은 집안의 가세가 기울자 돈벌이를 위해 젊은 날에 해외로 나가서 사업에 전념했다. 훗날 그는 해외에서 어느 정도의 재산을 모아서 40세에 고향인 아테네로 돌아왔다. 몇 년 후에 그는 아테네 각료로 선출되면서 개혁에 착수했다. 개혁의 내용은 시민들을 오로지 경제력만을 기준으로 네 계급으로 구분하여 각각의 권리와 의무를 규정할 뿐만 아니라, 또한 빚을 갚지 못한 채무자가 채권자의 노예가 되는 것을 금지하는 것이었다.* 이로써 귀족과 평민의 갈등이 완화되었으며, 사업에 실패해도 노예로 추락하는 것을 막아서 이른바 '기업가 정신'이 강화되었다. 솔론의 개혁은 아테네 민주정치의 진정한 출발점이었고 나아가서 아테네가 고대 그리스에서 문명의 중심으로 우뚝 서게 된 계기가 되었다.

> "아테네의 시민은 구체적으로 누구인가요?"
> "아테네의 시민은 귀족과 평민을 포함한 자유민의 개념이었는데, 구체적으로는 여성, 노예, 외국인을 제외한 아테네에 거주하는 20세 이상의 남성을 의미했어."

아크로폴리스 언덕 아래에는 아테네 문명의 중심지라고 할 수 있었던 아고라가 생겼다. 이곳에는 여러 부류의 인간들이 몰려 있

---

*   시오노 나나미, 『그리스인 이야기 I』, 살림

아고라(Wikipedia)

어서 시끌벅적했다. 성인 남자들은 삼삼오오 모여서 대화를 나누었고, 젊은 여자들은 수다를 떨면서 물건 구경을 하고 다녔다.

본시 아고라는 시장이었지만 사람들이 몰리면서 점차 토론장의 역할도 했고, 그래서 BC 600년경부터는 상업과 정치의 중심지가 되었다. 사람들은 아고라에 와서 필요한 물건만 산 것이 아니라 온갖 소문도 들었고 지천에 널린 구경거리도 즐길 수가 있었다. 고대 아테네인은 사교적이고 활동적인 사람들이었기에 집구석에서 혼자 무엇을 하기보다는 아고라에서 다른 사람들을 만나서 대화나 토론하기를 좋아했다.

"혹시 아고라가 아테네 민주주의의 토양이었나요?"
"아고라에서는 토론 문화가 발전했는데, 이것이 민주주의 발전에 큰 역할을
  했던 것 같아."

아고라의 한 귀퉁이에서 청년들과
대화를 나누고 있는 중년의 남자가 있
었다. 그는 아테네에서 보기 드문 추
남이었지만, 자세히 보면 그 얼굴에서
내면의 아름다움이 뿜어져 나오고 있
었다. 그의 이름은 소크라테스이고 부
유하지 않은 제3계급에 속한 사람이
었다. 훗날 로마인의 서재에서 가장
흔하게 발견된 흉상의 주인공이었다.

소크라테스 흉상(Wikipedia)

"소크라테스의 가르침은 대체 어떤 내용이었나요? '너 자신을 알라'라는 말을
  그가 했다고 하는데."
"사실 소크라테스가 특정한 사상을 가르친 것은 아니었고 사람들의 무지를
  일깨워주면서 사고를 통해 지혜에 도달하는 방법을 알려준 것이었어."

소크라테스(BC 470~399)는 육체적 욕망과 감각이 영혼을 혼란
과 동요에 빠트리기 때문에 영혼이 여기에서 벗어나야 비로소 진리
를 볼 수 있다고 생각했다. 육체적 욕망과 감각에서 벗어난 순수한
상태의 영혼이 바로 지혜이고, 지혜에 도달하기 위해서는 사고해
야 한다고 그는 생각했다. 소크라테스는 종종 모든 것을 잊어버리
고 사고에 빠져드는 버릇이 있었다. 플라톤의 『향연』에는 이런 일

화가 소개되었다. 어느 날 소크라테스가 지인의 저녁 만찬에 초대받아 걸어가는 도중에 사고에 빠져서 모든 것을 잊고 한동안 서 있었다. 한참 후에 그가 사고에서 깨어나서 다시 걸음을 내디디어 초대받은 장소에 도착했을 때는 초대받은 다른 사람들이 식사를 반쯤 마친 상태였다.[*]

아고라가 내려다보이는 '프닉스(Pnyx) 언덕'은 나무 그늘도 없이 강렬한 햇살이 내리쬐는 돌덩어리 언덕이다. 돌로 만든 계단 형태의 연단만이 있어서 무심한 여행자는 눈길 한 번 주지 않고 종종걸음치며 지나갈 그런 장소이다. 하지만 이곳은 까마득한 그 옛날에 민주정이 탄생한 경이로운 곳이다.

프닉스 언덕 전경(Wikipedia)

[*]   플라톤, 『소크라테스의 변명』, 문예출판사

"아테네의 민주정이 데모크라티아(demokratia)라고 불렸는데, 이 단어의 본래 의미는 무엇인가요?"

"데모크라티아는 시민을 의미하는 demo와 권력을 의미하는 kratos를 결합한 단어로서 '시민의 권력'이라는 의미인데, 시민이 입법, 행정, 사법에 관한 모든 권한을 행사한다는 뜻이지."

프닉스 언덕의 연단(Wikipedia)

시민들은 바닥에 반원형으로 둘러앉았다. 연사들은 연단에 서서 소리가 잘 들리도록 목청껏 외쳐야 했다. 위대한 연설가 데모스테네스는 프닉스 언덕에서 자신이 하는 연설을 모든 사람이 잘 들을 수 있게 목청을 키우기 위해 파도가 치는 바닷가에서 연습했다고 한다.* 아테네의 시민 집회는 시민권을 가진 20세 이상의 성인 남

---

*   도널드 케이건, 『페리클레스』, 지식향연

자가 참가하여 국가의 주요 정책을 결정하고 공직자를 선출하는 최고 의결 기관이었다. 비록 여성과 노예에게는 투표권이 없었지만, 최하층 시민까지 국정에 참여해 한 표를 행사할 수 있는 민주정치의 장이었다.

"시민 집회는 자주 열렸나요?"

"달력에 의해 확정된 의무 집회만 1년에 40회 정도였어."

"시민 집회에서는 주로 어떤 안건이 결정되었나요?"

"법률의 제정과 개정, 조약의 승인, 전쟁의 선포 및 지휘관과 군대 규모의 결정, 공직자의 임명과 면직, 도편추방제의 실행 여부 등으로 다양했어."

회합에 참여할 사람들 대부분은 바로 프닉스로 오지 않고 아고라에서 잡담을 나누었다. 그러다가 점심때가 되면 슬슬 집회장으로 몰려와서는 앞자리에 앉겠다고 밀치며 신경전을 펼쳤다. 마침내 자리가 조용해지면 사회자가 나타나서 "발언하실 분 계신가요?" 하고 외쳤다.

"시민 집회에 참석하는 사람들의 수가 얼마나 되었나요?"

"BC 5세기에 시민권을 가진 성인 남자의 수는 3~4만 명이었어. 하지만 아테네 시내 밖에 있는 아티카 지방에 사는 사람들의 출석이 저조해서, 집회에는 6천 명 정도가 참석하는 것이 보편적이었지."

시민 집회에 여성과 노예의 참여가 배제되었다는 점에서 아테네 민주주의가 질적으로 떨어진다는 평이 있는 것이 사실이다. 하지만 19세기까지 세계 거의 모든 나라에서 여성들의 참정권이 없었고,

미국에서는 19세기 후반까지 노예제도가 있었으며, 서유럽에서는 19세기까지 소득과 재산에 근거해서 참정권이 제한되었다. 이는 기원전에 출현한 아테네 민주주의가 근대 민주주의와 비교해서 절대로 뒤지지 않음을 의미한다.

"아테네 민주주의에서 가장 뛰어난 점은 무엇이었나요."
"표현의 자유가 보장된 것이었어."

안건이 있는 사람이 연단에 올라가서 시민들에게 연설한 후에 시민들은 그 안건에 대해 투표로서 가부를 결정했다. 모든 시민이 발언할 수 있었지만, 실제로는 많이 배운 귀족들이 주로 연단에 올라갔고, 대중들은 조용히 듣고 나서 거수로 표결에 참여하는 것이 보편적인 모습이었다. 의사 결정은 다수결의 원칙으로 이루어졌다.

BC 508년에 시행되었던 클레이스테네스의 개혁으로 아테네의 민주정치는 진일보하였다. 이때부터 시민 중에서 500명이 추첨으로 뽑혀서 행정을 담당하는 공직자로 일하게 되었는데(500인 평의회), 이는 인류 역사상 최초로 일반 시민이 국정에 참가한 제도라고 할 수 있다. 이른바 '500인 평의회'는 10개의 지역구에서 각각 50명씩 추첨으로 뽑힌 것이었다. 10개의 지역구는 아테네 시내를 포함한 아티카 지역 전체를 구획한 오늘날의 지방자치단체에 해당하는 정치적 공동체로, 이전의 혈연 기준 부족 공동체를 행정 단위로 개편한 것이었다.

"추첨으로 공직자를 뽑으면 전문성이 떨어질 텐데요?"

"그래서 전문성이 필요한 자리 즉 재무, 건설, 외교 등의 분야에서는 선거로 공직자를 뽑았어."

"추첨 제도를 반드시 유지해야만 될 이유가 있었나요?"

"모든 시민에게 국정에 참여할 기회를 평등하게 준다는 이상을 표현한 것이야. 즉 시민의 평등성에 대한 상징이었어."

한편 각료이면서 전시에는 군대의 장군을 맡게 되는 스트라테고스(strategos)는 10개의 지역구에서 한 명씩 매년 시민 투표로 총 10명이 선출되었다. 스트라테고스의 정치적 권력은 시민 집회에 참석한 시민들에게 자신의 조언을 따르도록 설득하는 것으로 제한되었다. 따라서 아테네에는 국가원수나 행정부의 수반이 없었고, 시민 집회가 입법과 행정의 최고 의결 기구였다.

"도자기 조각에 쓰여 있는 글자는 사람의 이름 같은데요."

"클레이스테네스가 도입한 도편추방제라고 하는 제도의 흔적이지."

도편(위키백과)

이 제도는 두 단계 절차를 거쳐서 시행되었다. 매년 시민 집회에서 도편추방 실시 여부가 거수로 표결되었다. 만약에 시행 쪽으로 표결이 이루어지면 두 달 후에 아고라에서 시민들이 추방되어야 할 사람의 이름을 도자기 조각에 적어서 제출했다. 이때 의사정족수 6천 명을 기준으로 하여 절반 이상의 투표자가 같은 이름을 적어 넣는 경우가 발생하면, 그 당사자는 국외로 추방되어 10년간 돌아올 수 없었다. 이 경우에도 추방된 사람의 시민 신분과 재산은 그대로 유지되었다.

"그런데 하필이면 왜 도자기 조각에 글씨를 썼나요?"
"당시에 종이로 사용되었던 이집트산 파피루스는 값이 비쌌고, 반면에 도자기
　생산이 활발했던 아테네에서는 도자기 파편이 흔했기 때문이었지."
"어떤 사람이 추방 대상자였나요?"
"아테네를 위기에 빠트릴 것으로 생각되는 사람이었다는군."
"거참. 기준이 애매모호하군요."
"그래서 이 제도는 정치가들 사이에서 정적을 제거하는 수단으로 흔히 이용되
　었고, 그래서 훗날에는 폐지되었어."

　도편추방 제도에 의한 추방은 BC 487년에 최초로, 그리고 BC
417년에 마지막으로 실행되었다.

　고대 시대에 아테네에서 민주주의가 번영한 비결은 자유에 대한
열망, 개인주의와 공동체주의의 적절한 조화, 그리고 법치주의였다
고 평가되고 있다.
　아테네의 비극 작가 에우리피데스의 작품 「탄원하는 여인들」에
서는 이런 찬가가 나온다.

"도시에 독재자보다 더 해로운 것은 아무것도 없네.
　무엇보다도 그런 도시에서는 공공의 법이 없고,
　한 사람이 법을 독차지하여 자신을 위해 통치하기 때문일세.
　그리고 그것은 이미 평등이 아닐세.
　하지만 일단 법이 성문화되면 힘없는 자나 부자나 동등한 권리를 갖게 된다네.

그러면 부유한 시민이 나쁜 짓을 할 경우 힘없는 자가 비판을 할 수 있으며,
약자도 옳으면 강자를 이길 수 있다네."*

　아테네에서 법은 독재자의 통치 수단으로 만들어지는 것이 아니
라 시민 집회에서 제정되어 모든 사람에게 평등하게 적용되기에,
아테네에서는 '인치'가 아닌 '법치'가 실현되었다는 것을 의미한다.
　아테네인의 자유에 관해서는 페리클레스(BC495~429)가 평이하
게 표현한 부분이 있다.

"우리는 자유인으로서 공적 생활을 할 뿐만 아니라 일상생활을 하는 데 있어
서로의 의심에서 자유롭습니다. 우리는 이웃이 자기가 하고 싶은 것을 한다
고 해서 화를 내지 않고 언짢은 시선으로 바라보지 않습니다."**

　더불어서 그는 아테네 시민이 스스로 자신의 문제를 해결하면
서, 공동체가 어려움에 봉착하면 책임 의식과 희생정신을 발휘한다
고 하여 아테네에서 개인주의와 공동체주의가 조화롭게 공존하고
있음을 지적하였다.

"페리클레스는 어떤 사람이었나요?"
"그의 어머니는 아테네 민주주의를 크게 발전시킨 클레이스테네스의 조카였
어. 그러니까 그의 외가가 아테네 최고의 명가인 알크마이온가(家)였어. 그
의 아버지는 아테네의 정치 지도자 중 한 명인 크산티포스였고."
"그러니까 페리클레스는 집안의 후광을 많이 받았겠군요? 요즘 말로 '엄마,

* 　한스 포어랜더, 『민주주의』, 북 캠퍼스
** 　도널드 케이건, 『페리클레스』, 지식향연

아빠 찬스'였겠어요?"

"물론 그것이 크게 작용한 것도 사실이지만, 페리클레스의 자질도 뛰어났지."

어린 시절부터 뛰어난 지적 능력을 보였던 페리클레스는 배우고 싶은 열정이 너무도 강해서 당대의 지성들을 찾아다녔다. 그에게 가장 큰 영향을 준 사람은 이오니아 지방 출신의 아낙사고라스였다. 그는 전통적이고 종교적인 사고에서 벗어나서 과학적인 사고를 한 사람이었다. 예를 들면 태양은 큰 돌덩어리가 빨갛게 달궈져 용해된 물질이고, 달은 지구와 같은 물질로 이루어진 평원과 협곡이 있는 땅이라는 것 등이었다. 페리클레스는 아낙사고라스와 대화하면서 미신에서 벗어나게

페리클레스(위키백과)

되었다. 페리클레스는 31세에 정치 무대에 올라갔다. 아테네 귀족 출신의 젊은이치고는 다소 늦은 나이였다. 당시 아테네 정가에는 정당이라는 조직이 없었기 때문에 정치가로 등단하는 사람은 자신의 주위에 몰려드는 지지 세력을 통하여 위세를 얻게 되었다. 페리클레스는 명망이 높은 가문 출신이었기에 주변에 강한 지지 세력이 있었고, 재능을 타고난 데다가 많은 교육까지 받아 뛰어난 지성을 갖추어 정치 지도자로 급속히 부상하였다.

이후 페리클레스는 32년간 매년 스트라테고스로 선출되는 전설적인 기록의 보유자가 되었다. 그는 차분하고 이성적이며 설득력이 있는 연설로 시민들의 신망을 얻었다.

"페리클레스의 정치적인 업적으로는 무엇이 있나요?"

"그는 클레이스테네스가 개혁한 민주주의 제도를 보완했어. 대표적인 예를 들면 공무를 수행하는 민중들에게 급여를 지불했어."

"급여를 받는 사람들은 구체적으로 누구였나요?"

"추첨으로 공무를 담당한 사람들, 전장에 나간 사람들 등이지. 물론 1, 2 계급에 속한 사람들은 공무 중에도 급여를 받지는 않았고 3, 4 계급에 속한 사람에게만 급여를 지급해서 그들의 생활을 안정시켰어."

페르시아 전쟁은 아테네의 전성기가 시작되는 역사적인 전환점이 되었는데, 그 이야기는 이렇게 시작되었다. 중동 지역을 통일한 대제국 페르시아가 BC 545년에 그리스 도시들이 있는 에게해 동쪽 연안인 소아시아의 이오니아 지역을 정복하였다. BC 499~493년에 이오니아 지방의 그리스 도시들이 페르시아로부터 해방되기 위해 반란을 일으켰고, 아테네는 반란을 지원하기 위해 원군을 보냈다. 하지만 결국 페르시아는 이오니아의 반란을 진압했을 뿐만 아니라, 후환을 없애고 징벌하기 위하여 그리스를 침략하였다. 이로 인해 아테네를 주축으로 하는 그리스는 두 번이나 페르시아와 승부를 겨루게 되었다. BC 490년에 발생한 제1차 페르시아 전쟁에서 아테네는 약 40km 떨어진 마라톤 평원에서 페르시아 군대와 결전을 벌였다.

당시에 페르시아의 다리우스 대왕이 보낸 정벌군 2만 5천 명은 300척의 배를 타고 에게해를 건넜다. 그중에서 1만 5천 명으로 구성된 제2군이 마라톤에 상륙했다. 페르시아 군대에 맞서는 아테네 군대는 밀티아데스가 지휘하는 약 1만 명의 병력으로 마라톤 평원

의 배후를 에워싼 숲에 진영을 세웠다. 5~6일의 대치 후에 양 군대
는 평원에서 결전을 치렀다. BC 490년 8월 말의 어느 더운 날 아테
네 군대는 오른편에 바다를, 페르시아 군대는 왼편에 바다를 두고
아침부터 저녁까지 평원에서 전투했다. 결과는 아테네 군대의 대
승. 아테네 측 전사자는 192명, 페르시아 측 전사자는 6,400명이었
다. 살아남은 페르시아 병사들은 배를 타고 꽁무니가 빠지게 도망
갔다.

그리고 10년 후인 BC 480년에 시작된 제2차 페르시아 전쟁에서
도 테미스토클레스가 지휘했던 아테네 해군은 살라미스 해전에서
페르시아 해군에 대승을 거두었다. 사실 행운의 여신은 살라미스
해전이 터지기 이전부터 아테네에 웃음을 보내고 있었다. 사연인즉,

BC 483년에 아테네인은 아티카 변방에서 매장량이 풍부한 은광을 발견했는데, 당시의 정치 지도자 테미스토클레스는 이 은을 사용해서 200척의 전함을 건조하도록 아테네 시민들을 설득했다.

페르시아 전쟁에서 아테네의 승리는 자신들의 자유를 지키기 위해서 모든 힘을 쏟아부은 정신의 승리였다. 아테네인에게 자유란 목숨을 걸고 수호해야 하는 가장 소중한 것이었기 때문이다. 아이스킬로스에 의하면 아테네군은 다음과 같이 외치며 적을 향해 돌진했다고 한다.

"자유를 위하여, 그리스의 아들들이여,
　조국과 자녀와 아내를 위한 자유,
　숭배를 위한, 우리 조상의 무덤을 위한 자유."*

2차 페르시아 전쟁에서 승리한 후에 아테네는 황금시대를 맞이하였다. 이 시절에 지어진 최고의 건축물이 바로 아크로폴리스에 있는 파르테논 신전이다.

고대 그리스 건축의 최고봉으로 평가되고 있는 파르테논 신전의 건축을 주도한 사람은 페리클레스였다. 하지만 BC 445년 파르테논 신전 건축이 막 시작되었을 때 그의 정적들이 신전 건축에 너무 큰 비용이 들어간다는 점을 지적하면서 그를 공격하였다. 이에 대응해 페리클레스는 시민 집회에서 이렇게 연설하였다.

*　이디스 해밀턴, 『고대 그리스인의 생각과 힘』, 까치

"국비를 투입할 가치가 없다면 비용 전액을 내가 부담하겠습니다. 그러나 그런 경우 완성된 신전 앞에 '이곳은 페리클레스가 개인 돈으로 완성했다'라고 새긴 비석을 세우는 것을 조건으로 내걸겠습니다. 따라서 시민 여러분은 지금처럼 국비로 공사를 계속할지, 아니면 앞으로 내가 부담해서 공사를 계속할지 결정해주시기 바랍니다."*

결국에 시민 집회는 파르테논 신전 건축을 시민들의 세금으로 할 것을 결정하였다. 아테네 시민들은 자신들의 부를 파르테논 신전 건축을 위해 아낌없이 사용하였다. 몽테스키외에 의하면 훌륭한 민주정치 체제에서는 시민들이 평등을 지향하기 때문에 다른 사람

---

* 　　시오노 나나미, 『그리스인 이야기 II』, 살림

들보다 호화로운 생활을 회피하고, 대신에 자신들의 부(富)를 국가
를 위해 사용하는 경우가 많은데, 전형적인 사례가 바로 아테네였
다.[*]

> "대체 그렇게 큰 비용을 들여서 이렇게 큰 신전을 새로 지은 이유는 무엇일까요?"
> "페리클레스는 아크로폴리스 언덕 위에 장엄하고 화려한 신전이 모습을 드러
> 내게 되면 매일 그곳을 바라보는 아테네인들에게는 큰 자부심이 될 뿐만 아
> 니라, 아테네를 방문한 외국인들이 감탄과 선망의 눈길을 보낼 것이라 기대
> 했다는군."
> "페리클레스는 신을 위해서가 아니라 국가적인 자랑거리를 만든 것 같네요."
> "그는 종교보다는 이성과 철학을 사랑했던 사람으로 신앙을 애국심으로 승화
> 했다고 할 수 있어."

페리클레스는 원대한 구상을 마음에 품고 있었다. 그것은 그리
스 세계의 시인, 화가, 조각가, 철학자 등이 몰려들어 찬란한 문명을
창조하는 위대한 아테네였다. 그리고 그 첫걸음은 누구나 고개를
들면 볼 수 있는 그 높은 아크로폴리스에 파르테논 신전을 건축하
는 것이었다.

파르테논 신전 건축은 BC 447년에 시작되어 건물은 9년 만에
완공되었지만, 건물 장식과 아크로폴리스에 오르는 계단이 완성되
기까지는 무려 총 15년이 걸렸다. 이 건물의 건축에는 아테네가 보
유한 모든 과학기술과 전문 인력이 총동원되었다. 지진이 자주 발

---

[*]   몽테스키외, 『법의 정신』, 문예출판사

생하는 지역에 건축되었기 때문에 특히 수학을 토대로 한 기술력이 최대로 활용되었다.

당시에 조각가로 명성을 날리고 있었던 페이디아스가 신전 건축의 총감독을 맡았을 뿐만 아니라, 신전을 장식하는 조각상을 직접 제작하였다.

"어떻게 보면 크고 단순한 형태일 뿐 특별한 아름다움이 느껴지지 않는 파르테논 신전이 왜 이렇게 유명한 것인지 이해되지 않아요."

"파르테논 신전이 보유한 특별한 예술성 때문인데, 그것은 단순성과 위엄이 창조한 아름다움이라고 평가되고 있어."

"파르테논 신전이 근대 서구 문명에 많은 영향을 끼쳤다고 하던데요."

"이 건물은 19세기 서유럽 신고전주의 건축 양식의 모범이 되었어. 이 양식의 대표적인 건물이 바로 대영박물관이지."

"건축 이외의 분야에 준 영향은 없었나요?"

"18세기 후반부터 19세기 초반까지 유럽을 휩쓴 하이든, 모차르트, 베토벤 등으로 대표되는 이른바 '고전주의 음악'이 파르테논 신전의 질서와 명료함 그리고 균형을 음악으로 표현했다는 평가를 받고 있지. 그래서 '고전주의 음악'이라는 이름이 붙게 되었다고 하더군."

페이디아스가 목재의 표면에 순금 및 상아로 치장하여 만든 12m 높이의 아테나 여신상이 BC 438년에 파르테논 신전 안에 안치되었다. 이 여신상을 제작하기 위하여 들어간 비용은 200척의 전함을 건조할 수 있는 액수였다고 한다.*

아테나 여신상 모조품
(Wikipedia)

"파르테논 신전 내의 아테나 여신상은 예술을 이해할 줄 아는 사람뿐 아니라 아테네 시민 전원이 의지하는 마음의 지주가 되었다."**

그러나 아쉽게도 이 아테나 여신상은 사라져버렸는데 화재로 소실되었다는 설이 유력하다.*** 지금 남아 있는 것은 로마제국 시대인 3세기에 만들어진 모조품으로 아테네 국립고고학박물관에서 전시되고 있다.

---

*   Der Parthenon - "Arte Doku", ARTE
**   시오노 나나미, 『그리스인 이야기 II』, 살림
***   Stil Epochen 01 - Antike - Griechenland (um 800 v. Chr. bis 100 v. Chr.) [BR 2009]

고전기 아테네인에 대해 알고 싶으면 희곡 작품과 연극 공연을 보면 될듯하다. 아테네인은 연극을 끔찍이도 사랑하여 야외 극장의 차가운 돌계단에 앉아 감상한 후에 관객 투표를 통해 우수 작품을 선정하였다. 아테네에서 공연된 연극은 비극이나 희극으로 불리며 시민들을 열광시켰고 작가들은 인기 스타가 되었다. 배우는 모두 남자였고, 여자 역할도 모두 남자가 맡아서 했다. 아테네에서는 부유한 사람들이 사회에 돈을 내놓게 하는 수단의 하나로, 연극을 공연할 때 드는 비용 전부를 그들이 부담하게끔 의무로 규정해 놓았다. 그래서 관객은 공짜로 연극을 관람했다.

> "부유한 사람들이 사회를 위해 또는 빈곤한 사람들을 위해 자신들의 부를 사용하는 행위가 민주주의 발전에 긍정적인 효과를 창조하나요?"
> "어느 사회나 부유한 사람과 빈곤한 사람이 섞여 있는 법이고, 그래서 계급 갈등이 발생하는데, 부유한 사람들의 자선 행위는 계급 갈등을 완화해서 사회의 안정에 이바지하여 민주주의의 토대를 단단하게 만드는 효과가 있어."

아크로폴리스의 남쪽 비탈 끝에 있는 디오니소스 극장은 BC 5세기에 건축된 고대 그리스의 대표적인 극장이었을 뿐만 아니라, 그리스 극장의 원조이다. 이 극장의 이름은 그리스 신화에 나오는 포도주와 연극의 신 디오니소스에서 유래하였다. 반원형인 이 극장에는 78줄의 객석에 1만 7천 명이 앉을 수가 있었다. 최초에 목재로 만들어졌던 객석은 훗날 석재로 교체되었다. 전면에 있는 석재로 만들어진 무대 위에 장치가 꾸며졌다.

디오니소스 극장 전경(Wikipedia)

아테네인은 디오니소스를 기리기 위하여 매년 봄에 이곳에서 디오니소스 제전을 개최하면서 그해의 첫 연극제를 열었다. 연극 상연은 디오니소스에게 바쳐졌기 때문에 연극을 본 뒤에 술을 마시고 소란스럽게 떠드는 것은 디오니소스가 인정한 행위로 여겨졌다. 본시 연극은 합창단이 신을 위해 불렀던 노래에서 발전된 것이었는데, 노래를 연극으로 발전시킨 사람은 위대한 비극 작가 아이스킬로스였다. BC 5세기 아테네의 황금시대는 비극의 전성기였는데, 이 시절에 아테네의 3대 비극 작가인 아이스킬로스, 소포클레스, 에우리피데스의 연극이 이 극장에서 공연되었다. BC 472년에 열린 디오니소스 제전에서 아이스킬로스의 작품 <페르시아인들>이 최고의 작품 중 하나로 선정되었는데, 이 작품의 공연 비용을 후원한 사람이 바로 페리클레스였다. 당시 20대 초반의 나이로 얼마 전에 사망한 부친에게서 큰 재산을 물려받은 그는 정계에 진출하기 위해 대중에게서 명성과 환심을 얻으려고 했다. <페르시아인들>은 페르시아가 살라미스 전투에서 패한 것을 알고는 고통스러워하는 페르시아 여성들의 이야기를 다룬 연극이었다. 페리클레스는 이 연극을 통하여 살라미스 해전의 영웅 중 한 명이었던 자신의 부친 크산티포스의 명예를 끌어 올리면서 동시에 자신도 명성을 얻게 되었다.

> "아테네인은 비극 작품을 좋아한 것 같아요."
> "아테네인이 비극만을 좋아한 것은 아니고 유머나 풍자도 또한 좋아했어."
> "대표적인 풍자 작품으로 어떤 것이 있나요?"
> "당대의 대표적인 풍자 희극 작가인 아리스토파네스의 작품 〈리시스트라테〉를 들 수 있지."

이 작품의 줄거리는 이렇다. 그때까지 20년간 아테네와 스파르타는 적이 되어 이른바 펠로폰네소스전쟁을 하고 있었는데, 오래 계속된 전쟁으로 인하여 아테네의 여인들은 인내의 한계에 도달했다. 그래서 전쟁을 끝내기 위하여 생각해 낸 것이 아테네와 스파르타의 여인들이 담합으로 양국 각각의 남자들에게 압력을 가하는 수단으로 성관계를 거부하는 이른바 '섹스 스트라이크'를 결행한다는 것이었다. 이 연극에서는 두 도시국가의 여자들이 모여 이런 구호를 외치는 장면이 나온다.

"애인이건 남편이건, 거시기가 딱딱한 사람은 얼씬도 마라!"*

"아테네의 연극들은 비극이든 희극이든 간에 사회적이고 철학적이며 예술성
이 뛰어난 작품이었다고 하는데, 어떤 비결이 있었나요?"
"아마도 국가와 종교 둘 다 아테네인이 원하는 대로 사고하도록 자유로이 내
버려 두었기 때문이었던 것 같아. 바로 자유는 아테네를 동시대의 다른 고대
사회와 구분시켜주는 결정적인 차이점이었으며 또한 아테네 민주주의의 토
양이었지."
"하지만 아테네의 여성들은 자유를 누리지 못했다고 하던데요."
"맞아. 아테네의 시민 집안 여자들은 외간 남자와는 인사도 못 나누고 외출도
마음대로 못 할 정도로 부자유스럽고 폐쇄적인 삶을 살았다고 하더군."
"그 이유가 무엇인가요?"
"태어난 아이가 아테네 시민으로서의 모든 권리를 누리려면 반드시 아이의
아버지가 아테네 시민이어야 했어. 그러려면 아이가 외간 남자의 씨를 받지
않았다는 것이 확실해야 했거든."

전형적인 남성 중심 사회였던 아테네에서 여성의 처지는 형편없
었다. 시민 집안의 소녀들은 아버지가 주선하는 남자에게 지참금을
들고 시집갔으며, 아내는 법적으로 남편의 소유물이었다. 혼인한
여성은 그저 집안 살림이나 하고 아이를 낳아주는 존재에 불과했
다. 아테네의 유명한 연설가이자 정치가였던 데모스테네스는 이런
말을 한 적이 있다.

---

*   막스 크루제, 『시간여행 1』, 이글리오

"창녀는 만족을 주니까 찾고, 첩은 심심하니까 거느리고, 마누라는 내 자식을 낳고 살림을 해주니까 데리고 산다."[*]

여성 나체상,
루브르박물관 소장

"여성이 폐쇄적인 삶을 영위했던 아테네에서 여성 나체상의 모델은 대체 누가 했나요?"
"아테네에서 제작된 여신상이나 여성상의 모델은 대부분 직업여성인 '헤타이라'였어. 이 시대의 직업여성은 춤추고 노래하고 악기를 연주하며 남자들을 접대하거나 대화 상대가 되어주는 여성을 의미했는데, 그녀들은 대부분 아테네 출신이 아닌 외국에서 태어난 그리스 여성이었지."

페리클레스는 본처와 이혼하고 직업여성과 재혼하는 파격적인 행위를 하여 아테네를 떠들썩하게 만들었던 적이 있었다. 그의 두 번째 부인이 된 직업여성 출신의 여자는 지성이 뛰어나서 철학자 소크라테스의 긴밀한 토론자가 되었다고 한다.

BC 477년에 아테네는 에게해의 연안과 도서 지방에 있는 도시국가들과 페르시아의 침략에 대항하는 군사동맹체인 델로스 동맹을 맺고 이후로 동맹 회원국들에 대한 지배를 강화하면서 제국으로 변모하였다. 델로스 동맹국 중에는 독립적인 도시국가도 있었지만, 대부분은 사실상 아테네의 속국이 되어서 자율성을 상당히 잃어버렸다. 심지어 속국들은 아테네의 도량형과 화폐를 사용하면서 자신

---

[*]　　막스 크루제, 『시간여행 1』, 이끌리오

들의 화폐 주조를 중지해야 했다. 게다가 BC 454년에는 델로스섬에 보관 중인 동맹의 금고를 아테네의 아크로폴리스로 이전했고, 나아가서 동맹국들이 납부하는 분담금의 1/6을 아테네의 수호신인 아테나에게 바친다는 명목으로 아테네가 마음대로 사용했다. 이 돈이 파르테논 신전의 공사를 위해서도 사용되었다.

> "강대국이 약소국에 하는 짓이란 동서고금을 막론하고 유사하군요."
> "하하. 국제사회는 어느 시대에나 강대국의 횡포가 일상사였지. 그래도 아테네가 동맹국들을 페르시아의 침략으로부터 지켜주고 있었으니까 'give and take'라고 볼 수 있어."

아테네는 축제 때에 동맹국의 대표들이 아크로폴리스에 있는 파르테논 신전까지의 거대한 행렬에 참여할 수 있는 영예를 주었다. 이로써 아테네는 동맹국들과의 공동체 의식을 높이고 분담금 납부로 인한 동맹국들의 불만을 해소했다. 행렬을 묘사한 거대한 대리석 부조상이 파르테논 신전의 내부에 띠처럼 둘러쳐졌다.

아크로폴리스 행렬 조각상, 대영박물관 소장

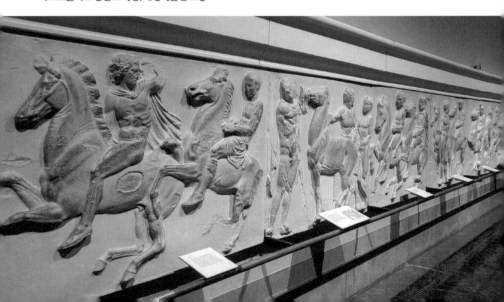

"제국주의 또는 패권주의가 민주주의를 망치는 원인이 되나요?"

"그 자체가 자국의 민주주의를 망치는 것은 아니지만, 만약에 그로 인해 전쟁이 빈번히 발생하거나 오래 지속되면 자국의 민주주의도 흔들릴 수 있어."

"페리클레스는 자국 내에서는 이상적인 민주주의를 실현하려고 했지만, 대외적으로는 약소국들을 지배하려는 양면을 보였는데, 이 점은 모순적이잖아요?"

"그런 모순은 인류 역사상 항상 있었어."

19세기에 영국은 민주주의가 발전한 나라였지만, 대외적으로는 타국을 침략하여 식민지로 만들고 착취하는 국가였다. 2차 대전 이후로 미국은 자국에서는 민주주의를 표방했지만, 라틴아메리카, 베트남, 중동 등에서는 온갖 악행을 저질렀다. 국제사회는 민주주의가 작동하지 않고, 약육강식의 원리가 작동하는 곳이다.

"제국주의 국가가 얻게 되는 이익이 무엇일까요?"

"피지배 국가를 착취해서 경제적 이득을 얻는다는 설이 보편적인데, 실제로는 심리적인 면도 있어."

"우월감이나 지배의 쾌감을 말하려는 것인가요?"

"그렇지. 제국의 국민은 자국의 위대함에 자부심을 느끼면서, 자신이 스스로 지배자라고 생각하는 경향이 있지."

고대 로마의 가장 위대한 시인인 베르길리우스는 로마의 제국주의에 높은 자긍심을 가졌던 사람으로 <아이네이스>에서 이런 말을 남겼다.

"로마인이여, 너는 명심하라.

권위로써 여러 민족을 다스리고, 평화를 관습화하고,

패배한 자들에게는 관대하고,

교만한 자들은 전쟁으로 분쇄하도록 하라."*

"흥하면 쇠하는 것이 세상의 이치인데, 아테네의 쇠락은 언제 시작되었나요?"

"그 결정적인 계기는 시칠리아 원정과 펠로폰네소스전쟁에서의 패전이었어."

시라쿠사 전경(Wikipedia)

BC 5세기 후반에 시칠리아의 그리스 도시국가인 시라쿠사가 점점 강대해지면서 주변의 그리스 도시들에 정치적인 압박을 가하였

---

*   주디스 코핀, 『새로운 서양 문명의 역사 上권』, 소나무

고, 이에서 벗어나고자 했던 도시들이 바다 건너편에 있는 아테네에 도움을 요청하였다.

투키디데스에 의하면 당시 아테네는 겉으로는 시칠리아의 동맹도시들을 돕는다는 명분을 내세웠지만, 속마음은 시칠리아섬 전체를 정복하여 부를 늘리고자 하였다.

> "요컨대 병사도, 일반 서민도 모두 시케리아(시칠리아) 섬에서 항구적인 공세(貢稅)를 받아 수입이 증가하고 국력이 발전하는 것을 보게 되리라 생각하고 있었던 것이다."[*]

그리하여 아테네는 BC 415년에 대규모 함대를 파견하여 시라쿠사를 공격했다. 그러나 아테네 군대는 스파르타와 시라쿠사의 동맹군에게 참혹한 패배를 당했다. 시라쿠사로 원정을 떠난 아테네와 그의 동맹국 군대는 약 5만 명이었는데 그중에서 약 7천 명이 시라쿠사의 포로가 되었고 나머지 병사들은 전원 사망하였다. 포로들은 시라쿠사의 석회암 채석장에서 중노동을 하면서 죽어갔다. 그들 중에서 살아서 돌아온 사람은 없었다. 결국에 아테네 시민권을 가진 성인 남성 중에서 약 절반이 희생되었다.

그리스의 도시국가들이 아테네와 스파르타를 맹주로 하여 두 패로 나뉘어서 싸웠던 펠로폰네소스전쟁이 BC 431년에 시작되어 27년 동안 승부를 보지 못하고 질질 끌면서 그리스 세계는 피폐해졌다. 스파르타인은 그리스 세계의 많은 부분이 아테네의 수중에 들어

---

[*]   투키디데스, 『펠로폰네소스전쟁사 下권』, 범우

가는 것을 보고 아테네가 더 강해지는 것을 막으려고 이 전쟁에 뛰어들었다. 스파르타가 아테네로 보낸 사절은 이런 말을 전달했다.

"여러분이 그리스인들에게 그들의 자율성을 부여하면 평화가 있을 것입니다." *

스파르타는 아테네에 델로스 동맹의 지배권을 포기하라고 요구한 것이었다. 아테네인은 스파르타의 고압적인 태도를 보고는 전의를 불태웠다. 이로써 가급적 전쟁을 피하려고 했던 아테네의 지도자 페리클레스가 마침내 전쟁을 주장하였다. 그는 아테네가 보유하고 있는 막강한 해군력과 아크로폴리스에 보관되고 있는 막대한 델로스 동맹 분담금으로 아테네가 전쟁에서 이길 것으로 보았다. 하지만 개전 후 2년 7개월 만에 아테네에 역병이 창궐하면서 페리클레스는 사망하였다.

"페리클레스의 사후에 아테네는 어떻게 되었나요?"
"무엇보다도 민주주의가 급속히 무너졌어. 그의 사후에 출현한 정치 지도자들이 민중을 선동하는 정치를 했거든."
"선동의 정치는 어떤 특성을 보이나요?"
"부정적인 면을 부각해서 미래에 대한 불안감을 부추기고 민중들이 바른 판단을 하지 못하게 하면서 자신들의 권력을 추구하는 정치라고 할 수 있지."

"그런데 펠로폰네소스전쟁이 무려 27년이나 지속된 이유는 무엇인가요?"

---

* 도널드 케이건, 『페리클레스』, 지식향연

"해군이 강한 아테네는 주로 해상에서, 반면에 육군이 주력인 스파르타는 육상에서만 싸우려고 했기에 두 나라 사이에서 전면적인 결전이 없었어. 그러니 질질 끌었지."

"아테네가 이 전쟁에서 패배한 가장 중요한 원인은 무엇이었나요?"

"아테네는 해상 제국이었지만 본토를 육지에 두고 있는 나라라서 스파르타의 육상 공격에 취약했어."

아테네는 육상에서 스파르타에 포위되어서 아티카의 농민을 아테네 시내로 철수시키고 아테네 성벽을 보호막으로 삼고서 피레우스 항구로 공급되는 식량을 먹으며 버텼다. 좁은 공간에 많은 인구가 갇혀있으니 역병이 발생해서 많은 사람이 죽었다.

"BC 404년에 스파르타에 항복한 아테네는 어찌 되었나요?"

"아테네는 그리스 세계의 패권을 완전히 잃어버렸어. 물론 델로스 동맹도 해체되었고."

BC 404년 패전 직후에 해외에 망명 중이었던 친스파르타 성향의 아테네인들이 귀국하여 승전국인 스파르타의 뒷배로 정권을 잡았다. 이들이 아테네의 민주파 인사들을 살해하면서 공포정치가 아테네를 뒤덮었다. 그러나 스파르타가 아테네의 내정에서 손을 떼면서 아테네는 민주정을 되찾았다. 하지만 정치적, 사회적 혼란이 계속되면서 아테네는 군사적, 경제적으로 급속히 몰락했다. 더불어서 아테네인의 정신은 병들고, 시민 집회는 선동가에게 휘둘리고 있었다. 이제 아테네는 타락의 도시로 변했다.

"속임수는 기민함으로 칭송되었고, 무모함은 용기로 평가되었다. 충절, 절제, 관대함은 허약함의 증거로 멸시되었다."[*]

 BC 399년에 발생했던 소크라테스의 재판은 아테네 황금기의 종식을 알리는 상징적인 사건이 되었다. 아테네의 재판에서는 판사, 검사, 변호사가 없었고, 고소인/고발인이 검사 그리고 피고인이 변호사의 역할을 했다. 판결은 배심원들의 비밀투표로 결정되었으며, 다수결로 어느 한쪽의 승소를 결정했다. 아테네에서는 매년 추첨을 통해 시민 6천 명을 배심원으로 임명했고, 중요한 개별 공개재판에는 주로 500명의 배심원단을 꾸렸다. 소크라테스가 고발된 사유는 그리스 신들에 대한 신앙심이 부족하다는 것과 젊은이들을 타락시켰다는 것이었다. 참으로 억지에 가까운 사유였고, 진실을 말하자면 소크라테스를 향한 젊은이들의 존경과 추종으로 인해 발생한 다른 이들의 질투심이 원인이었다. 그의 제자가 문제를 일으킨 경우를 꼭 짚자면 알키비아데스가 적국인 스파르타로 도망간 사건이 있었다. 아테네 최고의 꽃미남이었던 알키비아데스는 한때 소크라테스의 제자 중 한 명이었을 뿐만 아니라 동성애 파트너이기도 했다. 그는 머리가 좋고 언변이 뛰어났지만, 천방지축 성격으로 사고뭉치였다. 하지만 그가 사고를 친 것은 이미 15년 전의 일이었다. 그리고 당시 아테네에서 동성애가 흔한 일이었기에 문제가 될 리 없는 일이었다. 소크라테스는 자신은 대화를 나누었을 뿐 그 누구도 가르친 적이 없으며, 만약에 자신으로 인하여 청년들이 타락했다면 피해자인 그들만이 자신을 고소할 자격이 있음에도, 그 청년들

---

[*]　　이디스 해밀턴, 『고대 그리스인의 생각과 힘』, 까치

은 자신을 고소하기는커녕 변호하는 증언을 하고 있음을 주지시켰
다.* 그는 법정에서 결코 목숨을 구걸하지 않았고, 어리석은 아테네
인들을 질책했다. 결국에 이 현자에 대해 500명의 배심원단은 유죄
250표, 무죄 220표, 기권 30표로 유죄를 선고했다. 소크라테스는
너무도 초연한 모습으로 독약을 마시고 죽었다.

---

*   플라톤, 『소크라테스의 변명』, 문예출판사

"소크라테스가 악법도 법이라고 했다지요?"

"외국으로 탈출시켜주겠다는 친구에게 소크라테스는 자신이 평생 아테네에서 살아온 것은 아테네의 법과 제도를 지키겠다고 약속한 것이니, 약속을 지키기 위해서 사형을 받아들이겠다고 말했어."

어쩌면 그는 살날이 얼마 남지 않은 노인의 몸으로 구차스러운 도망자의 삶을 끌고 다니려고 하지 않았을 수 있다. 그는 이미 삶과 죽음에 초연한 사람이었다.

소크라테스의 제자로서 스승의 행적에 관해 가장 많은 저술을 남긴 플라톤(BC 428~348)은 아테네 쇠락기의 최고 철학자였다.

역사가 기번은 플라톤의 위대함을 이렇게 표현하였다.

"플라톤의 문체는 아테네 언어의 가장 순수한 표준이었으며, 그의 숭고한 사상은 때로는 일상의 대화 속에 녹아들었고 때로는 가장 화려한 색채로 포장되어 시와 웅변으로 표현되기도 하였다."[*]

게다가 이성의 철학자로 유명한 그가 사랑의 감정을 아름다운 시구로 풀어내는 놀라운 낭만을 갖고 있었다.

"고개 들어 하늘의 별을 바라보오, 그대여.

오, 수많은 밤별이 다 나의 눈이라면 좋겠소.

그 눈길 되어 내 그대를 바라볼 수 있다면 좋겠소."[**]

[*]   에드워드 기번, 『로마제국 쇠망사 6』, 민음사
[**]   막스 크루제, 『시간여행 1』, 이끌리오

플라톤(Wikipedia)

    '진정한 사랑이란 두 명의 남성 연인 사이에서만 존재할 수 있다.'라고 했던 그의 말을 상기해보면, 위의 시에서 나오는 '그대'가 남성일지도 모른다. 당시 아테네에서 동성애는 흔한 일이었다.

    아테네의 부유한 집안에서 태어나서 정치적 혼란에 빠진 아테네를 체험한 플라톤은 인류 역사상 최초의 정치사상 논고인 『국가』를 저술하면서 개인의 자유와 평등보다는 사회적 조화와 질서를 중시했다.

"플라톤이 개인의 자유와 평등이라는 민주주의 최고 가치를 무시했던 이유가 무엇인가요?"

"아테네의 민주주의가 혼란에 빠진 시대에 살았던 그는 개인주의를 적대시하고 공동체의 강건, 통합, 안정이 정의라고 주장했어."

"그래서 그가 전체주의자라는 평을 듣잖아요."

"맞아. 게다가 그는 '민주주의 체제에서는 가난한 민중들이 결집해서 채무 탕감과 토지 재분배를 실현하여 결과적으로 부자들의 재산을 빼앗게 된다.'라고 하면서 민주주의를 모독했지."

"실제로 아테네의 시민 집회에서 민중들이 부자들의 재산을 몰수하자고 표결했던 적이 있었나요?"

"전혀 없었어. 아테네의 민중들은 사유재산을 옹호했고, 재산의 불평등한 소유를 바꾸려고도 하지 않았어. 플라톤이 한 말은 악의적인 비난이었지."

"그러면 플라톤은 반민주주의자였던 자신의 사고를 정당화하기 위해 민중을 폄하, 모함했군요. 뛰어난 철학자였던 그가 왜 이런 짓을 했을까요?"

"그것은 귀족 출신인 자신의 태생적인 계급의식 때문이었을 거야. 당시 아테네의 귀족과 부유층 사람들 대부분은 무지한 민중에게 투표권을 준 민주주의를 무능하며 저속한 통치 체제라고 생각했어. 플라톤도 이 부류의 사람이었던 것이지."

"플라톤의 제자로서 당대의 대표적인 철학자였던 아리스토텔레스의 생각은 어땠나요?"

"그는 인간이 결코 자연적으로 평등하지 않으며, 어떤 이들은 노예가 되기 위해 또 어떤 이들은 지배하기 위해 태어난다고 말했어. 그리고 민중들에 의한 민주정을 '천민 정치'라고 모욕했어. 그 스승의 그 제자였지."

먼 훗날 근대 계몽주의자 루소는 노예가 노예로 태어난 것은 노예제도를 만든 부당한 권력 때문이었다고 하면서 아리스토텔레스의 주장을 반박하였다.[*]

"물론 무지한 사람들에게 선거권을 주면 우민 정치가 되기도 하지요."

"그런 면도 있지. 실제로 무지한 사람들의 잘못된 선택으로 사악한 정권이 들어서는 경우도 많았어."

"무지한 사람들에게도 선거권을 준 바람에 잘못된 결과가 도출하는 경우에 단순히 민주적인 절차를 거쳤다는 이유로 그 정치체제가 정당성을 얻을 수가 있나요?"

"정치체제의 평가에는 단순히 절차의 정당성만 중요한 것이 아니라 어떤 결과가 발생했는가도 중요한 잣대가 되지. 이런 관점에서는 민주주의도 좋은 결과를 도출할 때만 정당성을 갖게 되는 것이지."

"민주적인 절차를 지키면서 동시에 좋은 결과가 도출되는 방법이 있을까요?"

"유권자의 다수가 현명한 판단을 할 수 있는 능력을 갖추면 되겠지. 유권자들의 판단 능력이 민주주의를 발전시키기도 하고 무너지게도 한다는 것을 고대 아테네의 경우에서 알 수 있잖아."

"페리클레스의 위대함을 여기에서 찾을 수 있을 듯해요."

"맞아. 페리클레스는 유권자들이 이성의 힘으로 현명하게 판단하도록 유도하는 방식으로 정치를 이끌었어. 이것이야말로 바람직한 민주주의 방식의 국가 운영이었지. 그래서 그는 아테네 민주주의 최고의 정치 지도자로 평가되고 있어."

[*]   장 자크 루소, 『사회계약론』, 후마니타스

소수의 귀족이 다수의 민중을 억압하는 사회에서는 민중의 잠재적 역량이 발현되지 않아서 사회적으로 엄청난 잠재력을 낭비하게 된다. 반면에 아테네 민주주의를 만든 솔론, 클레이스테네스, 페리클레스 등은 계급적 억압이 없는 세상에서 민중이 자유롭게 지기 역량을 발휘하도록 하여 고전기 아테네의 전성시대를 만들었다. 철학자 소크라테스, 조각가 페이디아스, 비극 작가 에우리피데스 등 고전기 아테네의 대표적인 철학자 예술가들의 다수가 민중이었다. 하지만 플라톤과 아리스토텔레스에게 크게 영향을 받은 근대 서구의 정치사상가들은 아테네 민주주의를 비판적인 시각으로 보았다. 그러나 18세기에 루소는 아테네 시민 집회를 이상적인 모델로 삼아, 시민이 스스로 입법하고 정부는 시민이 제정한 법률에 의거 통치할 때만 정당하다는 이른바 '국민주권론'을 주장했다. 그의 뒤를 이어서 토크빌과 밀이 아테네인의 정치 참여 의식과 정치적 판단력을 높게 평가하면서, 아테네 민주주의를 근대 민주주의의 뿌리로 받아들였다.

2.
베네치아
민주주의

2. 베네치아 민주주의

베네치아는 공화주의적 질서 안에서 공공복지와 시민의 덕성, 애국심이 탁월하게 결합되어 있었다.*

서로마제국의 말기였던 452년에 흉포하기로 소문났던 훈족이 북부 이탈리아에 침입하였다. 공포에 떨고 있던 이탈리아 북동부 아드리아해 연안의 사람들은 목숨을 건지기 위해 모든 것을 버리고 새로운 결단을 내렸다. 그것은 아드리아해 북쪽

베네치아의 역사적 중심지(Wikipedia)

끝 갯벌 호수에 있는 진흙탕 섬으로 건너가는 것이었다. 거기서 어떻게 살아야 할지는 그 당시에 중요하지 않았다. 유목민 출신인 훈족이 배를 타고 건너오지는 못할 것이니 일단 그곳으로 가면 목숨은 건질 터였다. 이렇게 해서 베네치아의 역사적인 중심부는 갯벌 호수에 있는 100개 이상의 섬 위에 건설되었다.

*   한스 포어랜더, 『민주주의』, 북 캠퍼스

그들은 늪지대인 섬 위에 집을 짓고 섬 사이로는 배를 타고 이동하거나 다리를 놓아서 건너게 되었다. 기본적으로 좁은 땅 위에 만들어졌으니 공간적인 협소함은 이 도시의 특징이 되었다. 주택들은 위로만 올라갔고, 도로의 폭은 겨우 양편의 집들을 구분하고 시민에게 꼭 필요한 통로를 확보하는 것 이상이 될 수가 없었다. 한편 더 큰 문제, 즉 먹고사는 일이 남아 있었다. 좁은 섬에서 농사를 지어 먹고살 수는 없는 일이었다. 최초에 베네치아인은 생선과 염전 소금을 수출하고 곡물과 목재를 수입하여 생계를 잇고 집을 지었다.

> **"베네치아 공화국에는 '처음에 말씀이 있었나니'가 아니라 '처음에 장사가 있었나니'였다."** *

그들은 먹고살기 위해 장사에 모든 것을 걸었다. 그래서 베네치아에서는 정치든 종교든 장사에 지장을 초래하는 일은 절대로 하지 않았고, 사회의 모든 규범과 국가의 정책이 장사를 장려하는 쪽으로 만들어졌다. 기독교에 빠져 살았던 중세 유럽에서 유일하게 이재에 빠져 살았던 사회가 바로 베네치아였다. 이곳의 사람들은 불리한 자연환경을 극복하고 해상으로 진출하여 암흑의 중세 유럽에서 가장 풍요한 사회를 만들었을 뿐만 아니라, 정치와 종교가 분리되고 언론과 출판의 자유가 보장된 민주주의 사회를 실현하였다.

베네치아의 문명을 한눈에 보고 즐길 수 있는 대표적인 장소는 산마르코 광장이다. 베네치아에서 가장 유명하고 또한 상징적인 장

---

* 시오노 나나미, 『바다의 도시 이야기 上권』, 한길사

소인 산마르코 광장은 길이가 약 175m이고 넓이는 약 82m이다. 이 광장은 9세기에 산마르코 성당 앞면에 있는 공간으로 출현하여 이후로는 국가의 중요한 행사나 주민들의 축제가 벌어지는 장소가 되었다. 그래서 이곳은 전 세계에서 몰려온 사람들로 연일 인파가 그치지 않는다. 18세기 말에 독일의 문호 괴테는 이탈리아 여행 중에 이곳에 들러서 이런 글을 남겼다.

> 세계의 어떤 광장도 산마르코 광장 앞에 펼쳐진 공간에 비견될 수 없다. *

---

*   요한 볼프강 폰 괴테, 『이탈리아 기행 1』, 민음사

두 개의 기둥(Wikipedia)

대운하가 보이는 곳에 있는 두 개의 기둥은 수호성인인 산마르코(왼쪽) 그리고 산테오도루스(오른쪽)를 상징한다. 이 기둥 사이에서 1551년에 사제 한 명이 처형당하는 떠들썩한 사건이 발생했는데, 그 사제는 주데카 섬에 있던 한 수녀원에서 수녀들의 고해성사를 담당하던 사람이었다. 당시에 베네치아 정부는 수녀들과 사제 사이에 추문이 생기는 것을 막기 위해 젊고 잘생긴 사제는 고해성사를 맡지 못하게 하였다. 그러니 고해성사를 담당했던 그 사제는 젊지도 잘생기지도 않은 사내였음은 말할 나위도 없다. 그러나 그 사내는 여자의 마음을 훔치는 데 재주가 있었던지, 무려 400명이나 되는 수녀들이 앞을 다투면서 그 사제에게 몸을 바쳤고 수녀원장까지도 그의 여자가 되고 말았다. 수녀들이 임신하면 낙태를 시켰고, 죽은 아이들은 수녀원의 마당에 묻혔다. 더욱 놀라운 것은 이런 행적이 19년 동안 계속되었는데도, 누구 하나 밀고자가 없었다는 사실이다. 결국은 경찰이 우연히 알아차리게 되어서 수사에 들어갔고, 사건의 전모가 밝혀지자 나라 전체가 충격에 휩싸이게 되었다. 그 사제는 체포되어 산마르코 광장에서 교수형 후에 다시 화형에 처하는 형벌을 받았다.[*]

산마르코 광장은 세계 3대 사육제로 꼽히는 베네치아 카니발이 열리는 중심 장소이다.

---

[*]   시오노 나나미, 『바다의 도시 이야기 上권』, 한길사

사육제(카니발)는 본시 사순절(예수의 수난을 기념하는 절기) 동안의 금욕과 자기 절제에 대한 급부로서 대규모로 먹고, 마시고, 입고, 춤추고, 다투고, 젊은 남녀가 어울리는 방종의 세계를 의미한다. 매년 2월에 열흘 동안 열리는

베네치아 카니발(위키백과)

베네치아 카니발은 화려한 가면과 의상 때문에 가면 축제라고 불린다. 축제 기간에는 사람들이 화려한 옷을 차려입고 가면을 쓰고는 산마르코 광장을 중심으로 베네치아 전역에서 가면 축제, 가장행렬, 연극 공연, 불꽃 축제, 민속 오락 등을 즐긴다. 이때 사람들은 떠들썩한 가장무도회 속에서 익명의 자유를 즐긴다.

"가장무도회가 매년 계속해서 열리는 것은 어떤 사회적 역할이 있기 때문일 텐데요."

"일단 무도회 의상을 입고 가면을 쓰게 되면 귀족이든 평민이든 또는 부자든 가난뱅이든 구별이 되지 않기에 사회적 평등성이 실현되었지."

베네치아를 상징하는 건물인 산마르코 성당의 건축과 관련된 흥미로운 이야기가 있다. 828년에 두 명의 베네치아 상인이 장사차 배를 타고 이집트의 알렉산드리아에 왔다. 마침 그때 이곳에서는 반기독교적인 광기가 발생하여 기독교도들과 성당이 무슬림에게 습격당하는 일이 빈번했다. 두 상인은 두려움 속에서도 물건을 갖다 주기로 계약된 한 수도원을 방문했는데, 이 수도원은 바로 복

산마르코 성당 전경(Wikipedia)

음서의 저자인 산마르코의 유골을 모시고 있는 곳이었다. 무슬림이 습격할까 봐 공포에 떨고 있던 수도사들에게 두 상인은 산마르코의 유골을 안전하게 베네치아로 옮기겠다는 제안을 하였다. 수도사들이 이 제안을 받아들여서 결국 두 상인은 그 유골을 넘겨받았다. 이제 문제는 어떻게 유골을 베네치아까지 가져갈 것인가였다. 두 상인은 무슬림이 돼지고기를 몹시 싫어한다는 사실에서 착안하여 수레의 밑바닥에 유골을 넣고 그 위에 돼지고기 덩어리와 돼지머리를 채웠다. 그 바람에 알렉산드리아 항구의 세관원은 돼지고기를 보자마자 코를 누르고는 검사도 안 하고 통과시켰다. 이렇게 해서 결국 성인의 유골은 배에 실려서 베네치아까지 운반되었다. 성인의 유골이 도착하자 베네치아의 온 거리는 환호의 물결로 넘쳤고, 시민들이 부르는 찬송가 합창과 함께 환영 행사가 열렸다. 베네치아는 산마르코를 도시의 수호성인으로 삼고 산마르코 성당을 건설하였다고 한다.

산마르코 성당 내부 전경(Wikipedia)

내부의 형태와 장식은 기본적으로 비잔틴 양식을 따랐는데, 십자가 평면의 교차 지점에는 45m 높이의 중앙 돔이 솟아 있고, 벽면이 황금색 모자이크로 치장되어 있다. 흔히 모자이크의 최고봉이라는 평을 듣고 있는 이곳의 황금색 모자이크 덕분에 이 성당은 '황금의 성당'이라고 불리기도 한다.

산마르코 성당은 법적으로는 원수(doge)의 개인 예배당이었고 실질적으로는 베네치아 전 시민의 예배당이었다. 베네치아에서는 로마 교황의 영향력이 미치지 않았고, 정치와 종교의 분리가 이루어졌다. 교황청이 금서 조치한 모든 서적이 출간될 수 있었을 만큼 언론과 출판의 자유가 사회의 기본 원칙으로 자리 잡았다. 다른 나라 사람들과의 교역으로 살아갔던 베네치아인은 종교적으로 관대하여, 이곳에 거주하는 이교도들도 박해받지 않았다. 중세 시대 대부분 기간에 베네치아는 동쪽의 비잔틴 제국과는 정치적으로 가깝고, 서쪽의 신성로마제국과는 지리적으로 가까우며 그리고 남쪽의 로마 교황청과는 종교적으로 일치하는 미묘한 관계였다. 베네치아는 이 세 개의 세력 사이에서 실용적이며 유연한 외교정책을 수행하여 주권을 지키고 국익을 챙겼다.

네 마리의 청동 말(Wikipedia)

6세기 중반에 발생했던 비잔틴 제국의 이탈리아 정복 이후로 베네치아는 비잔틴 제국의 자치적인 속국이 되어 온갖 상업적인 특혜를 받아서 부를 쌓고 성장하였다. 특히 11세기 말부터 베네치아 상인은 비잔틴 영토에서 비잔틴의 상인과 완전히 동등한 조건으로 교역을 하였다. 당시에 베네치아 성인 남성 인구의 약 1/3에 달하는 베네치아 상인들이 비잔틴 제국의 수도 콘스탄티노플을 근거지로 삼고 상업에 종사하고 있었다. 그러나 베네치아 상인들의 활약으로 인해 비잔틴 상인들이 피해를 보고 있었기 때문에 그들 사이에 갈등이 커지면서 두 나라 사이의 우호 관계는 끝장이 나고야 말았다. 그리고 마침내 1204년에 베네치아 공화국은 4차 십자군을 이용하여 비잔틴 제국의 수도 콘스탄티노플을 함락하고는 살상과 약탈을 하였다.

"네 마리의 청동 말은 콘스탄티노플에서 약탈한 것인가요?"
"베네치아인들이 콘스탄티노플 전차 경기장에서 중앙 분리대 역할을 했던 이 조각상을 떼어서 베네치아로 가지고 온 것이야. 비잔틴 제국을 정복한 것을 기념하려고 여기에 전시해 놓았어."

이후 베네치아는 비잔틴 제국의 영토 중 지중해 연안과 도서 지방에 있는 교역 거점들을 차지하였다. 덕분에 당시 인구 10만 명 정도에 불과했던 베네치아는 동지중해 전역을 완전히 장악한 상업 제국으로 성장하여 동방무역으로 엄청난 부를 손에 넣게 되었다.

두칼레궁전 전경(Wikipedia)

산마르코 광장에 면해 있는 두칼레궁전은 1172~1178년에 최초로 건설되었고, 14~15세기에 이루어진 여러 번의 개축 및 증축을 거쳐서 고딕 양식의 건물 복합체가 되었다.

"이 건물이 궁전이라고 불리는 것은 국왕이 거주했기 때문인가요?"

"공화국인 베네치아에는 국왕이 존재하지 않았고, 국가의 최고 통치자는 종신직인 원수(doge)였어. 이 건물에는 원수의 관저, 국회 회의실, 정부와 법원의 청사가 있었지."

"그러면 원수를 시민이 직접 선출했나요?"

"697년부터 원수가 시민 투표로 선출되었지만, 훗날인 1172년부터 원수는 귀족들로 구성된 국회에서 선출되었어."

베네치아인은 독재에 빠지지 않고 공화국과 민주주의를 지키기 위하여 여러 제도를 만들었다. 원수와 국회 이외에도 원로원, 시민 집회, 40인 위원회, 10인 위원회 등 여러 권력 기관이 공존하면서 권력 남용을 감시하고 견제하는 역할을 하였다. 베네치아에서는 그 어떤 직위에 있는 사람이라도 정치적인 결정을 혼자서 내릴 수는 없었다.

> "동서양의 대부분 나라에서 왕정이 시행되고 있던 시절에 베네치아에서 공화 정이 시행된 이유는 무엇인가요?"
> "공화정이 베네치아인의 기질에 맞았던 것 같아. 독재를 혐오하고 자유와 평 등을 소중하게 여겼던 기질."
> "그런 기질은 어떻게 발생했을까요?"
> "해상 교역으로 생존할 수밖에 없었던 환경에서 출현한 것으로 보여. 진취적 이고 개방적이며 창의적인 생존 방식에서 유래했을 거야."

어쨌든 베네치아에서는 귀족이든 평민이든 간에 공화정이 잘못되었으니 폐지하자고 주장한 사람들은 없었다고 한다. 공화정하에서 이 도시는 유럽의 다른 지역과는 비교도 되지 않을 만큼 사회적, 정치적 안정을 누렸기 때문이다.

베네치아 공화국에서는 단 한 번도 민중 봉기가 없었는데, 이것은 도시의 역사 전체에서 유일한 경우였다.[*]

---

[*]   Dokumentation - Die Entwicklung Venedig's 1575 ~ 2015

두칼레궁전의 서쪽 면에 있는 입구는 많은 조각으로 장식되어 있는데, 그중 가장 유명한 작품은 '산마르코 사자' 앞에 무릎을 꿇고 있는 원수의 형상이다. 이 조각은 베네치아의 원수란 '산마르코 사자'로 표현된 공화국에 봉사하는 사람이지 공화국을 지배하는 사람이 아니라는 것을 의미한다.

산마르코 사자 앞의 원수(Wikipedia)

입구 근처에는 투서함이 마련되어 있어서, 시민들은 누구나 불만을 적어서 투서함에 넣을 수가 있었다. 이 투서는 담당 위원회로 넘어가서 타당하다고 평가되면 개선책이나 시정 조치가 이루어졌다.

베네치아 공화국의 원수는 화려한 의복을 입고 생활했으며, 주변 사람들이 모두가 아첨을 떨었다.

로래단 원수(Wikipedia)

그의 주거 공간이었던 궁전의 2층으로 가는 계단은 금박을 입힌 석고 부조로 치장되어 있었고, 원수의 자리는 황금으로 만들어졌다. 이와 관련해 릴케는 원수의 자리가 황금으로 치장된 까닭은 실제로는 그가 별 권력이 없었기 때문이라고 꼬집었다.* 황금 치장은 때때로 허장성세를 나타내기 때문일 것이다.

14세기 초부터 베네치아 공화국에서는 임기가 종신인 국회의원만이 귀족인 제도가 정착되었다. 귀족의 아들은 적자에 한해서 형사적인 전과가 없는 한 25세를 맞은 해에 국회의원으로 등록되었다. 따라서 인구가 증가하면서 의원 수도 함께 늘어났다. 1311년에는 의원 수가 1,071명, 1340년에는 1,212명, 1437년에는 1,300명, 1490년에는 1,570명 그리고 1510년에는 1,671명이 되었다. 본시 베네치아 공화국에서는 시민 집회가 국가 최고 의결 기관이었지만 점차 의미를 잃었고 13세기 이후로는 소집도 되지 않았다. 대신에 귀족으로 구성된 국회가 국가 최고 의결 기관이 되었다. 그러나 베네치아에서 귀족은 특권을 보유하고 있지 않았으며 일반 시민들처럼 장사로 돈을 벌어야 했다. 단지 베네치아에서 귀족은 정치를 담당하고 있었고(그것이 유일한 특권이었다), 국정을 담당하는 이들은 국가에 봉사하는 것으로 간주돼 급여를 받지 않았다. 예외적으로 원수와 해외 주재 대사들에게는 경비를 포함한 급여가 지급되었고, 나머지 고위 공직자는 무보수로 일했다. 따라서 국정을 담당하는 귀족들은 어느 정도 이상의 경제적 기반을 갖추어야 했다.

"귀족의 적자로 태어난 바람에 국회의원이 되었지만 가난한 사람이 무보수로 일할 수는 없잖아요?"

"그런 경우에는 가난한 귀족이 자신의 투표권으로 영향력을 행사해서 가족

---

* 　　라이너 마리아 릴케, 『릴케의 베네치아 여행』, 문학판

중의 한 명이 돈을 벌 수 있는 자리를 얻었다고 하더군."

몽테스키외의 정치체제 분류에 의하면 주권이 귀족에게만 있었던 베네치아는 공화정이기는 하지만 '민주적 공화정'이 아니고 '귀족적 공화정'이라고 할 수 있다.[*] 이에 반해 루소는 베네치아 공화국이 전통적인 귀족정은 아니었다고 평했다.

> "베네치아에서는 인민이 정부에 조금도 참여하지 않으나, 그곳에서는 귀족이 바로 인민이었다. 수많은 가난한 무산 귀족들은 어떤 행정관직에도 접근하지 못했고, 귀족 신분으로부터 단지 '경'이라는 공허한 호칭과 국회에 참석할 권리만을 얻었다."[**]

게다가 국회의원의 수는 시민 집회 참석자의 수 만큼 많아서 국회가 특권층의 모임이라고 할 수도 없었다. 어쨌든 정치를 귀족들이 담당하고 평민들은 경제 활동에만 전념하는 베네치아 사회에서 법은 누구에게나 평등하게 적용되었으며, 부의 분배는 공정했다. 그래서 모든 베네치아인은 공화국을 사랑하였다.

> "평민들이 정치에서 배제되면 진정한 민주주의가 아니잖아요?"
> "물론 그런 정체는 민주주의 이상에서는 벗어날 수 있지만, 실제로 베네치아 공화국은 정치의 효율성이나 성과 면에서 훌륭하게 작동했어. 현실적으로 보면 정치적으로 무관심하고 무지한 대중들의 투표권 행사로 이루어진 결정이 소수인 정치적 지식층이 내린 결정보다 나쁜 결과를 만드는 경우가 많거든."

[*]　　　몽테스키외, 『법의 정신』, 문예출판사
[**]　　　장 자크 루소, 『사회계약론』, 후마니타스

두칼레궁전에서 가장 큰 실내 공간 (길이 54m)인 국회 회의실은 아름다운 천장화로 장식된 멋진 공간으로 창밖으로 중정과 갯벌 호수를 모두 내다볼 수 있는 명소이다. 최대 2천 명까지 수용할 수 있었던 이 공간에서 의원들이 회의를 열었다. 국회 회의실에는 연단이 따로 없어서 의견을 말하고 싶은 사람은 의석 사이의 통로를 왔다 갔다하며 연설을 했다고 한다.

국회 회의실(Wikipedia)

"대체 국회는 어떤 일을 했나요?"
"국회는 주로 고위 공직자를 선출하는 일과 법률을 만드는 일을 했지."

국회에서 선출하는 고위 공직으로는 원수, 원로원 의원, 국가 감시관, 40인 위원회, 원수 보좌관, 해외 식민지의 총독, 육군과 해군의 사령관과 참모 등을 들 수 있다. 1년에 20회에서 40회까지 국회에서 선거가 이루어졌다. 1천 명이 넘는 국회의원들은 후보자의 이름이 호명될 때마다 국회 회의실 앞으로 나가서 무기명으로 찬반투표를 했다. 흰 구슬을 상자에 넣으면 찬성, 초록색 구슬을 넣으면반대가 된다. 이런 방식의 투표는 후보자 명부에 올라 있는 마지막사람에게까지 반복되었다. 이런 식의 선거에서는 후보자 전원에게찬성표보다 반대표가 많은 경우에 한 명도 선출되지 못할 수도 있다. 실제로 드물기는 했지만 그런 사태가 몇 번 발생했다.

두칼레궁전 2층에는 국회 회의실과 함께 원로원 회의실이 있었다. 국회는 30세 이상의 국회의원 중에서 200명을 원로원 의원으로 선출했다. 그들은 원수 및 원수의 여섯 보좌관과 함께 원로원 회의에 참석하여 국정의 주요 과제를 논의하고 의결했다. 이 제도는 의원의 수가 많은 국회에서 심의와 결정을 하는 것이 비능률적이었기에 이를 보완하기 위해 도입된 것이었다. 실제로 거의 모든 정부 요직은 원로원 의원 중에서 선출되었는데, 원로원 의원은 연속 재선이 허용되었고, 한 가족에서 한 명만 선출될 수 있었다.

베네치아 공화국에는 '10인 위원회'라고 불리는, 미국의 CIA나 한국의 국가정보원처럼 최고의 기밀과 정보를 다루며 국가 안보를 담당하는 기관이 있었다. 이곳에서는 극비 정보를 기반으로 하여 극비 지령이 내려지기도 했다. 15세기 후반부터 동쪽에 오스만 제국, 서쪽으로는 스페인과 프랑스 등의 강대국이 출현하여 베네치아는 국가의 독립과 경제적 번영을 지키기 위해 대외적으로 비밀스러운 공작을 자주 벌였다. 이로 인해 10인 위원회의 역할과 권력이 커져서 16세기 베네치아의 대외 정책에서 중추적인 역할을 하였다. 이 조직의 권력은 오늘날의 미국 CIA보다 훨씬 강력했다. 마키아벨리는 베네치아 10인 위원회에 관해 이렇게 평했다.

> "이 나라에서는 비상시에는 공화국 국회나 원로원에서의 일반 토의를 거치지 않고 권한을 위임받은 소수 위원들의 토의만으로 정책을 결정하는 방식을 택해왔다."[*]

한 사람이 국정을 결정하지 못하는 공화국에서 의견 조정 과정에 시간이 걸리기 때문에 긴급한 상황을 대비해 10인 위원회가 만들어졌다는 것이다.

> "10인 위원회의 권력이 막강했을 텐데, 위원의 선출은 어떻게 이루어졌나요?"
> "원로원에서 10인의 위원을 선출했는데, 위원의 임기는 1년이었고 임기가 끝나면 1년 이상의 휴직기를 두고서야 위원에 재선될 수 있었지. 그리고 보통

---

[*]   시오노 나나미, 『주홍빛 베네치아』, 한길사

은 나이가 40살을 넘겨야 선출될 수 있었어."

"그런데 40인 위원회는 무엇인가요?"

"국내외의 공무를 담당하는 약 40명의 사람으로 구성되는 사실상의 공화국 정부 내각회의를 의미하는 것이야. 국회에서 선거를 통해 원로원 의원 200명 중에서 40명이 뽑혀서 임기 1년의 내각을 구성했어. 즉 원수가 내각을 구성하는 것이 아니었지."

"하하, 그래서 릴케가 원수는 자리와 복장만 화려했지 권력은 별로였다고 했군요."

"그런 면이 있기는 하지만, 국가 원수로서 존경받고 대외적으로 나라를 대표하는 사람으로 명성을 누리는 것도 좋은 것이지."

베네치아의 공화정의 장점을 시오노 나나미는 이렇게 요약하였다.

"다수는 다수의 횡포로 흐르지 않고 소수는 소수대로 가진 권리를 남용하지 않으며 원수도 그 지위와 명성을 이용하여 군주제로 몰고 가려는 움직임을 보인 일이 없었다."[*]

한마디로 견제와 균형이 잘 이루어진 정치체제라는 의미이다.

"13세기에 베네치아 부두에서 세계 최초로 희한한 사업이 새로 시작되었는데, 이것이 오늘날에는 세계적으로 유행하고 있어."

"그게 어떤 사업인가요?"

"패키지 해외여행 사업이었지."

[*] 시오노 나나미, 『바다의 도시 이야기 下권』, 한길사

베네치아 부두(Wikipedia)

"세상에. 그 시절에도 그것이 있었나요."

"베네치아인이 자신들의 해상운송 능력을 토대로 독실한 기독교도들의 평생
소원인 '성지 예루살렘 순례' 패키지 관광 상품을 판매했어. 당시에 수익성이
높은 사업이었지."

"당시의 운송 수단으로는 오래 걸렸을 듯한데요."

"약 6개월 걸렸다고 하더군. 바다와 사막을 건너야 했고, 게다가 아랍인 강도
들에게 습격당할 수도 있어서 고되고 위험한 여행길이기는 했지만, 신앙심이
투철했던 서유럽의 부유층에게는 인기 있는 여행이었다고 하더군."

"근데, 여행객들은 음식물을 어떻게 가지고 다녔나요?"

"여행객들이 지불한 요금에는 기본적인 식사비가 포함되어 있어서 반드시 개

별적으로 지참해야만 하는 것은 아니었지만, 여행객 대부분은 햄, 소시지, 베이컨 치즈 그리고 구운 비스킷 등을 가지고 다녔지."

"그런데 달걀은 어떻게 먹었나요? 쪄서 말린 것이 있었나요?"

"여행객들이 싱싱한 달걀을 먹을 수 있도록 배 안에서 살아 있는 닭을 팔았다고 하더군."

"하하. 그럼 닭 모이를 주면서 여행을 했겠군요."

대운하 양안의 저택들(Wikipedia)

대운하의 양쪽 둑 일대가 경제의 중심지가 되고 부자들의 호화로운 저택들이 들어선 것은 12세기부터였다. 이전에는 육지에 토지를 보유하고 있었던 부유층 사람들이 자산을 대부분 교역에 투자하면서 대운하의 양안으로 입주했기 때문이다. 당시 대운하에는 큰 배가 들어올 수 있었기 때문에 양안이 교역의 중심지로 각광을 받앉다. 그래서 양안에 들어선 호화로운 저택들도 사실은 주거 겸 창고로 사용되었던 건물이다.

"건물들이 대부분 불안정한 대지 위에서 세워졌는데 오랫동안 무너지지 않고
버티는 이유가 무엇인가요?"
"건물을 지을 때 땅에다가 나무 말뚝을 촘촘히 박아 넣어서 기초를 단단하게
하고는 그 위에다 석재를 쌓고 건물을 올렸어, 역사적인 중심지의 건설에는
대략 일천만 개의 나무 말뚝을 사용했다고 하더군."

리알토 다리(Wikipedia)

대운하에 놓인 리알토 다리는 베네치아에서 가장 유명한 건축물 가운데 하나이다. 리알토 지역은 원래 어부들만 살고 있던 몇 개 섬의 결합체였는데 9세기에 외적의 침입에 대비해서 육지로부터 멀리 떨어져 있는 이 지역이 중심지로 개발되었다. 그리고 대운하 양안이 경제의 중심지가 되면서 대운하를 건너가는 다리의 필요성이 제기되었다. 1246년에 배가 지나갈 수 있도록 중앙부가 개폐식인 나무 다리가 세워졌는데 1444년에 군중의 무게를 지탱하지 못하고 무너져 내렸다. 결국에 훗날인 1588~1591년에 볼록한 형태의 석재 다리가 건설되어 이전의 목조 다리를 대체하였다. 리알토 다리를 사이에 둔 대운하의 양쪽 둑 일대는 상거래의 중심지였다. 15~16세

기에는 이곳에 외국의 상관들이 많이 들어섰는데, 당시 가장 규모가 컸던 것은 독일 상관이었다.[*]

"외국인들에게 베네치아가 인기 있는 교역 장소였던 이유가 무엇이었나요?"

"물질적인 인프라와 법률적인 인프라가 훌륭했거든."

"법률적인 인프라가 어떤 의미인가요?"

"베네치아에서는 외국인과 내국인이 법적으로 완전한 평등성을 누렸어. 이를 테면 외국인과 내국인이 소송에서 맞붙으면 외국인이라고 해서 불리하지 않았고, 형사재판에서도 내외국인의 차별이 없는 완전한 평등성이 보장되었지."

[*] 페르낭 브로델, 『지중해, 펠리페 2세 시대의 지중해 세계 I』, 까치

리알토 다리 옆에 산자코모 교회가 있는데, 이 교회의 입구 앞에 은행가(街)가 형성되었다. 오늘날로 말하자면 런던의 'The City'나 뉴욕의 월가 같은 것이었다. 당시에 상인들은 거래가 성사되면 현금으로 결제하지 않고 은행으로 가서 계좌 이체를 의뢰했다. 상인들이 모두 은행에 계좌를 갖고 있었기 때문이다. 중세의 베네치아는 현대의 상거래를 방불케 하는 결제 시스템을 갖추었다.[*]

"베네치아가 최초의 자본주의 사회라고 들었어요."

"13~14세기에 베네치아에서 최초로 자본주의 사회가 출현했다고 보는 견해가 보편적이야."

"자본주의 사회란 어떤 사회인가요?"

"자본을 투자해서 이윤을 획득하려는 사적인 동기에 의해서 작동하는 사회라고 할 수 있지."

"자본주의와 민주주의는 어떤 관련성이 있나요?"

"자본주의 사회는 민간 경제 주체들의 자발적인 동기에 의존하기 때문에 국가의 통제나 감독은 약해지는 법이지. 그래서 자본주의가 발전할수록 국민의 자유는 확대되고 공권력이 아니라 민간이 주도하는 세상이 오는 것이고."

15~16세기에 리알토 다리 인근의 시장에서는 후추의 거래가 활발했는데, 기름기가 많아서 느끼한 서양 음식의 특성 때문에 후추는 서구 사회에서 크게 인기를 끌었다. 당시 베네치아는 후추 교역으로 떼돈을 벌었다. 인도산 후추 열매는 아랍인 선박에 실려서 인도양에서 홍해로 들어와 하역되었고 사막의 대상들에 의해서 낙타

[*]   시오노 나나미, 『바다의 도시 이야기 上권』, 한길사

등에 실려 육로로 베이루트나 알렉산드리아로 운반되었다. 그리고 그곳에서 베네치아의 선박에 실려서 지중해를 항해했고, 리알토 다리 인근의 시장에서 도매로 거래된 다음에 서유럽 각지로 팔려 나갔다.

15~16세기에 리알토 다리 주변은 동으로는 바그다드로부터 서로는 런던에 이르는, 유럽과 중동을 합친 거대한 지역의 경제 중심지로서 활황을 누렸다. 당시에 베네치아는 중국산 차, 비단, 도자기 그리고 인도산 후추와 면직물 등을 수입하여 북서유럽에 팔았고, 동시에 독일산 금속 제품과 아마포, 영국산 모직물, 이탈리아산 직물류 및 베네치아산 유리 제품 등을 중동 지역으로 수출했다.

15세기 말에 베네치아의 원수 모체니고는 연설 중에 이런 말을 하기도 했다.

"이대로만 나아가면 베네치아는 계속해서 그리스도교 세계 제일의 경제 대국의 자리를 차지하는 일도 가능할 것이다." *

세상사 모든 분야에서 과도한 낙관은 금물이고 가장 찬란할 때에 쇠락이 시작되는 법이다. 15세기 말에 콜럼버스와 바스코 다 가마의 항해를 신호탄으로 대항해 시대가 개막되면서 이후로 대서양 교역이 활발해졌고, 게다가 16세기에 들어서 오스만제국이 지중해 동부의 연안을 장악하면서 동지중해를 통한 베네치아의 동방 무역은 점차 빛을 잃어버렸다.

*   시오노 나나미, 『바다의 도시 이야기 下권』, 한길사

베네치아 조선소(Wikipedia)

한편으로 16세기에 베네치아는 모직물, 견직물, 비누, 유리 제품, 선박 등의 생산에서 비약적인 발전을 하며 점진적으로 제조업 국가로 전환되었다. 특히 베네치아는 유럽 최대의 조선소를 보유한 조선업의 대국이었다.

더불어서 이 시대에 베네치아는 유럽에서 가장 발전한 출판업을 보유하고 있었다. 베네치아에서 출판업이 발전한 가장 중요한 요인은 언론과 출판의 자유였다. 당시 베네치아 정부는 언론과 출판의 자유를 보장했을 뿐만 아니라, 출판권과 저작권을 인정하였다. 덕분에 베네치아에서는 로마 교황청이 금서로 지정한 루터, 마키아벨리, 갈릴레이 등의 저서와 남녀의 색정에 관한 서적 및 대중 문학이 활발하게 출간되었다. 16세기 후반에 베네치아는 신간 서적 출간 건에서 유럽 1위로 등극하였다.

17세기에는 대서양 교역의 활황으로 유럽의 북서부 지역이 발흥하면서 경제적 중심지가 지중해 연안에서 대서양 연안으로 완전히 이동했고, 게다가 베네치아의 해운업과 제조업의 경쟁력이 하락하면서 베네치아는 경제적으로 급속히 쇠락했다.* 18세기부터 베네치아는 관광의 도시로 변신하였다. 주로 영국, 프랑스, 독일 등에서 지식인들과 부유층 사람들이 앞을 다투며 이 도시를 찾아왔다. 이들은 파도바의 시가지를 흐르는 브렌타강에서 배를 타고 흘러내려서 베네치아의 갯벌 호수로 들어오는 낭만적인 여행을 즐겼다.

브렌타강(Wikipedia)

***

* 페르낭 브로델, 『물질문명과 자본주의 III-1』, 까치

이 시절에 베네치아를 여행한 괴테는 당시의 소감을 이렇게 썼다.

"내가 1786년 9월 28일 저녁, 독일 시간으로 5시에 브렌타강에서 갯벌로 진입하면서 처음으로 베네치아의 마을을 멀리서 바라보고, 계속하여 이 놀라운 섬의 도시, 비버 공화국에 발을 들여놓고 구경을 하게 된 것은 내 운명의 책 한쪽에 쓰여져 있던 바이다."[*]

이들은 베네치아의 독특한 자연환경뿐만 아니라 오랜 민주주의로 배양된 자유분방한 분위기를 찾아서 왔다. 베네치아에서 허용되고 있던 자유는 동시대 유럽의 다른 지역에서 온 사람들의 경탄을 자아냈다. 그들은 자국에서는 구할 수 없었던 서적들을 출판의 자유가 만발한 이곳에서 구매할 수 있었다. 나아가서 그들은 산마르코 광장에서 자기가 하고 싶은 말을 마음껏 하는 사람들을 보면서 언론의 자유를 실감했다. 더불어서 그들은 베네치아에서 기혼녀든 미혼녀든 상관없이 여성들과 자유롭게 교제할 수 있는 은밀한 즐거움을 누렸다. 18세기에 베네치아에서는 기혼, 미혼 할 것 없이 여성들이 거의 완전한 자유를 누렸기 때문이다. 그런 시대적 분위기에서 출현한 인간이 바로 바람둥이의 대명사인 카사노바였다.

카사노바(1725~1798)는 베네치아에서 희극 배우의 자식으로 태어났다. 그는 많은 사람에게 단순한 성적 방탕자로 인식되고 있지만, 사실은 교제한 여인들을 진심으로 아껴주고 행복하게 만들어준 로맨티시스트였다. 그래서 수많은 여인과 사랑을 나누고 이별을

[*]   요한 볼프강 폰 괴테, 『이탈리아 기행 1』, 민음사

했지만 그를 원망한 여인은 단 한 명도 없었다. 그는 약 120명이나 되는 여인들과 빈번하게 사랑에 빠지면서 여성의 내면에 숨겨져 있는 욕구와 환상을 자극하고 채워주어 여자들의 사랑을 받았다. 그는 연애만 잘하는 인간이 아니라 뛰어난 지식인이기도 했다. 일찍이 그는 파도바대학을 졸업했으며, 문학, 법률, 철학, 예술, 역사, 정치, 경제 등 수 많은 분야에서 약 40권의 저서를 쓸 만

카사노바(위키백과)

큼 박식했기에, 지성을 흠모했던 수많은 귀부인과 수녀들의 사랑을 받았다.

"암흑의 중세 유럽에서 베네치아 민주주의가 탄생한 근본적인 원인은 무엇일까요?"

"일찍이 해상 교역에 종사하면서 살아온 사람들이 만들어 낸 자유롭고 개방적이며 진취적인 사회 분위기가 중요한 기반이 된 것 같아."

"그럼 농경 사회에서 민주주의 발전이 지체되는 이유를 알 수 있겠네요."

"그렇지. 농경 사회는 폐쇄적이며 전통에 집착하고 변화를 거부하는 경향을 보이기에, 민주주의가 발전하기는 어렵지."

"사람의 사고와 행위는 기본적으로 생존 방식에 의해서 결정되는 것으로 봐야겠네요?"

"사람의 한평생은 생존을 위한 투쟁의 세월이지. 다윈의 진화론이 생존에 관한 자연선택이라면, 사람의 한평생은 생존에 관한 사회적 선택이고, 생존경쟁에서 패배하면 사회적으로 도태되는 것이잖아."

"고대 아테네와 중세의 베네치아는 많은 공통점을 갖고 있는 듯해요."

"두 나라 모두 해상 교역에 의존해서 경제적으로 번영했던 도시국가였는데, 이들 도시국가의 주민 1인당 소득은 동시대 농경 국가의 10배 이상에 달했지. 이러한 경제적 풍요가 민주 사회를 창조하는 데 기여했어."

"빈곤한 사회에서 민주주의 발전은 어려운 것인가요?"

"빈곤한 사회에서는 사람들이 오로지 생계 문제에만 매달리기 때문에 문화와 의식이 낙후하고, 특히 교육받은 사람이나 중산층이 드물기에 민주주의가 제대로 정착하고 작동하기는 힘들어."

사람은 교육을 많이 받을수록 의견 차이와 반대 의견에 관대해지고, 소수의 권리를 더 존중하며 자유의 가치를 더욱 중시하는 경향을 보인다. 그리고 중산층은 폭넓은 사람들과 관계를 맺고 많은 정보를 교환하면서, 정치적으로 큰 관심을 보이고 정치적으로 참여하려는 욕구가 강하다. 그래서 빈곤한 사회보다 부유한 사회에서 민주주의가 잘 발전한다.* 근대 유럽에서 중산층은 시민계급으로서 시민사회를 형성하고 근대 민주주의를 출산했다.

---

*   Larry Diamond, 『민주주의 선진화의 길』, 광림 북하우스

3.
잉글랜드
혁명

3. 잉글랜드 혁명

정의와 법, 이 둘만이 국가를 든든히 떠받치는 기둥이 되어야 한다. 그 누구
도 자신의 개인적인 의지를 민중에게 강요하며 횡포를 부려서는 안 된다.

-키케로*

　기원전에 켈트족이 살았던 브리튼 섬은 1세기에 로마 군단에 정
복되어 로마 제국의 속주가 되었다. 5세기 초에 로마 군단이 이 섬
에서 철수한 후에 독일에서 건너온 앵글로-색슨 족이 이 섬의 남부
지역을 정복하고 9세기에 잉글랜드 왕국을 세웠다. 한편 이 섬의
북부 지역에서는 9세기에 켈트족의 스코틀랜드 왕국이 출현했다.
1066년에는 프랑스 노르망디 공작 윌리엄이 잉글랜드를 정복하고
왕관을 차지하여 노르만 왕조가 시작되었다. 잉글랜드는 15세기 후
반에 30년간 장미전쟁이라는 내전을 치르고 등장한 튜더 왕가 시
대에 안정과 번영의 기반을 다지게 되었다. 16세기에 튜더 왕가의
국왕들은 강력한 권력을 누렸다. 이전의 장미전쟁 시절에 오랫동안
혼란을 겪은 국민이 강력한 왕권을 지지하였고, 더불어서 튜더 왕

* 　　슈테판 츠바이크, 『광기와 우연의 역사』, 이화북스

가의 국왕들이 여론을 감지하고 적절히 대응하는 영민함을 지녔기 때문이었다.

웨스트민스터 사원(위키백과)

영국의 종교 개혁을 상징하는 웨스트민스터 사원은 1506년에 완공된 고딕 양식의 건물이다. 헨리 8세 시절에 발생했던 종교 개혁으로 이 건물은 수도원에서 영국 국교회(성공회) 성당으로 바뀌었다. 스페인 공주 출신으로 과부가 된 형수 캐서린과 정략결혼한 헨리 8세는 새로운 연인이 된 앤 불린과 결혼하기 위하여 캐서린과 이혼하였다. 헨리 8세는 이 사건과 관련해서 그를 파문한 로마교황청과 결별하고 영국 국교회(성공회)를 설립했다. 영국 국교회의 수장이 된 헨리 8세는 약 1천2백 개나 되는 수도원을 해산하면서 이와 함께 영국에 있는 가톨릭교회와 수도원의 재산을 전부 몰수하였다. 당시 교회와 수도원은 영국 전체 토지의 약 1/3을 차지하였는데, 이것이 헐값에 매각되면서 영국 왕실이 가장 많은 양을 차지하였고, 나머지는 부유한 귀족과 상인들의 손에 넘어갔다.* 종교 개혁으로 헨리 8세는 젊고 예쁜 마누라를 새로 얻었고 거기다가 재산까지 크게 늘렸으며 나아가서 신흥 교단(국교회)의 수장 감투까지 새로 얻었으니 대박 장사를 한 것이 되었다.

*   이영림 등, 『근대유럽의 형성』, 까치

"의복과 풍속에도 유행이 있듯이 국왕에게도 유행하는 타입이 있다. 중세기의 위대한 군주는 예의가 바르고 무용이 출중하며 언행이 엄격하고 신앙이 독실해야 했고, 르네상스 시대의 군주는 방종, 화려한 풍채가 있고 때로는 잔인해야 했다. 헨리 8세는 이러한 성격을 모두 구비하고 있었다."*

그래서인지 그는 두 명의 왕비를 처형하고 두 명의 왕비와 이혼했으며, 총 6번 결혼한 방탕한 인간이었지만, 잉글랜드인에게 인기 있는 국왕이었다.

헨리 8세(위키백과)

헨리 8세와 앤 불린 사이에서 태어난 엘리자베스 1세는 생모가 처형된 후에 온갖 고초를 겪고는 기적적으로 보위에 올라서 잉글랜드 번영의 기반을 닦은 국왕이었다. 그녀는 평생을 독신으로 지냈기 때문에 '처녀 여왕'으로 불렸는데, "짐은 국가와 결혼하였다."라는 말을 공공연하게 입버릇처럼 말해 사람들을 기쁘게 하였다. 여왕의 독신주의는 어린 시절에 생모가 생부에게 죽임을 당한 사건에서 받은 충격 때문으로 보인다. 그녀는 유능한 통치자였지만, 후계자를 남기지 않은 채 1603년에 사망했기에 안정된 잉글랜드 사회는 새로운 혼란에 빠져들었다. 튜더 왕가가 끝나면서 잉글랜드의 왕위는 스코틀랜드의 스튜어트 왕가로 넘어갔다. 스튜어트 왕가는 14세기부터 스코틀랜드를 통치하였는데, 스코틀랜드의 여왕 메리 스튜어

---

* 앙드레 모로아, 『영국사』, 기린원

트가 튜더 왕가의 시조인 헨리 7세의 외증손녀라는 이유로 그녀의 아들인 스코틀랜드의 왕 제임스가 잉글랜드의 왕위를 물려받았다.

제임스 1세(위키백과)

스코틀랜드와 잉글랜드의 공동 국왕이 되어 횡재한 기분에 들뜬 제임스가 스코틀랜드에서 출발하여 국경을 넘어 런던으로 오고 있었다. 촌락마다 종이 울렸고, 장터마다 군중이 모여서 새로운 국왕을 열광적으로 환영했다. 당시 37세였던 그는 위엄이라고는 조금도 없는 우습게 생긴 얼굴을 가진 수다쟁이였다. 그는 암살에 대한 공포가 심해서 단검이 몸에 들어오지 못하게 항상 두꺼운 옷을 입고 다닐 만큼 겁쟁이였지만, 어느 정도의 지식을 갖춘 바람에 과도한 지적 오만에 빠져 있었고, 신학자 행세를 어설프게 하고

다녔다. 그의 정치사상은 이른바 '왕권신수설'로서 '국왕은 신이 정한 것이다.'라는 것이었다. 하지만 그는 그런 사상이 잉글랜드에서는 통하지 않는다는 것을 파악하지 못한 우둔한 인간이었다. 경박하고 감성적인 제임스 1세는 능력보다는 미모로 선발된 신하들과 어울리며 술자리와 사냥터에서 국정을 해치웠다.

국왕의 이런 작태를 노려보았던 세력이 잉글랜드에 있었다. 바로 1300년경에 탄생하여 꾸준히 영향력을 쌓아가고 있었던 의회였다.

잉글랜드 의사당(위키백과)

잉글랜드에서 의회는 예상치 못했던 곤란한 사건이 발생할 시에 국왕이 국민을 만나서 의견을 나누고 원만하게 해결하는 모임으로 출발하였다. 당시에 국왕 에드워드 1세는 웨스트민스터 궁전에서 집회를 개최했는데, 여기에 귀족, 고위 성직자, 각 주에서 선발된 기사들 및 소도시의 대표들이 참가하였다. 당시에 의회의 가장 주된 기능은 국왕의 과세에 대한 승인이었다. 아직 입법권은 국왕에게 있었고 의회는 청원권만 가지고 있었다. 이 시대의 의회는 기본적으로 국왕의 자문 기관 성격을 갖고 있었다고 할 수 있다. 그러나 14세기 중반에 의회가 상원과 하원으로 분리되었고 이때부터 비로소 하원 의회가 법안을 발의하고 확정하는 권한을 가진 입법기관이 되었다(이하에서는 하원 의회를 편의상 의회라고 표기). 국왕이 법안을 발의한 경우에는 의회의 승인을 거쳐서 공포되었다. 당시에 잉글랜드의 법률은 서유럽에서 가장 민주적인 법률이었다.

"잉글랜드의 법률은 단지 한 사람이 만든 것이 아니고, 100명의 고문관이 만든 것도 아니며, 300명 이상의 국민으로부터 선출된 사람이 만든 것이기 때문에 좋은 법률이 되지 않을 수가 없다."[*]

City of London

의회가 발전하면서 잉글랜드에서 의회민주주의가 성장하고 있었다. 16세기 튜더 왕조 시대에 의회는 국왕과 시민계급 그리고 농민의 여론을 통합하는 기관으로 영향력을 행사했다. 헨리 8세의 종교 개혁도 의회의 도움으로 가능했고, 엘리자베스 1세 시대의 정치적 안정도 의회 덕분이었다. 여왕의 치세 말기에 의회는 국왕의 행위를 대놓고 비판하면서 자신의 자주성과 권위를 확실하게 드러냈다. 튜더 왕조 시대에 이렇게 힘을 키운 의회가 스코틀랜드 출신의 촌티가 흐르는 경박하고 아둔한 제임스 1세의 행실을 그냥 두고 볼 리가 없었다. 의원들은 의회 석상에서 국왕과 그의 조무래기들을 마음껏 비판하고 조롱한 후에는 의사당에서 'City of London'까지 행진하였다. 런던 시민들은 거리에서 의원들에게 열렬한 지지를 보냈다.

눈치가 없어서 사태를 제대로 파악하지 못하는 데다가 신학에 빠져 있던 주책바가지 국왕 제임스 1세는 의회에 대항해서 이른바

[*]   알드레 모로아, 『영국사』, 기린원

'왕권신수설'을 늘어놓았다.

"신이 국왕을 선정했다. 그래서 국왕은 신에게만 책임이 있지 신민에게는 없다. 국왕은 법의 지배를 받지 않는다. 그가 곧 법이기 때문이다."[*]

제임스 1세는 자신이 신의 뜻으로 잉글랜드의 주권자가 되었다면서 지상에서의 절대 권력을 주장했고, 이에 대해 격노한 의회는 자신을 국민을 대표하는 주권 기관이라고 내세웠다.

"국민이 선출한 의회가 국민의 주권을 대표한다고 볼 수 있을까요?"
"루소는 『사회계약론』에서 국민주권을 주장하면서도, 주권은 다른 사람을 통해 대표될 수 없다고 했어."

"주권은 양도 될 수 없는 것과 같은 이유로 대표될 수 없다. 대의원은 어떤 것도 최종적으로 결정할 수 없다."[**]

"의회가 국민의 주권을 대표할 수 없다면 국민이 직접 주권을 행사할 수밖에 없잖아요?"
"이론적으로는 국민이 직접 한자리에 모여서 주권을 행사하는 것이 이상적이야. 루소는 아테네의 시민 집회를 이상적인 모델로 생각한 것이지. 그러나 현실적으로 거대한 국가에서 국민이 한자리에 모여서 법률이나 정책을 의결한다는 것이 불가능하기에 그 대안으로써 국민이 자신들의 대표자를 통하여 주권을 행사하는 것이 보통이야."

[*]   알드레 모로아, 『영국사』, 기린원
[**]   장 자크 루소, 『사회계약론』, 후마니타스

하지만 당시는 통념상으로 국왕이 주권자라고 간주되었던 시절이라서 의회가 주권 기관이라는 주장은 설득력이 없었다. 결국에 절대왕권과 맞서서 의회는 입법권과 과세권으로 무장하고는 승부를 겨루는 상황이 되었다. 한편 낭비벽이 있었던 제임스 1세는 사치스러운 궁정 생활, 신하들에게 주는 막대한 하사금, 보석 수집에 대한 열망 등으로 돈을 물처럼 썼고, 이로써 의회와의 갈등이 폭발했다.

> **"모든 국왕이 대관식 날에는 궁전 창문에서 돈을 던졌으나, 매일 같이 돈을 던지는 것은 제임스 1세가 처음이었다."** [*]

왕실의 채무가 급속히 증가하자, 그는 의회의 승인 없이 다짜고짜 세금을 올렸다. 이로 인해 국왕에 대한 국민의 분노가 폭발했고, 의회는 조세 승인을 거부했다. 이후로 국왕과 의회는 계속해서 공방전을 벌였지만 1625년에 제임스 1세가 죽을 때까지 승부를 보지 못했다. 한편 제임스 1세는 재임 중 지속적으로 청교도를 탄압하고 완고한 국교회를 지향하여 잉글랜드 개신교 사이에서 종교적인 갈등을 일으켰다.

> **"청교도가 어떤 의미인가요?"**
> **"금욕주의적 개신교도를 의미하는데, 스코틀랜드인 존 녹스가 제네바에서 칼뱅주의에 영향을 받아 청교도주의를 창시하여 16세기 후반에 스코틀랜드와 잉글랜드에 전파했어. 이후로 이곳의 칼뱅주의자 대부분이 청교도가 되었지."**

---

[*] 알드레 모로아, 『영국사』, 기린원

런던탑 왕궁(위키백과)

    청교도는 국교회를 거부하고 종교의 자유를 주장했는데, 한번은 제임스 1세가 청교도들과의 신학 토론장에서 이렇게 고함을 쳤다.

    "그렇다면 너희들이 국교를 신봉하거나 그렇지 않으면 내가 너희들을 이 나라로부터 쫓아내겠다."[*]

---

[*]   알드레 모로아, 『영국사』, 기린원

본시 고향인 스코틀랜드에서는 칼뱅파에 속했던 그가 잉글랜드 국교회로 귀의한 것은 국왕이 교단의 수장을 겸하는 국교회가 입맛에 맞았기 때문이었다. 이 시대에 발생한 청교도 박해로 인해 많은 청교도인이 배를 타고 대서양을 건너 북아메리카로 이주했다.

런던탑 감옥

제임스 1세의 차남으로 태어나서 형이 일찍 죽는 바람에 부친의 왕위를 계승한 찰스 1세는 소심, 우울했지만 고집이 센 인간이기도 했다. 부전자전이라서 그는 자신의 아버지처럼 세상 물정과 민심을 파악하지 못하는 우둔한 인간이었다. 한술 더 떠서 그는 아버지보다 더욱 치열하게 의회와 부딪쳤고, 잉글랜드인의 미움을 살 일들을 만들었다. 예를 들면 그는 가톨릭 신자인 프랑스 공주와 결혼하여 대부분이 개신교도인 잉글랜드인의 미움을 샀다. 15살 철부지였던 왕비도 자신이 가톨릭 신자임을 드러내는 행동을 대놓고 하면서 돌아다녔다. 게다가 찰스 1세는 그의 아버지처럼 왕권신수설을 주장하며 프랑스와 스페인의 절대왕정을 찬양하였다. 1628년에 찰스 1세는 사치와 낭비로 돈이 부족해지자 증세를 위해 의회를 소집하였는데, 이때 의회는 권리청원을 만들어서 국왕 권력 행사의 한계와 법률의 권위를 명확히 설정하였다. 즉 의회에서 의결되지 않은 모든 세금은 불법이고, 국왕이 멋대로 사람들을 투옥하고 계엄령을 선포하는 것은 금지된다고 하였다.[*] 이에 분노한 찰스 1세는 권리청원을 거부하고 9명의 의원을 투옥했다. 그들은 런던탑에 수감되었다.

마침내 1629년에 의회는 국왕의 명령으로 해산되었다. 이제 그는 의회 없이 통치하면서 제멋대로 각종 세금과 벌금을 징수해서 재정을 충당했다. 어리석은 찰스 1세는 마침내 종교 문제에 손을 대서 화근을 만들었다. 그는 잉글랜드와 스코틀랜드의 교회에 반칼뱅주의를 강요했는데, 이로 인해 칼뱅주의가 강한 스코틀랜드에서 반란이 일어났다. 1640년에는 스코틀랜드 반란군이 잉글랜드까지 쳐들어와서 찰스 1세에게 반칼뱅주의 정책의 철회를 요구했다. 이에 위기감을 느낀 찰스 1세는 11년 만에 의회를 소집하고는 스코틀랜드인에게 맞서 싸울 병사를 모집할 자금을 의회에서 조달해 달라고 요청하였다. 하지만 의회의 주도 세력인 청교도 의원들과 스코틀랜드 칼뱅파는 동맹을 맺고 찰스에게 맞섰다. 위기에 빠진 찰스 1세는 런던에서 빠져나와 자신의 군대를 모집했고, 이에 맞서 의회도 자체 병력을 소집하고 그 경비를 조달하기 위한 세금 징수를 의결했다. 이제 국왕과 의회 사이에서 무력 충돌이 불가피해졌다. 1642년에 의회는 런던을 중심으로 의용군을 모집하여 의회파 군대를 창설했고, 마침내 그해 8월에 내전이 공식적으로 시작되었다. 국왕 편에선 왕당파는 귀족과 대지주로 주로 국교회 신도였고, 이에 대항하는 의회파는 중소지주, 상인, 제조업자 등으로 구성되었고 주로 청교도였다.

[*]   주디스 코핀, 『새로운 서양문명의 역사 上권』, 소나무

근대 초에 잉글랜드의 계급 구조에서 가장 주목할 만한 사람들은 '젠트리'라고 불렸던 중소 지주였다. 그들은 본시 은행업, 교역, 제조업 등에서 돈을 번 시민계급으로 은퇴 시에 농지를 사서 지주가 되었거나, 농지를 소유하면서 동시에 다른 사업을 경영했던 사람들이었다. 어쨌든 영국에서는 농지를 소유할 만큼 부유한 사람은 젠트리의 일원으로 간주되었고, 젠트리 계급으로 편입되는 것을 막는 법적, 문화적 장벽은 없었다. 젠트리는 귀족 다음가는 지배계급을 형성하여 사회적인 위세를 갖추고 정치적인 영향력을 발휘했다.* '젠트리'는 당시 잉글랜드 의회에서 약 75% 의석을 차지했는데, 종교적으로 대부분이 청교도였다. 베버에 의하면 청교도는 16세기에는 스위스 제네바와 스코틀랜드에서, 17세기에는 네덜란드와 잉글랜드 및 북아메리카의 뉴잉글랜드에서 사회적인 위세를 지녔다. 이 지역들에서 경제적으로 부상하고 있던 시민계급은 청교도의 금욕주의적인 규율을 받아들였다. 그들은 영리 활동을 통해서 벌어들인 돈을 소비하지 않고 대신에 생산과 부를 증가시키기 위한 투자에 사용하였다. 그들은 부의 축적이 신의 은총이라고 생각했기에 자신들이 신의 은총을 받았다는 것을 확신하려고 부의 축적에 몰두했다. 베버는 이것을 '자본주의 정신'이라고 하면서 이 지역에서 기업가적 행위의 동기와 추진력이었다고 평가했다.**

잉글랜드 내전 초기에는 왕당파 군대가 유리했다. 그들은 풍부한 전쟁 경험을 기반으로 하여 대부분의 전투에서 승리했다. 그러나 1644년에 의회파 군대가 재조직되면서 전황이 바뀌었다. 1645

---

*   이영림 등, 『근대 유럽의 형성』, 까치
**   막스 베버, 『프로테스탄트 윤리와 자본주의 정신』, 현대지성

네이스비 전투(위키백과)

년 6월에 런던 근처의 네이스비에서 벌어진 전투에서 크롬웰이 지휘하는 의회파 군대는 결정적인 승리를 거두었다.

이로써 왕당파는 잉글랜드 동남부의 런던을 비롯한 주요 도시들을 빼앗겨서 군비와 군수품 조달에서 완전히 실패하였다. 마침내 1646년에 찰스 1세는 항복했다. 이때 찰스 1세를 권력이 없는 군주로 복귀시키려고 했던 온건파와, 이에 반대하는 크롬웰이 이끌었던 급진적 청교도 일파 사이에 분란이 발생했다. 그리고 이 상황을 이용하여 찰스 1세는 1648년에 전쟁을 재개했다. 이른바 '제2차 잉글랜드 내전'이라고 불리는 1648년의 내전 기간에 크롬웰은 의회파

찰스 1세의 처형(위키백과)

군대의 총사령관으로 왕당파 군대를 격퇴하였고, 찰스 1세는 얼마 못 가서 다시 항복했다. 크롬웰은 찰스 1세를 포로로 잡고 의회에서 '국왕재판법'을 통과시켰다. 이어서 재판관 135명으로 구성된 특별 재판소에서 찰스 1세는 사형을 선고받고 1649년 1월에 처형되었다.

참수되기 직전에 찰스 1세가 마지막으로 이런 말을 남겼다.

"신이 인민과 주권자를 명백히 구별하여 창조하였고, 주권은 결코 인민에 속한 것이 아니며, 인민의 자유는 정부에서 일정한 역할을 하는 것이 아니다."*

  국왕이 주권자이고, 인민은 통치받을 운명을 갖고 태어났으니 분수를 넘는 생각과 행위는 하지 말라는 뜻이었다. 참으로 전제군주다운 생각이었고, 주권이 누구 것인가를 한 번쯤은 생각하게 만드는 말이었다. 어쨌든 찰스 1세의 참수는 전 유럽에 충격을 준 사건이 되었다. 이전에 제임스 1세의 생모였던 스코틀랜드 여왕 메리 스튜어트가 폐위되고 나서 영국에 망명하여 유폐 생활을 하던 중에 반역죄로 잉글랜드 여왕 엘리자베스 1세에게 참수된 사건이 있었다. 하지만 현직 국왕이 반역죄로 참수된 경우는 찰스 1세가 처음이었다. 당시에 잉글랜드 의회는 국왕을 주권자가 아니라 국민을 위해 봉사해야 하는 관료로 보았다. 그래서 국왕이 국민의 대표인 의회에 대해 군사적으로 공격한 행위는 반역으로 간주 되어, 찰스 1세의 범죄 행위는 공소장에 이렇게 쓰여있었다.

  "국왕이 참전한 모든 전투는 반역적 행위였고 반역의 증거였다."***

  이는 주권이 국민의 대표인 의회에 있다는 사고를 반영한 것이다. 정치철학자 홉스는 그때까지 잉글랜드에서 주권의 소재가 명확하지 않아서 내란이 발생했다고 생각하고 최초로 사회계약설에 기반을 둔 국민주권론을 주장했다.

---

*   주디스 코핀, 『새로운 서양문명의 역사 上권』, 소나무
**   주연종, 『영국혁명과 올리버 크롬웰』, 한국학술정보

이야기인즉 이기적 본성을 지닌 자연 상태의 인간들 사이에서 '만인에 대한 만인의 투쟁'이 발생했고, 생명과 재산을 지키고 싶었던 인민이 사회계약을 맺고 국가를 수립했으며, 국민의 합의가 곧 주권으로서 국가의 통치와 법에 정당성을 제공한다는 것이다.

1651년에 출간된 홉스의 대표 저서 『리바이어던』의 표지에는 검과 지휘봉을 양손에 들고 있는 왕의 형상이 나온다. 왕은 얼핏 보기에는 쇠사슬 갑옷을 입은 것 같이 보이지만, 자세히 살펴보면 그것은 수많은 사람의 머리며 어깨들로 구성되어 있다. 이 그림은 통치의 대권이 수많은 작은 사람들이 그들의 자연적 권리를 통치자에게 위임함으로써 형성된다는 것을 의미한다.

『리바이어던』 표지(위키백과)

내란이 종식되자 잉글랜드 의회는 표결을 거쳐서 군주제를 폐지하고 공화국을 선포했다. 이와 함께 국무회의와 의회가 공화국을 통치했다. 여기까지만 보면 잉글랜드 혁명은 국왕의 전제정치를 무너트리고 대의제 주권 기관으로서 의회의 지위를 확립한 민주주의의 쾌거였다. 하지만 잉글랜드 혁명 이후에 전개된 사태를 보면 의회는 단지 형식적으로만 존재했고, 군사력을 장악한 크롬웰이 실권을 쥐고 있었다.

크롬웰(1599~1658)은 헌팅던의 젠트리 집안에서 태어나서 청교도적 환경에서 성장했다. 그는 케임브리지 대학교에서 1년간 수학하고는 부친이 사망하자 학업을 중단하고 고향으로 돌아왔다가 21세 되던 해에 부유한 청교도 젠트리 집안의 여자와 결혼했다. 크롬웰 부부는 금실이 매우 좋았고 서로를 존경했으며 혼인의 순결을 끝까지 유지했다. 크롬웰은 장인의 인맥 덕에 정계 인사들과 사귀게

크롬웰(위키백과)

되었고, 1628년에 고향인 헌팅던에서 하원 의원으로 당선되어 정계에 진출하였다. 하지만 1년 뒤에 찰스 1세가 의회를 해산한 이후로 크롬웰은 오랫동안 야인 생활을 하면서 병고와 경제적 어려움을 겪었다. 하지만 이 시기에 고통 속에서 그의 신앙심과 청교도주의는 강해졌다. 10여 년의 고난이 지나고 마침내 그의 인생에서 전환점이 찾아왔다. 1642년에 내전이 터지면서 그는 기병대를 조직하여 의회파 군대로 참전하였다. 그가 지휘하는 기병대는 왕당파 기병대에게 몇 번의 승리를 거두며, 내란에서 의회파가 승리하는 데 결정적인 역할을 했다. 한마디로 그는 뛰어난 야전 지휘관이었다. 군사 교육을 받은 적이 없었던 그가 중년의 나이에 야전 지휘관으로 능력을 발휘한 것은 신비한 사건이었다. 아마도 그가 평소에 전쟁과 관련된 역사 서적을 탐독한 듯하다. 하지만 그는 하나님이 자신을 군대의 지휘관으로 이끌었고 승리를 안겨주셨다고 말하고는 했다.

1653년에 크롬웰은 군대를 이끌고 의회에 진입하여 의회를 해산시키고 호국경이라고 불리는 독재자가 되었다. 전제 왕권이 사라진 자리에 군사 독재 정권이 들어선 것이었고, 의회파가 의회민주주의를 파괴한 꼴라서니가 되었다.

> "잉글랜드에서 최초로 공화정이 들어선 것을 민주주의 발전이라고 볼 수는 없을까요?"
>
> "전제왕권을 몰아낸 것은 민주주의적인 쾌거였지만, 공화정이 반드시 민주정을 의미하지는 않아. 민주정의 기본 원리인 권력 분립 및 견제와 균형이 이루어졌는지를 봐야겠지. 이런 면에서 크롬웰 시대의 공화정은 민주정과는 거리가 멀다고 할 수 있어."
>
> "민주주의가 이루어지기 위해서 권력 분립이 반드시 이루어져야 하는 이유는 무엇인가요?"
>
> "만약에 한 사람이나 한 집단이 입법, 사법, 행정권을 모두 가지고 있으면 그 나라 국민의 생명과 자유와 재산은 권력자의 맘대로 좌지우지되는 것이지."

삼권 분립을 주장한 몽테스키외는 '권력이 권력을 저지하도록 해야 한다'는 생각을 했다. 훗날 미국 건국의 아버지 중 한 사람인 메디슨은 권력 분립과 관련해서 유명한 말을 남겼다.

> "야망이 야망을 상쇄하도록 해야 한다." [*]

---

[*]   마이클 샌델, 『당신이 모르는 민주주의』, 와이즈베리

권력에 대한 인간의 탐욕을 인정하고 권력들 사이의 상호 견제로 독재와 권력 남용을 막는다는 의미이다.

"크롬웰의 직함인 호국경은 공식적으로 어떤 위치였나요?"
"국가 원수이면서 행정부의 수반으로 국무회의를 주관하며 국가를 통치하는 자리였어."

그는 '41인회'라는 자문 기구와 '성자들의 의회'의 도움을 받아서 헌법 체계인 '통치헌장'을 만들었는데, 여기에는 경건하고 기독교적인 공화국이라는 그의 정치적 이상이 담겨있었다.* 한마디로 그는 종교적 확신이 가득한 독재자였고, 그런 면에서 16세기 중반에 제네바를 통치했던 칼뱅을 복제한 인간이었다.

"과연 대중들이 경건하고 금욕적인 세상을 좋아했을까요?"
"그럴 리가 없지. 크롬웰의 통치는 잉글랜드인에게 가혹하게 느껴졌거든. 평범한 대중에게는 그들이 즐길 만한 것이 필요했어."

오락이나 술집, 도박, 연극 등을 금지한 엄격하고 금욕적인 청교도적 통치는 잉글랜드인에게 인기가 없었다. 1658년에 크롬웰이 죽자 그의 휘하 장군 중 한 명이 권력을 장악하고 새로이 의회 선거를 요청했다. 1660년 봄에 소집된 의회는 프랑스에 망명 중이었던 찰스 1세의 아들을 잉글랜드 국왕 찰스 2세로 옹립하였다. 찰스 2세는 즉위하면서 의회에서 권리청원을 준수하겠다고 맹세했다. 다른

* 　　주연종, 『영국혁명과 올리버』, 크롬웰

매달린 크롬웰 시신(Wikipedia)

한편으로 찰스 2세는 사적인 복수심으로 부친 찰스 1세의 사형 12년째 되던 날인 1661년 1월 30일에 웨스트민스터 사원에 있던 크롬웰의 시신을 끄집어내어 높은 곳에 목을 매단 다음에, 시신의 목을 잘라서 창에 꽂아 웨스트민스터 의사당의 홀에 1684년까지 전시하였다.

"살아 있을 때 철천지원수 사이였던 찰스 1세와 크롬웰이 사후에 동우회를 만들었다더군."

"아니 어떤 동우회인가요?"

"그게 목이 잘린 사람 동우회라고 하더라고."

"하하. 한 명은 살아서 잘렸고, 다른 한 명은 죽어서 잘렸죠. 찰스 2세가 크롬웰을 부관참시한 것을 보아 청교도에게도 불똥이 튀었겠어요?"

"국교회가 재건되면서 청교도의 세력이 쇠락한 것은 사실이야. 그렇다고 해서 찰스 2세가 청교도 탄압을 하지는 않았어. 부친이 처형되고 자신도 망명 생활을 했던 쓰라림을 겪었으니 국민의 원성을 자극할 짓은 자제했겠지."

프랑스에서 망명 생활을 했던 찰스 2세는 프랑스의 모든 것에 대한 예찬자였다. 특히 그는 루이 14세의 절대왕정을 자신의 통치를 위한 모범으로 삼았다. 이로 인해 당시 잉글랜드 정계는 찰스 2세의 통치 사상을 지지하는 사람들과 반대하는 사람들로 나뉘었다. 이때 지지파는 '토리당' 그리고 반대파는 '휘그당'이라 불렸다. 어쨌든 당시에 찰스 2세의 권력은 막강해서 휘그당 정치인 몇 명을 반역죄로 처형하기도 했다.

"왕정이 복고 되고 청교도가 쇠락하면서 사회 분위기에 변화가 있었나요?"
"크롬웰의 청교도 정권 시대에 엄격했던 사회 분위기가 방탕해지기 시작했어."

궁전에서는 음탕한 언행이 활개를 쳤는데, 국왕은 정부의 침실을 들락거렸고, 신하들은 나체춤을 추는 파티를 즐기고 시녀들에게 음행을 자행했다. 권력을 손에 쥔 왕당파들은 무절제하게 쾌락을 추구하는 음탕한 바람둥이가 되었고, 술에 찌들어 지내며 온갖 추악한 짓거리를 벌이고 다녔다. 런던에는 주점과 사창가가 현저하게 늘어났다. 사람들은 자극적인 놀이와 부도덕한 내용을 담고 있는 연극에 열광하기도 했다. 크롬웰 시대의 금욕주의에 대한 반작용이 일시적으로 나타난 것이었다.

1685년에 찰스 2세는 가톨릭으로 개종하고는 사망했다. 찰스 2세의 뒤를 이어서 보위에 오른 그의 동생 제임스 2세는 아예 대놓고 자신이 독실한 가톨릭 신자임을 밝혔다. 그는 한술 더 떠서 자신의 모든 백성이 가톨릭으로 개종하기를 바란다고 공공연히 떠벌렸고, 로마 교황의 사절들이 런던 거리를 공개적으로 행진하도록 하였다. 제임스 2세와 첫 번째 부인과의 사이에서 태어난 메리는 개신교도였고 잉글랜드와 스코틀랜드의 왕위 계승자 지위를 부여받은 채로 네덜란드의 통치자(총독)인 오렌지 공 윌리엄과 결혼하여 네덜란드에 살고 있었다. 그런데 제임스 2세의 첫 번째 부인이 사망한 후에 두 번째 부인이 된 여자 사이에서 태어난 아들이 가톨릭교도로 세례를 받고는 이복 누나 메리를 제치고 왕위 계승자로 선포되었다. 이 사건으로 개신교도(국교도, 청교도)가 대부분인 의회와 시민계급은 망치로 뒤통수를 맞은 듯하였다. 찰스 2세 때에 대립했던 휘그당과 토리당은 이제 손잡고 제임스 2세를 몰아내기로 결의했다. 의회의 대표단은 영국 해협을 건너 네덜란드로 가서 메리와 윌리엄 부부에게 군대를 이끌고 잉글랜드로 건너오라고 요청했다. 1688년에 그들은 네덜란드 군대를 이끌고 잉글랜드로 쳐들어와서 왕좌를 차지했고, 제임스 2세는 해외로 도주하였다.

윌리엄 공의 영국 상륙(위키백과)

이 사건을 흔히 명예혁명이라고 한다. 명예혁명은 '무혈혁명'으로 유명하지만, 왕좌를 버리고 해외로 도망간 제임스 2세가 위기의 순간에 코피를 흘렸으니 사실상 '유혈혁명'으로 봐야 한다는 우스개도 있다.

"근대 유럽의 정치적 사건에 종교가 깊이 관련된 것이 놀라워요."

"유럽인은 중세에 천 년 간 기독교에 빠져 살았고, 근대 초까지도 정치와 종교
가 분리되지 않았어. 잉글랜드 혁명 과정에서도 종교적 갈등이 크게 작용했
다고 할 수 있지."

1689년에 의회에서 통과되고 공동 국왕이 된 윌리엄 3세와 메리
가 받아들인 '권리장전'은 의회와 국민이 누릴 수 있는 권리와 자유
를 규정한 법률이다. 그 첫 번째 조항은 '국왕이 의회의 승인을 거
치지 않고 법률의 적용, 면제, 집행, 정지하는 것을 금지한다'였다.
이로써 국왕이 의회를 무시하고 절대적 권리를 주장하지 못하게 하
였으며, 더불어서 의회는 국왕의 과세와 지출에 대한 통제력을 강
화했다. 그밖에도 국민의 기본권 보장에 관한 조항이 권리장전에
명시되었다.

이후로 잉글랜드의 정치체제는 견제와 균형이 작동하고 국민에
게 자유를 보장해주는 바람직한 체제로 유럽 입헌군주제의 효시이
자 모범이 되었다.

"입헌군주제는 어떤 제도인가요?"

"국왕은 의회가 제정한 법적인 틀 안에서만 통치권을 행사할 수 있는 제도이
지. '의회 안에서의 국왕'이라는 말처럼 의회가 국왕을 누르고 권력의 중심에
섰다고 할 수 있어."

"명예혁명과 입헌군주제에 사상적 토대를 제공한 사람이 존 로크였다죠?"

"맞아. 로크는 국왕이 국민의 자연적 권리인 생명, 자유, 재산을 침해할 경우
국민은 '저항권'을 사용하여 국왕을 제거할 수 있다고 주장하며 명예혁명을

정당화했어."

"저항권이 어떤 의미인가요?"

"사람들이 사회계약을 맺고 국가를 만들었는데, 그로 인해 국정을 수행할 권
한을 위임받은 국왕이 국민의 생명, 자유, 재산을 침해하면 사회계약을 위반
한 것이므로 국민이 국왕을 끌어내릴 수 있는 권리라고 할 수 있어."

"로크가 절대군주제를 비판한 이유는 무엇인가요?"

"그는 절대 권력이란 한 인간이 제 맘대로 타인의 생명과 재산을 빼앗을 수 있
는 야수 같은 힘이라고 보았어. 따라서 국민의 자연적 권리를 보호하기 위해
서는 절대군주제보다는 입헌군주제가 바람직하다고 생각했어."

로크의 이러한 사상은 한 고대인에게서 물려받은 듯하다. 로크
보다 1,700년 앞서 로마 공화정의 수호자였던 키케로는 '한 개인이
전제정치를 하면 불가피하게 공동의 권리를 짓밟게 된다.'라고 했
다.* 로크는 '국가의 최고 권력은 입법권이고, 모든 권력은 입법권
에서 비롯되며 그것에 종속된다.'라고 했다. 사람들이 생명, 재산,
자유를 보호받기 위해 국가를 만들면서 맺은 사회계약이 바로 법률
의 형식으로 체결되기 때문이다. 따라서 국왕의 통치가 법률적 틀
안에서만 이루어지는 것이 정당한 것이다. 명예혁명을 통해 피 흘
림이 없이 절대군주제에서 입헌군주제로의 전환을 이루어낸 잉글
랜드는 공화국이 아닌 입헌군주제에서도 민주주의가 가능하다는
것을 보여주었다.

---

*   슈테판 츠바이크, 『광기와 우연의 역사』, 이화북스

4.
프랑스
대혁명

4. 프랑스 대혁명

루이지애나에 사는 야만인은 과일을 먹고 싶으면 나무 아래 부분을 베어 그것을 딴다. 이것이 바로 전제정체다.[*]

파리 구시가지 한복판에 있는 콩코르드 광장은 대혁명을 상징하는 장소이다. 대혁명 시기에 이곳에 단두대가 설치되어, 반혁명 인사들을 처형했기 때문이다. 프랑스 대혁명은 서유럽 근대사에서 가장 극적인 사건이었다. 발발 직후에는 사람들

콩코르드 광장(Wikipedia)

이 흘린 많은 피가 유럽인을 놀라게 했고, 나중에는 대혁명의 이념이 퍼져나가면서 유럽인에게 큰 자극을 주었다.

"토크빌은 프랑스 대혁명을 '오랜 뿌리를 가진 사건'이라고 했는데, 이것이 구체제에서 오래 묵은 모순이라는 의미 같네요."

[*]   몽테스키외, 『법의 정신』, 문예출판사

"맞아. 오래된 낡은 봉건적 신분제가 여전히 남아서 불평등한 세상이 유지되고 있었지."

대혁명 이전의 프랑스 사회는 이른바 구체제(앙시엥 레짐)로 불렸던 신분제 사회로, 신분은 크게 세 개로 나뉘었다. 제1신분은 주교, 대주교, 추기경 등의 고위 성직자들, 제2신분은 귀족 그리고 나머지는 평민을 의미하는 제3신분이었다. 제1, 제2 신분을 합친 특권층이 전 인구의 2% 이내를 차지했다. 좀 더 세분해서 보면 귀족층은 봉건 영주 출신의 전통 귀족과 고위 공직자인 신흥 귀족으로 구성되었다. 그리고 평민층은 수적으로 가장 많은 농민과 도시의 상공업자인 시민계급 그리고 도시 노동자로 구성되었다. 이 중에서 주목해야 할 계층은 시민계급이었다. 그들은 18세기 자본주의 발전과 함께 날로 그 힘을 키우고 있었던 사람들로, 돈만 가진 졸부가 아니라 교육을 받아서 전문직과 지식인층을 형성하고 있었다. 시민계급은 야누스의 두 얼굴을 가진 계급이었다. 한편으로 그들은 귀족을 동경하여 신분 상승을 꿈꾸었다. 시민계급이 귀족이 되기 위해서는 영지와 족보를 사거나 국왕에게 관직과 작위를 사야만 했다. 그래서 시민계급의 최상층은 왕권과 결탁하였다. 그러나 실제로 귀족으로 격상된 사람은 극소수였다. 다른 한편에는 귀족이 되기를 원치 않거나 포기한 시민계급의 사람들이 있었다. 그들은 낡은 세상을 혐오하며 새로운 세상에 대한 열망을 품고 있었다. 그들의 비판 의식과 신념을 부추긴 것이 바로 계몽사상이었다. 그래서 볼테르, 루소, 몽테스키외 등의 계몽사상가들은 시민계급의 사랑을 받았다.

볼테르는 '파렴치를 분쇄하자'라며 압제와 싸울 것을 주문하였고, 루소는 국민 주권을 주장했으며, 몽테스키외는 전제왕권을 비난하며 삼권 분립을 내세웠다.

볼테르의 무덤 팡테옹(위키백과)

"구체제(앙시앵 레짐)의 문제는 무엇이었나요?"
"크게 보면 루이 14세부터 시작되는 절대군주제와 과도한 신분적 불평등이었어."
"당시 신분적 불평등은 어느 정도였나요?"
"제1신분은 막대한 교구 재산의 수입과 십일조를 독차지하였고, 제2신분은 자신들의 영지에서 소작농에게 생산량의 절반에 해당하는 지대를 받거나, 고위 공직자로서 높은 봉급을 받았어. 그래도 그들은 세금과 부역의 의무에서 면제되었지. 반면에 제3신분은 국가 재정을 모두 부담하며 허덕였고."

특히 소작농은 영주에게 지대를 국왕에게 세금을 내면 전체 수입의 80~90%를 빼앗겨서 빈곤으로 신음했다. 18세기 중반에 영국의 한 저술가는 이런 글을 남겼다.

"프랑스 농민들은 유복하기는커녕 필요한 생계 수단도 가지고 있지 않다. 이들은 자신들이 겪은 피로에 합당한 원기 회복을 하지 못해서 40세 이전에 이미 노쇠하기 시작하는 인종이다."*

---

*   페르낭 브로델, 『물질문명과 자본주의 I-1』, 까치

구체제의 신분적 모순(위키백과)

18세기 후반에 프랑스 농촌을 강타한 이상 기온에 의한 기근으로 농민들의 삶은 파탄이 났고, 빵값의 폭등으로 도시 빈민들의 삶도 벼랑으로 몰리고 있었다. 바로 이 시절에 프랑스 정부의 재정이 파탄에 빠졌다.

"대체 정부의 재정이 왜 파탄에 빠졌나요?"
"프랑스가 18세기 중반에 영국과 치른 7년 전쟁으로 재정 적자가 심해졌는데, 게다가 1778년에 영국에 대한 복수심으로 미국의 독립 전쟁에 참전하는 바람에 재정이 거덜 났어. 국고 수입의 절반 이상이 국채 이자로 지출되는 정도였지."
"그럼 세금을 더 걷어야지요."
"부유한 특권층의 사람들이 면세 특권을 누렸고, 농민들과 도시 노동자들이 기아 상태였기 때문에 세금을 더 걷을 수가 없었어."

정부가 재정 파탄에 빠졌는데도 특권층은 세금 납부를 거부하고 있었다. 그들은 재정 파탄을 극복하기 위한 수단으로 국왕 루이 16세에게 세 신분의 대표들이 만나는 중세의 신분제 의회인 삼부회를 소집하자고 국왕을 압박했다. 자신들의 면세 특권을 계속 유지하면서 평민에게 증세하려는 속셈이었다. 그로 인해 1789년 5월 5일에 베르사유 궁전에서 열린 삼부회는 대혁명의 서곡이 되었다. 세 신분에서 선출된 삼부회 의원 1,214명이 프랑스 전국 각지에서 베르사유로 모여들었다. 그들의 대부분은 베르사유에 처음 온 사람들이었는데, 무엇보다도 베르사유 궁전의 호화로움에 놀랐고 왕가의 호

베르사유 궁전(Wikipedia)

화판 생활에 심기가 뒤틀어졌다. 국가 재정 파탄이 거기서 기원했다고 생각되었으며, 자신들의 혈세가 저들의 호화판 생활을 지탱했다는 데서 분노했다.

삼부회 개최 전날에 제3신분의 의원 한 명이 베르사유 궁전 정문 앞 거리를 천천히 걷고 있었다. 금발 밑에 파란 눈이 날카롭게 빛나는 그는 엄숙한 표정을 지으며 무언가 생각에 잠겨있었다. 이 청년의 이름은 로베스피에르, 미혼인 31세의 변호사였다.

그는 1758년에 프랑스 북부 아르투아 지방에서 시민계급 출신 변호사 집안에 태어나 파리의 명문 학교를 수석으로 졸업하고 23

로베스피에르(위키백과)

살의 젊은 나이에 변호사가 된 뛰어난 두뇌의 소유자였다. 그는 국왕 루이 16세와는 특별한 악연이 있었다. 1775년 여름에 국왕 루이 16세는 대관식 1년 기념으로 왕비 마리 앙투아네트와 마차를 타고 노트르담 대성당에서 출발하여 생 주느비에브 성당으로 향하고 있었다. 비가 퍼붓는 날씨였음에도 국왕 부부가 탄 마차가 루이르그랑콜레주 학교 앞에 멈추었을 때, 17세의 한 학생이 비를 그대로 맞으며 땅바닥에 무릎을 꿇고는 축사를 낭독했다. 국왕에게 잘 보이고 싶은 교사들이 이 학교에서 가장 뛰어난 학생에게 축사를 시킨 것이었다. 그런데 루이 16세는 자신보다 네 살 어린 이 학생의 축사를 제대로 듣지도 않았고, 축사에 대한 그 어떤 치하나 고마움을 표현하지 않은 채 마차를 몰고는 그 자리를 떠났다.* 로베스피에르와 루이 16세 사이의 악연은 이렇게 시작되어, 훗날 로베스피에르가 루이 16세를 단두대에 세우는 것으로 끝나버렸다.

"삼부회는 어떻게 진행되었나요?"

"루이 16세는 개회사에서 지극히 감상적인 어조로 개혁 정신을 경계하라고 엄포를 주고는, 이어서 국고를 충실히 할 방안을 찾는 데만 전념해달라고 부탁하였어."

---

*   장 마생, 『로베스피에르, 혁명의 탄생』, 교양인

"이에 대해 의원들은 어떤 반응
을 보였나요?"
"실망한 제3신분 의원들은 자신
들만의 모임을 가지면서 신분의
구별 없는 공동의 회의와 평등한
표결권을 결의했지."
"그 결의가 받아들여졌나요?"
"두 특권 신분은 각각 따로 모여서 제3신분의 결의를 묵살했어."

삼부회(Wikipedia)

초콜릿을 과다 복용하여 비만
해진 루이 16세는 그 멍청함으
로 인하여 사태를 제대로 파악
하지 못하였고, 적절한 해법을
제시하지 못하였다.

"사태가 심각하게 돌아갔겠군요."
"그렇지. 막힌 둑이 드디어 터지고
말았어. 6월 17일에 제3신분 의
원들이 베르사유의 테니스 코트에
서 자신들만이 프랑스 전체 국민의
대표자라는 의미로 자신들의 모임
을 '국민의회'라고 선포했어."

루이 16세(위키백과)

그들은 루소가 말한 국민주권론을 근거로 하여 프랑스의 주권자
는 국왕이 아니라 국민의 대표인 '국민의회'라고 한 것이었다.

테니스 코트 서약(위키백과)

"국민의회를 루이 16세가 가만히 보고만 있지는 않았겠죠?"

"당연하지. 그는 국민의회가 열리는 테니스 코트에 나타나서 자신의 지시를
따르지 않으면 국민의회를 강제로 해산시키겠다고 협박했어."

국왕이 국민의회를 떠나자마자 귀족 출신으로 제3신분의 의원
이 된 미라보가 벌떡 일어나서 소리 질렀다.

"우리는 국민의 의지에 따라 여기 있으니 총검에 의하지 않고는 결코
물러나지 않는다."*

---

* 　　노명식, 『프랑스 혁명에서 파리 코뮌까지』, 책과 함께

그 자리에 있던 국민의회 의원들은 이 말을 듣고는 그들의 결의를 다졌다.

국왕 루이 16세는 비밀리에 2만 명의 군대를 동원하여 국민의회를 강제 해산시키려고 했고, 이 소문을 들은 파리의 민중들이 국민의회와 연락을 취하면서 자위대를 조직했다. 이제 국민의회는 파리의 민중을 동맹군으로 얻게 되었다. 게다가 빵값 폭등으로 굶주리고 있던 파리의 민중들은 국왕과 귀족을 향한 분노를 당장이라도 폭발시킬 기세였다. 7월 14일에는 무장한 파리 민중들이 바스티유 요새를 습격하였다. 이곳은 한때는 정치범과 사상범을 집어넣은 감옥이었지만, 이 시기에는 주로 무기고로 사용되었다. 격렬한 전투가 발생했다.

민중들은 바스티유 요새를 함락시키고 정부군 지휘관을 처형했으며, 남아 있던 죄수를 풀어주고 무기를 획득하였다.

바스티유 함락(Wikipedia)

"바스티유 함락 직후에 루이 16세는 어떻게 대처했나요?"
"겁이 많고 우유부단한 그는 3일 뒤에 파리를 방문하고는 민중들이 임명한 파리의 시장과 국민 방위대 사령관을 그대로 승인하면서, 사실상 혁명에 굴복하는 태도를 보였어."

인권선언(Wikipedia)

이제 공식적인 입법기관이 된 국민의회는 루이 16세의 묵인하에 새로운 헌법을 작성하기 시작했다. 헌법 초안을 작성하는 데는 몇 개월 정도의 시간이 걸리기 때문에 국민의회는 새 헌법의 정신을 담은 기본 원리를 공포하였는데 이것이 바로 '프랑스 인권선언'이다. 1789년 8월 26일에 선포된 '인간과 시민의 권리선언' 이른바 '프랑스 인권선언'의 제1조는 이렇게 시작되었다.

"인간은 자유롭고 평등하게 태어나고 생존할 권리를 갖는다."

이 한 구절은 인류 역사에 한 획을 긋고 새 시대의 출발을 알리는 기적 소리였으며, 동시에 프랑스 계몽주의의 나무에서 익은 소중한 열매였다.

제3조는 "모든 주권의 근원은 본질적으로 국민에게 있다."라고 하여 '국민주권'을 명시하였다.

> "인권선언에 가장 큰 영향을 준 사람이 루소였다죠?"
> "맞아. 그는 사회계약론에서 사람들이 계약을 맺고 국가를 만드는 이유는 자유와 평등을 누리기 위해서라고 했지. 바로 프랑스 인권선언 제1조에 담긴 내용이잖아. 제3조의 국민주권도 루소의 사상이고."
> "이제 프랑스혁명은 성공의 길로 들어선 것인가요?"
> "세상사가 그렇게 호락호락하지는 않아. 루이 16세는 9월 14일에 왕실 호위대를 동원해서 국민의회에서 무력시위를 했어. 조상에게 절대왕권을 물려받은 그에게는 국민의회가 주권 기관이라는 주장은 참을 수 없는 일이었을 테니까."
> "그가 당시에 루소의 사회계약론을 몰랐을까요?"
> "당연히 몰랐지. 그는 머리가 우둔해서 공부는 질색이었고 식도락과 당구에 빠져 살았다고 하더군."

훗날 루이 16세는 폐위된 후에야 루소의 『사회계약론』을 읽고는 "이 책 때문에 내 왕국이 붕괴되었구나!"하고 탄식했다고 한다.*

루소의 사회계약론에 의하면 정부는 주권자인 국민이 위임한 권리를 행사하는 기관으로 법을 집행하고 국민의 자유를 유지하는 일을 해야 한다.

---

*   조국, 『법고전 산책』, 오마이북

"어떤 의미에서 정부의 생명은 빌려온 생명이고 종속된 생명이다." [*]

　그런데 전제군주는 제 맘대로 주권자인 국민의 생명권과 재산권 그리고 자유를 침해한다. 이는 전제군주가 국민으로부터 주권을 찬탈한 행위이고, 이에 대응하여 국민은 왕권을 제한, 변경, 회수해야 한다. 마침내 파리의 민중들이 왕권을 제한하고 스스로가 주권자임을 보이기 위해 일어났다.

　파리의 민중들은 10월 5일에 봉기하여 베르사유로 쳐들어가서 왕궁을 습격하고, 국왕 일가를 파리로 끌고 왔다. 결국에 혁명은 민중의 힘으로 이끌려가고 있었다. 가진 것이 있는 자는 기회주의자가 되어가고 있었고, 굶주리고 헐벗은 사람만이 앞으로 나아갔다. 이제 시민계급은 귀족에 대한 적개심보다 민중에 대한 두려움을 더 크게 느꼈다. 그래서 시민계급 의원들은 민중의 힘을 줄이기 위하여 직접세 납부액을 기준으로 선거권을 제한하는 선거 법안을 논의하기 시작했다. 바로 이때 시민계급 의원들의 반민중성을 가차 없이 공격하면서 떠오른 젊은 의원이 있었다. 바로 로베스피에르였다. 그는 국민의회에서 시민계급 의원들의 의도를 가차 없이 비판하는 연설을 하였다.

"여러분의 논의는 결코 여러분이 선언한 인권선언에 부합하지 않습니다. 왜냐하면 인권선언 앞에서는 모든 특권, 모든 차별, 모든 예외가 사라져야 하기 때문입니다." ^{**}

*　　　 장 자크 루소, 『사회계약론』, 후마니타스
**　　 장 마생, 『로베스피에르, 혁명의 탄생』, 교양인

아무도 반박할 수 없는, 논리적으로 명확한 연설이었다. 이로써 그는 민중의 정치적 평등성을 주장하는 국민의회 좌파의 대표적인 의원으로 부상하였다.

"그가 민중의 정치적 평등성을 추구한 이유는 무엇이었나요? 혹시 민중의 지지를 받아서 정권을 잡으려 한 것일까요?"

"그런 면을 완전히 부정할 수는 없겠지만, 그는 민중의 정치적 평등성을 도덕적으로 바람직하고 이성적으로 합당한 것으로 보았어."

"민중에게 선거권을 확대하면 실제로 어떤 효과가 있을까요?"

"선거권 확대는 민중의 정치적 영향력을 키울 수 있는 최고의 방안이지."

"그런데 민중이 동등한 선거권을 갖는다고 해도 실제로 똑같은 정치적 영향력을 가질 수 있을까요?"

"좋은 지적이야. 정치적 영향력은 선거권 이외에도 다른 많은 요소에 영향을 받는데, 가장 중요한 것이 돈이고 그다음이 지식이야. 그런 면에서 가난하고 무지한 민중의 정치적 영향력은 상대적으로 약할 수밖에 없어."

고대 아테네의 비극 작가 에우리피데스의 작품 「탄원하는 여인들」에 나오는 이야기를 들어보자.

"지식이란 단기간이 아니라 오랜 경험에서 얻어지는 것이지요. 설사 가난한 농부가 멍청한 바보는 아니라 하더라도 일에 쫓기다 보면 정치에 주의를 기울일 수가 없지요."*

---

*   한스 포어랜더, 『민주주의』, 북 캠퍼스

자코뱅 협회(위키백과)

1789년 10월 19일에 국민의회는 왕가를 따라서 파리로 이동했다. 며칠 후에 파리 자코뱅 수도원에서 '헌법 친우회'라는 협회가 결성되었고, 이들은 흔히 '자코뱅 협회'라고 불리게 되었다.

이 모임에 최초에는 우익 인사들까지도 참가했다. 하지만 1790년 3월에 로베스피에르가 이 모임의 회장으로 선출되면서 우익 인사들은 점차로 탈퇴했다. 이 모임에서 로베스피에르는 뛰어난 동지를 만났는데, 바로 마라였다. 마라는 로베스피에르보다 15세 연상의 스위스에서 태어난 프랑스인으로 의사, 철학자, 정치이론가로

박식한 사람이었다. 그는 1789년 프랑스혁명 발발 후『인민의 벗』이라는 신문을 발행하여 민중을 위한 기본적인 개혁을 주장했다. 더불어 그는 '혁명의 진정한 의미는 귀족을 부자로 대체하는 것이 아니'라고 하며 보수적인 시민계급을 공격했다. 당시에 혁명의 적들은 사방에 있었다. 1790년 8월에는 프랑스 남부에서 왕당파 2만 명이 국민의회에 반란을 선언하고 무장봉기했다. 로베스피에르와 마라는 왕당파와 보수적 시민계급이란 두 패의 적들을 양면에서 상대하며 싸워야 했다. 두 달 후에 로베스피에르는 국민의회에서 연설하였다.

> **"민중은 단지 평화, 정의, 그리고 생존권을 요구할 뿐입니다. 권력자들과 부자들은 차별, 부, 쾌락만을 갈망합니다. 민중의 이익과 소망은 천부의 것이며 인류의 것입니다."** *

이날 마라는 '바스티유 함락은 만 명에 이르는 가난한 노동자들에 의해서 이루어졌음을 진지하게 받아들이라.'라는 연설을 하였다.

본시 자코뱅 협회에 속해있다가 탈퇴한 지롱드파는 브리소가 이끌던 분파로 처음에는 브리소파라고 불리다가 그들의 다수가 지롱드 지방 출신이었기 때문에 점차 '지롱드파'로 불리게 되었다. 그들은 이념적으로는 시민계급의 경제적 자유와 사유재산의 수호에 중점을 둔 보수 우파였고, 반면에 마라와 로베스피에르가 주도하는 자코뱅 산악파는 자유와 함께 물질적, 정치적 평등을 주장하는 진

---

* 　　　장 마생,『로베스피에르, 혁명의 탄생』, 교양인

보 좌파였다. 두 파벌은 일차적으로 농지개혁안을 두고 충돌했다. 산악파는 모든 농민이 소규모 토지를 소유한 나라를 만들자고 하였고, 지롱드파는 이것을 공산주의적 발상이라고 비난하였다.

> "동질적인 시민계급 출신의 정치인 중에서 누구는 보수적 우파(지롱드)가 되고, 어떤 사람들은 급진적 좌파(산악파)가 되었는데, 그 이유가 무엇이었나요?"
> "우파는 자신들의 경제적 이익을 지키거나 얻으려고 했겠지."
> "그럼 좌파는 무엇을 원했나요?"
> "좌파의 대부분은 민중의 지지를 받아야 혁명에 성공할 것으로 보았다고 하더군."
> "그럼 로베스피에르도 그런 생각을 가졌었나요?"
> "그런 면도 있었겠지. 하지만 그는 진심으로 민중을 사랑했고 연민을 느꼈기에 민중이 평등한 권리와 안정된 삶을 누리는 세상을 만들고 싶었어."
> "로베스피에르가 민중의 지지를 받았나요?"
> "로베스피에르는 그의 뛰어난 지성과 연설로 최선을 다해 민중을 계몽하였고, 국민의회 의원 중에서 파리 코뮌에 가장 큰 영향력을 행사할 수 있는 사람이었어."

이 시기에 국왕 루이 16세는 자나 깨나 혁명을 분쇄하고 옛날로 돌아갈 궁리만 하고 있었다. 일단 그는 훗날을 기약하며 겉으로는 국민의회에 협조하는 척하면서 위선적으로 처신했다. 하지만 1년이 넘도록 지켜봐도 왕권 회복의 가능성이 보이지 않자 그의 생각이 바뀌었다. 그는 왕비 마리 앙투아네트를 통해서 왕비의 친정인 오스트리아 황실과 비밀 연락을 주고받으면서, 가족이 모두 오스트리아로 도망가기로 하고 탈출 기회를 엿보고 있었다. 루이는 해외로 탈출하여 외국 군대를 끌고 프랑스로 쳐들어와서 혁명을 타도하려고 했다.

"국민의회는 왕가의 탈출 계획을 눈치채지 못했나요?"
"1791년 초에 이미 파리의 신문들이 왕가의 탈출 계획을 시사했고, 국민의회는 왕가를 엄중하게 감시하면서 국경 경비 강화를 결의했어."

그래도 탈출은 기도되었다. 1791년 6월 20일 밤에 국왕 부부와 두 왕자 그리고 왕의 누이가 왕궁을 몰래 빠져나왔다. 그들을 태운 마차는 오스트리아령 벨기에와의 국경 방향으로 질주했다. 다음 날 아침 6시경에 왕가의 도망 사실이 알려졌고, 국민의회와 파리 시청은 그들을 체포하기 위한 비상령을 발동하였다.

국경 지역인 바렌에 큰 마차 두 대가 지나가고 있었다. 이를 수상하게 여긴 시골 역장의 아들이 지폐에 찍혀진 왕의 얼굴과 대조하여 마차에 탄 남자가 루이 16세라는 것을 확인했다. 그는 지름길로 달려서 주민과 국민 방위대에 이 사실을 알렸고, 왕가가 탄 마차가 건널 다리

파리로 돌아오는 루이 16세 가족(Wikipedia)

위에 바리케이드를 설치했다. 마침내 마차가 다리 앞에서 멈추었을 때 주민들과 국민 방위대가 그들을 포위했다. 왕가는 민중의 포

로가 되어 수십만 시민들이 분노를 표출하는 거리를 지나서 파리의 튀일리궁전으로 돌아왔다.

이제 민중들은 왕가를 증오하기 시작했다. 그들이 즐겨 보는 만화에서는 루이를 자기 배설물에 뒹구는 돼지로, 마리 앙투아네트를 과도한 색욕을 가진 끔찍한 암컷 공작으로 묘사했다. 그해 7월에는 공화국을 세우자는 청원에 파리 민중 5만 명이 서명하였다. 그래도 보수파가 다수를 점했던 국민의회는 입헌군주제 형태로 국왕의 복권을 의결하였다.* 보수적 시민계급 출신 의원들(지롱드파)은 쇠약해진 왕권과 결탁하는 것이 그들의 계급적 이익에 유리하리라 생각했다. 세상사는 'give and take'가 아니던가. 허약한 국왕을 그들이 돌보아 주면, 국왕은 그들에게 '돈벌이'로 보상해 줄 테니까. 그들에게는 가진 것 없고 무식한 민중에게 붙는 것보다는 백배나 나은 장사였다.

그 사이에 루이 16세는 프랑스가 외국과의 전쟁에서 패하면 혁명을 분쇄할 수 있을 것이라 기대하고, 외국과의 전쟁을 유발하는 쪽으로 머리를 썼다. 이때 국민의회 다수파인 지롱드파도 자신들의 권력을 유지하기 위해서는 전쟁이 유리하다고 생각했다. 두 세력의 결탁으로 프랑스는 전쟁의 소용돌이에 빠져들고 있었다. 루이 16세는 1791년 12월에 프로이센 왕에게 밀서를 보내서 유럽 여러 나라가 연합해서 군대를 이끌고 프랑스로 쳐들어오라고 요청하였다. 그러고는 1792년 4월에 루이 16세는 오스트리아와 프로이센에 대해

---

*   후 고프, 『프랑스 혁명의 공포정』, 여문책

선전포고를 했다. 이것이 신호탄이 되어 프랑스 국민의 애국심이 분출하였고 전국에서 지원병이 몰려들고 있었다.

> "이제 사람들은 불타는 애국심을 품은 채 거리로 집으로 흩어진다. 이날 카페 와 클럽에 모인 사람들은 선동적 구호를 외치며 전쟁이 시작되었음을 알린다. 시민들이여, 무기를 들라! 전쟁의 깃발이 올랐다! 신호가 떨어졌다. 대중은 이런 선동적인 말을 들을 때마다 환호하고 또 환호한다."[*]

그해 7월의 어느 날 남프랑스의 마르세유에서 500명의 지원병이 목청껏 노래를 부르며 행군하고 있었다.

> "시민들이여, 무기를 들라! 전열을 갖추어라!"

그들의 노래를 듣고 몰려든 사람들이 거리를 메우고 있었다. 훗날 프랑스의 국가가 된 이 노래는 <라 마르세예즈(마르세유의 노래>라고 불렸고, 어느 포병 장교가 작곡한 것으로 알려져 있다. 이 노래를 부르며 행군하던 지원병들이 7월 말에는 파리 근교를 지났는데 거리에 있던 수만 명이 이 노래를 따라 부르더니 마침내는 파리 시내 전역에서 이 노래가 울려 퍼졌다. 마침내 수천의 병사들은 이 노래를 부르며 적군을 향해 용감하게 돌진하였다.

[*]   슈테판 츠바이크, 『광기와 우연의 역사』, 이화북스

튀일리궁전 공격(Wikipedia)

이런 와중이었던 1792년 8월에 오스트리아&프로이센 연합군의 사령관과 루이 16세가 내통하고 있었던 사실이 폭로되었다. 국왕은 국민을 기만하고 조국을 배신했으며, 그런 국왕을 국민의회가 보호해주고 있었다. 이토록 어이없는 상황이 파리 민중을 실력 행사로 내몰았다. 분노한 그들은 <라 마르세예즈>를 부르며 튀일리궁전에 난입해 쑥대밭을 만들었고, 왕가는 국민의회 의사당으로 피신하였다. 그날 튀일리궁전을 지키던 스위스 용병 800명과 공격자인 파리 민중 376명이 죽거나 다쳤을 만큼 격렬한 전투가 벌어졌다.

이런 일련의 사건을 겪으면서 파리 시의회(파리 코뮌)가 권력의 실세로 부상했다. 파리 코뮌은 파리의 48개 구역에서 주민의 대표들이 모여 구성한 조직으로 반혁명 세력에 대항하는 민중의 중심축이었다.

1792년 8월에 오스트리아 군대와 프로이센 군대가 프랑스 국경을 돌파했고, 때를 맞추어서 왕당파가 봉기했다. 이때 로베스피에르는 파리 코뮌에 편지를 보냈다.

"민중의 용기와 활력만이 민중의 자유를 보존할 수 있음을 유념하십시오." *

이 편지는 파리 코뮌의 총회에서 개봉되었고, 즉시 코뮌은 성문을 닫고 의용군을 징집하였다. 8월 말에 코뮌은 반혁명 혐의자들을 모조리 잡아들이라고 명령했다. 얼마 후에 반혁명 혐의자들이 감옥을 부수고 나와서 아녀자를 학살하고 프로이센군에게 파리를 바치려 한다는 소문이 급속히 퍼졌다. 이에 분노한 파리의 민중들이 9월 2일 감옥으로 쳐들어가서 '혁명 재판'을 실시하고 투옥되어 있던 반혁명 인사 1천 명 이상을 즉결 처형하였다. 그들 중에는 반혁명 세력인 사제 200명과 저명한 왕당파 수십 명이 섞여 있었고, 나머지 사람들은 대부분이 반혁명 혐의자의 돈을 받았다는 혐의가 있을 뿐이었다. **

흔히 9월 학살이라고 불리는 이 사건을 실질적으로 주도한 것은 파리 코뮌이었다. 그리고 당시 파리 코뮌의 지도자는 코뮌을 대표하여 법무장관으로 임시정부에 입각한 당통이었다. 당시 당통은 산악파의 일원으로 로베스피에르와 단짝이었다. 당통은 이 학살 사건을 방조하였을 뿐만 아니라 직접 개입하였다. 그는 이를 통해서 적군의 공모자들을 떨게 만들 수 있다고 생각했다. 당통(1759~1794)

*   장 마생, 『로베스피에르, 혁명의 탄생』, 교양인
**   후 고프, 『프랑스 혁명의 공포정』, 여문책

MASSACRES des 2,3,4,5 et 6 Septembre 1792 .

9월 학살(위키백과)

은 샹파뉴에서 태어나서, 어릴 때 천연두를 앓은 바람에 얼굴에 흉터가 생겼다. 그는 파리에서 법률 공부를 한 후에 변호사가 되었다가 혁명기에 산악파 지도자의 한 사람으로 활약했으며 연설가로 명성을 얻었다. 특히 "적을 쳐부수기 위해서는 하나에도 용기, 둘에도 용기이다."라고 한 연설은 유명하다.

"9월 학살 같은 민중의 잔인성이 왜 나타난 것이죠?"
"당시에 민중들은 전쟁과 반혁명 음모로 두려움에 빠져 있었고, 그 출구가 바로 폭력이었던 듯해."

"당시에 나타난 민중의 폭력성을 부정적으로 봐야 할까요?"

"꼭 그렇지는 않아. 세상사에는 항상 양면성이 있는 법이지. 국민의회 보수파들은 민중의 폭력에 큰 충격을 받았고, 두려움에 떨었어. 그래서 그들은 이제 민중들의 주장을 막을 수가 없다고 생각하게 되었지."

파리 코뮌이 실력을 보여준 바람에 그들의 요구대로 왕권은 정지되었고, 보통선거에 의한 국민공회 소집이 가결되었다. 1792년 9월에 국민공회 선거가 치러졌고 새로 출범한 국민공회는 민중이 바라는 대로 왕정 폐지와 공화국의 선포를 만장일치로 결의했다.

국민공회가 열린 튀일리궁전(위키백과)

"국민공회는 어떤 역할을 했나요?"

"입법부의 역할과 혁명정부의 역할을 함께 수행했어."

"국민공회의 계급별 구성은 어땠나요?"

"귀족 출신, 노동자 출신이 극소수 있었고, 나머지는 법조인, 상공인, 전문직, 문필가 등의 시민계급이 주로 포진했지."

1792년 12월에 이제는 루이 카페로 불리는 남자의 범죄가 국민공회에 보고되었고, 그는 피의자로 국민공회에 출두했다. 그의 반역 행위를 입증하는 차고 넘치는 증거가 제시되었는데도, 그는 자신의 행위를 부인했다. 이때 로베스피에르는 이렇게 연설했다.

"루이는 프랑스 민중을 반도라고 고발했습니다. 그는 민중을 징벌하기 위해 자신의 친구인 전제군주들의 군대를 불렀습니다. 만약 루이가 방면된다면, 그가 무죄로 추정될 수 있다면 혁명은 어떻게 되는 것입니까?"*

결국에 루이는 국민공회에서 재판을 받게 되었고 의원들의 표결로 사형이 확정되었다. 지롱드파는 대부분이 사형에 반대했지만, 자코뱅과 중도파는 사형에 찬성했다. 그는 1793년 1월에 콩코르드 광장에 설치된 단두대에 올랐다.

"루이 16세는 머리를 단두대의 도끼 밑에 끼운 채 미동도 하지 않았다. 북소리가 요란하게 울려 퍼졌고 도끼가 쇳소리를 내더니 쿵 소리를 내며 떨어졌다. 젊은 형리가 바구니 속에 손을 집어넣어 머리카락을 쥐어 머리통을 들어 올렸다. 피가 뚝뚝 떨어졌다."**

* 　　　　장 마생, 『로베스피에르, 혁명의 탄생』, 교양인
** 　　　막스 크루제, 『시간여행 3』, 이글리오

　사형집행인들은 루이의 머리와 몸을 뚜껑도 없는 관에 넣고 생석회를 덮은 뒤에 공동묘지에 아무런 표시도 없이 묻었다. 세상에서 가장 화려했던 삶은 이렇게 땅속으로 사라졌다.

"이제 공포정치가 시작된 것이죠?"
"맞아. 하지만 공포정치는 당시의 상황에서 피할 수 없는 일이기도 했어."
"어떤 면에서요?"
"완전히 위기의 시대였어. 프랑스는 유럽의 여러 나라와 전쟁을 하고 있었고, 국내에서는 왕당파의 반혁명 음모와 봉기가 일어났지. 게다가 식량 부족으로 폭동이 사방에서 발생했고."

파리 혁명재판소(위키백과)

그해 봄에 국민공회는 반혁명 세력의 준동을 막기 위해 파리 혁명재판소와 공안위원회를 설립했다. 그리고 로베스피에르는 헌법 초안을 발표했는데, 여기에다가 사적 소유권의 보장 조항과 함께 제한 조항도 넣었다. 사적 소유권의 제한과 관련된 조항은 지롱드파를 격앙시켰다. 지롱드파의 지도급 인사였던 페티옹은 즉각 「파리 시민들에게 보내는 편지」를 발표했다.

> "여러분의 재산이 위협받고 있는데, 여러분은 눈을 감고 있습니다. 파리 시민들이여, 이제 혼수상태에서 벗어나 이 해충들을 그 소굴로 돌려보내십시오."[*]

파리 시민의 대부분이 빈곤한 민중이었음은 삼척동자도 알 만한 사실이었는데도 불구하고, 그는 소수의 파리 부유층을 파리 시민 전체로 간주하는 기만을 부리고 있었다. 하지만 이 편지에 자극받아 마르세유, 보르도, 리옹 등에서 지롱드파 시민계급이 봉기했다.

> "지롱드파가 이제는 반혁명파가 된 것인가요?"
> "부유한 시민계급 출신이 대부분인 지롱드파는 자신들의 재산이 침해당하거나 민중이 주인이 되는 세상을 참을 수가 없었어. 이런 것을 가진 자의 보수성이라고 하지."

---

[*]　　장 마생, 『로베스피에르, 혁명의 탄생』, 교양인

국내의 반혁명파들이 사방에서 봉기하여 혁명이 위험에 빠지자, 공안위원회와 혁명재판소가 효율적으로 일하기 시작했다.

혁명재판소는 판사 다섯 명과 배심원 12명으로 판결을 내리고 24시간 안에 실행하였다. 피고에게는 항소권이 없었다. 이제 공포정치는 궤도에 올랐다. 1793년 봄에 방데 지방에서 왕당파 귀족과 사제들이 주도하고 농민들이 뒤를 따른 반혁명 봉기가 발생한 후에 국민공회는 봉기에 가담한 자를 붙잡으면 재판을 하지 않고 24시간 안에 사형하는 규정을 만들었다. 나아가서 외국에서 국내로 돌아온 망명자들을 잡으면 재판 없이 사형하고, 군주정을 지지하는 자는 사형한다는 규정이 계속 공포되었다.

사제들이 반혁명 반란에서 주도적인 역할을 하면서 민중들의 교회에 대한 증오가 폭발하였다. 1793년에 급진적인 사람들이 파리 노트르담 대성당에 난입하여 많은 시설과 성상을 손상시키거나 파괴하였다.

"이렇게 아름답고 소중한 건물을 파괴한 것을 보면 민중의 반기독교 정신이 강했던 것 같네요."

"구체제에서 방대한 토지를 보유하고 온갖 특권을 누린 교회에 대한 민중들의 반감이 사제들의 반혁명 반란으로 인해 폭발한 것이지."

"사제들이 혁명에 대해 원한을 품은 근본적인 이유가 무엇인가요?"

"대혁명이 터지고 몇 달 후인 1789년 11월에 국민의회는 교회의 토지를 몰수했고, 그 토지가 시민계급과 농민의 손으로 넘어갔거든."

"대혁명 시대에 민중들이 반기독교적 행위를 보인 것을 그들의 신앙심이 사라진 것으로 해석해야 할까요?"

노트르담 대성당(위키백과)

"신앙심이 사라졌다거나 교리에 대한 비판 때문이 아니라, 가톨릭교회의 부패
와 악행 때문이었어. 교회는 악랄한 지주였고, 십일조를 빼앗아가는 조폭 같
은 조직이었어."

마침내 로베스피에르는 반혁명에 대항한 무장 투쟁을 호소했고,
파리 코뮌이 이를 지지했다. 1793년 6월에 무장한 민중들이 국민공
회로 쳐들어와서 지롱드파 의원 29명을 체포하여 가택에 연금하였
다. 이때부터 산악파는 국민공회를 사실상 장악했다.

1793년 7월에 산악파의 지도자 마라가 자신의 집 욕조에서 살해되었다. 마라를 살해한 여성은 노르망디의 귀족 출신으로 교육을 많이 받은 25세의 지롱드 당원이었고, 살인 동기는 산악파의 공포정치에 대한 증오심이었던 것으로 알려졌다. 그녀는 중요한 메모를 전달한다는 핑계를 대고 마라의 방에 들어갈 허가를 받았고, 피부염 때문에 유황을 담근 욕조에 들어가 있던 마라를 칼로 찔러 죽였다. 그녀는 체포되어 며칠 후에

자크-루이 다비드, 마라의 죽음 (위키백과)

정치적 암살범에게 주는 붉은 외투를 입고 단두대에서 처형되었다.

마라의 뒤를 이어 로베스피에르가 산악파의 지도자가 되었다. 그는 7월에 당통파를 공안위원회에서 몰아내고 새로운 인물들로 채워진 공안위원회를 이끌었다. 이후로 그는 냉철하고 대담한 성격과 예리한 통찰력 그리고 뛰어난 연설로 능력을 발휘하면서 공안위원회에 활력을 불어넣었다. 공안위원회는 반란군을 진압하기 위해 총동원령을 내려서 18세에서 25세의 독신 남성을 모두 징집 대상으로 만들었고, 나머지 성인들은 군수 물자 생산에 동원했다. 그해 말에 혁명정부가 보유한 병력은 총 80만 명에 이르렀다. 도시의 식량값이 폭등하면서 민중의 생활이 날로 곤궁해진 바람에 공안위원회는 식량 공급 체계 개선을 위하여 가격 통제와 함께 사재기 금지령을 발동하였다.[*]

---

[*]   후 고프, 『프랑스 혁명의 공포정』, 여문책

이어서 국민공회가 '반혁명 혐의자법'을 통과시키면서 전국의 혁명위원회는 반혁명 혐의자를 체포하였다. 전국적으로 약 50만 명이 혐의자로 규정되어 수감되었다. 이제 공포정치는 정점으로 치달았다. 1793년 10월에 지롱드파의 반혁명 봉기 주모자 73명이 혁명재판소에서 사형을 선고받고 단두대에서 처형되었다. 이후로 모두 합쳐서 약 2,700명이 파리 혁명재판소에서 사형선고를 받고 단두대에서 처형되었다. 그들 중에는 왕족, 주교, 은행가, 지주들이 섞여 있었다. 그밖에도 프랑스 전역의 혁명재판소에서 반혁명 혐의자 17,000명이 사형선고를 받았다.

마리 앙투아네트(위키백과)

이 와중에 루이 16세의 왕비였던 마리 앙투아네트가 반역죄 및 여덟 살짜리 아들과 근친상간을 했다는 죄목으로 단두대에서 처형되었다. 오스트리아의 여제 마리아 테레지아의 막내딸로 태어나 예술적 풍토에서 자란 그녀는 음악과 미술을 좋아했다. 상냥하고 아름다운 소녀였던 마리 앙투아네트는 14살 때 프랑스와 동맹을 맺으려고 했던 어머니의 의지로 프랑스의 왕세자 루이 16세와 베르사유 궁전에서 결혼하였고 4년 뒤에 왕비가 되었다. 부부 금실이 좋았고, 그들 사이에서 4명의 자녀가 태어났다. 그녀는 오스트리아에 적개심을 품고 있는 프랑스인들에게 미움을 받았으며, 특히 과도한 사치로 국가 재정을 거덜 냈다는 비판을 받았다. 희고 고운 피부와 탐스러운 머리, 늘씬한 몸매를 자랑했던 그녀는 복장과 머리 손질에도 열정적이어서 당시 프랑스에서 유행을 선도했으며, 몇몇 귀족 남자들과 염문을 뿌렸다. 프랑스인의 미움을 받고 있던 그녀는 남편을 부추기어 오스트리아로 도주하려다 실패했고, 결국 남편이 처형되고 아홉 달 후에 38세의 나이로 처형되었다.

공포정치 시대의 거리 풍경은 디킨스의 『두 도시 이야기』에서 이렇게 묘사되었다.

> "돌이 깔린 길 위로 매일 사형수 호송 마차가 사형수를 잔뜩 싣고 무겁게 덜컹거리며 나아갔다."[*]

시테섬에 있는 감옥에서 단두대를 설치한 콩코르드 광장까지 사형수 호송 마차가 한 시간가량 이동하는 거리에는 군중이 빽빽이 서 있었고, 광장에서 단두대 칼날이 떨어지면 주변에 있던 사람들이 환호성을 지르며 몰려갔다.[**]

> "로베스피에르가 공포정치를 통해 지향한 목표는 무엇이었나요?"
> "그는 모든 사람이 자유와 평등을 누리는 세상을 만들려고 하였어. 사상적으로 일관되고 투철한 민주주의자였던 그는 프랑스 대혁명을 인류 사회 민주화의 출발점으로 보았던 사람이지. 하지만 공포정치 자체는 바람직한 수단은 아니었고, 너무 잔혹했어."
> "로베스피에르에게 사상적으로 가장 큰 영향을 준 사람이 루소라면서요?"
> "맞아. 그는 루소에게서 국민주권론과 평등사상을 흡수했어."

[*]   찰스 디킨스, 『두 도시 이야기』, 허밍버드
[**]   후 고프, 『프랑스 혁명의 공포정』, 여문책

그래서 이런 말이 나왔다.

"루소가 머릿속으로만 생각했던 것을 로베스피에르는 단두대와 함께 실현시
키려고 했다."[*]

로베스피에르와 동시대 사람이었던 미국 건국의 아버지 중 한
명인 제퍼슨은 이런 말을 했다.

"민중이 항상 올바른 결정을 내리지 못하더라도 민중에게 힘이 있어야 한다고
생각하는 사람들이야말로 진정한 민주주의자이다."[**]

이 말에 의하면 로베스피에르는 진정한 민주주의자였다.

로베스피에르의 동지였던 당통은 변심하여 우파가 되더니 온갖
비리를 저지르며 거액의 돈을 모아 호사한 생활을 즐기는 부패한
자가 되었다. 게다가 이른바 당통파가 비밀리에 왕당파와 손잡고
온갖 반혁명 행위를 공모했던 일들이 드러났다. 결국에 당통을 비
롯한 14명이 1794년 4월에 단두대에서 처형되었다.

"처형이 가장 많이 이루어졌던 시기가 언제였나요?"
"1794년 6월과 7월이었어. 하루에 평균 50명 이상이 단두대에서 처형되었
기에 이 시기를 흔히 '대공포정치의 시대'라고 부르지."
"구시가지 한복판에 있는 콩코르드 광장에서 그렇게 많은 사람의 목이 베이

[*]   막스 크루제, 『시간여행 3』, 이글리오
[**]   노암 촘스키, 『세상의 권력을 말하다』, 시대의 창

면 피 냄새가 시내에 진동했을 텐데요."

"맞아. 그래서 단두대를 일단 바스티유로 그리고 다시 더 변두리로 옮겼어. 그
리고 근처에 있는 수도원의 정원에 큰 웅덩이를 파고 시체의 옷을 벗겨서 던
져 버렸지."

"과하면 탈이 나는 것이 세상의 이치가 아니던가요?"

"맞는 말이야. 그래서 결국은 반동을 불러왔어."

마침내 1794년 5월부터 국민공회에서 반대파의 역공이 시작되
었다. 그들은 로베스피에르가 독재자이며 공포정치의 원흉이라고
비판하였다. 그들의 대부분은 부패한 자들로서 자신들이 단두대에
오르게 될까 봐서 두려움에 떨고 있었다. 한편 일 년 전부터 로베
스피에르는 육체적으로 피로에 절어 기진맥진했고, 신경쇠약 증세
가 있었다. 이 틈을 이용해서 반대파들이 그의 목을 물어뜯으려 다
가오고 있었다. 그는 점차 고립되어 가고 있었다. 산악파 안에서도
그를 비판하는 사람들이 즐비하게 출현했다. 자신의 반대파들이 큰
세력을 이루어 가는 와중에도 그는 결코 자신의 주장을 굽히지 않
았고, 타협을 거부하였다. 로베스피에르는 자신이 혁명의 순교자가
되기로 마음을 먹었기에 두렵지 않았다. 그는 자신의 종말이 다가
왔음을 느끼고 유언을 써 내려갔다.

"민중이여. 공화국에서 정의가 절대적인 권력으로 지배하지 않는다면, 이 단
어가 평등과 조국에 대한 사랑을 의미하지 않는다면, 자유는 헛된 이름에 불
과하다는 것을 기억하십시오!"*

---

*   장 마생, 『로베스피에르, 혁명의 탄생』, 교양인

체포당하는 로베스피에르 일파(위키백과)

1794년 7월 26일에 로베스피에르는 무거운 몸을 이끌고 국민공회의 연단에 올라서 반혁명 음모를 고발하는 연설을 했다. 이어서 그는 반혁명파를 숙청하겠다고 예고했다. 이에 대해 지롱드파 의원들은 "반혁명파가 누구냐? 이름을 밝혀라!"라고 하며 저항했다. 다음 날인 7월 27일 반로베스피에르파(대부분이 지롱드파)는 행동을 개시하여 로베스피에르를 체포해 처형하기로 했다.

이날 국민공회의 좌파 삼인방 로베스피에르, 쿠통, 생쥐스트와 다른 두 의원은 국민공회 회의장에서 헌병들에게 체포되어 보안위원회 사무실로 끌려갔다.

그들은 감옥으로 이송되던 중에 파리 코뮌에 의해 석방되어 파리 시청으로 갔다. 새벽 2시에 지롱드파에 충성하는 헌병들이 파리 시청으로 난입하여 로베스피에르 일파를 모두 체포했다.

파리 시청을 공격하는 헌병(위키백과)

로베스피에르는 체포되는 순간에 자신의 입속에 권총의 총구를 넣고 방아쇠를 당겼지만, 턱만 깨지고 목숨은 살아 있었다. 그는 들것에 실려 다른 죄수들과 함께 시테섬에 있는 감옥으로 운반되었다. 그리고 다음 날인 1794년 7월 28일 오후에 그를 포함해서 모두 22명이 단두대에서 처형되었다.

로베스피에르가 죽는 순간에 그가 그토록 사랑했던 파리의 민중들은 어떠한 애정의 표현도 하지 않았다. 1793년 9월부터 시행된 최고임금제(임금 상한선 설정)로 인해 민중의 마음은 이미 그에게서 떠나버렸다.

로베스피에르와 그의 동지들이 처형당한 이후에 반동의 시대가 시작되었다. 혁명재판소는 폐지되었고, 파리 코뮌은 행정구역 개편

로베스피에르의 처형(Wikipedia)

으로 무력해졌다. 반혁명 혐의자들의 재산을 가난한 민중에게 무상으로 분배하여 평등한 세상을 만들려고 했던 방토즈법이 폐지되었다. 그렇다고 해서 왕정으로의 회귀는 일어나지 않았지만, 반혁명 인사들이 감옥에서 풀려나고, 지롱드파 의원들이 복권되었다. 반면에 산악파 인사들은 보복을 당해 단두대로 보내졌다. 새로이 권력을 잡은 자들은 자신들의 이념을 보수적 공화주의라고 하였다. 그것은 민중을 억압하고 가진 자를 위한 세상을 만들자는 것이었다. 그들의 이념은 평등을 배제하고 자유만을 내세우는 절름발이 민주주의로 흔히 '자유민주주의'라고 불린다. 그들이 1795년에 새로이 제정한 헌법은 보통선거제를 폐지하고 재산에 기초한 제한선거제를 도입했다. 후퇴한 민주주의는 머지않아 나폴레옹이라는 독재자의 출현을 예고하고 있었다.

"그렇다고 해도, 대혁명의 성과나 의미가 완전히 사라진 것은 아니잖아요?"

"대혁명으로 인해서 신분제가 철폐되고 법 앞에 만인이 평등한 세상이 된 것은 사실이야. 황제가 된 독재자 나폴레옹조차도 자신의 능력만으로 출세할 수 있는 세상을 만들려고 했으니까."

"하지만 프랑스 대혁명이 나폴레옹의 독재로 귀결된 것은 민주주의의 후퇴라고 보아야겠지요?"

"물론 나폴레옹 정권이 민주주의를 훼손했지만, 프랑스 국민에게 안정과 복지를 제공한 것도 사실이야. 게다가 나폴레옹은 프랑스에 근대적 제도들을 정착시켰어."

"마지막으로 프랑스 대혁명이 유럽의 역사와 사회에 미친 영향을 어떻게 평가해야 할까요."

"대혁명의 정신이 혁명전쟁을 통하여 약 20년 동안 전 유럽으로 퍼져나갔어.

물론 나폴레옹이 워털루에서 패전한 후에 1815년에 빈체제가 출현하여 대혁명 이전으로 돌이키려고 자유, 평등에 대한 열망을 억눌렀지만, 한번 터진 둑을 다시 완전히 막을 수는 없었지."

1848년에 프랑스에서 2월 혁명이 터져서 왕정이 폐지되고 공화정이 수립되었다. 이것을 계기로 자유, 평등의 프랑스 대혁명 정신이 서구 사회 전체로 퍼져나가면서 유럽을 혁명의 소용돌이로 휘몰아 넣었고 이로 인해 빈체제는 무너졌다. 그래서 포퍼는 "유럽에서 열린 사회를 위한 투쟁은 프랑스 대혁명 사상의 등장과 함께 시작되었다."라는 말을 했다.[*]

---

[*] 칼 포퍼, 『열린 사회와 그 적들』, 민음사

5.
나치 정권의
출현과 종말

5. 나치 정권의 출현과 종말

> 민주주의가 철천지원수에게 자신을 파멸시킬 방법을 손수 알려주었다는 이야기는 아마도 민주주의를 비꼬는 풍자 중 가장 뛰어난 것이 될 것이다.
>
> -괴벨스[*]

나치 정권에 관한 이야기는 아돌프 히틀러에서 출발해야 할 듯하다. 그의 인성과 사상이 나치 정권의 이념과 정책에 그대로 각인되었기 때문이다. 한마디로 히틀러가 없는 나치는 존재할 수 없었다.

5.1 나치 정권의 출현

아돌프 히틀러는 1889년 4월 20일에 오스트리아 북부의 소도시 브라우나우에서 태어났다. 그의 아버지 알로이스 히틀러는 체코와 가까운 지역의 농촌에서 사생아로 태어나서 겨우 초등학교 졸업 학력으로 세무 관리에 임용되어 마침내는 세무서장이 되었는데, 권위적이면서 여색을 탐하고 자식들에게 폭력적인 인간이었다. 아돌프의 어머니 클라라는 알로이스의 세 번째 부인으로 두 번째 부인이

---

[*] 귀도 크놉, 『히틀러의 뜻대로』, 울력

**유아 시절의 아돌프 히틀러
(Wikipedia)**

살아 있을 때 그 집의 하녀로 들어왔다가 알로이스의 정부가 되어 임신했다. 알로이스의 두 번째 부인이 사망한 후에 그녀는 알로이스와 혼인신고를 하고 정식 부인이 되었다. 그녀는 착하고 순박한 시골 처녀 같은 여인이었다. 아돌프 히틀러(이하에서는 편의상 히틀러로 표기)는 5세 이후로 린츠 교외에 있는 집에서 자랐다. 그는 초등학교 졸업 후에 실업학교에 진학했지만, 두 번이나 낙제하고 결국 중퇴하였다. 이후로 그는 화가가 되려고 마음먹고 미친 듯이 그림을 그렸다. 히틀러는 1907년 10월에 미술아카데미 입학 시험을 보기 위해 빈에 왔다.

히틀러가 지원했던 미술아카데미(Wikipedia)

히틀러는 미술아카데미의 입학시험에서 1차 시험인 필기시험에
는 합격했지만 2차 시험인 실기시험에서 낙방하였다. 그는 화가 대
신에 건축가가 되어볼까 했지만, 고등학교 졸업장이 없어서 건축 학
교에 입학할 수가 없었다. 하지만 그는 린츠로 돌아가지 않고 과부
가 된 어머니가 보내주는 돈으로 먹고살면서 빈에서 빈둥거렸다. 얼
마 지나지 않아 그의 어머니는 47세의 나이에 유방암으로 사망했다.

당시의 빈은 5천만의 인구를 보유한 합스부르크 제국의 수도이
자 중부 유럽의 문화 중심지로서 찬란한 빛을 발하고 있었다. 히틀
러는 점심때쯤 잠자리에서 일어나서 공원을 산책하고 저녁에는 오
페라 극장이나 카페에 갔다. 그는 특히 바그너의 오페라에 열광하
여 수십 번을 관람했다. 바그너는 젊은 날에 좌절과 빈곤을 경험했
다가 50대에 들어서 세계적인 명성을 얻어냈기에 당시에 실의에
빠져 있던 히틀러는 바그너의 삶에서 위로를 받고 희망을 발견했
다. 거기다가 바그너 오페라의 영웅적인 내용과 장엄한 연출은 그
의 몽상가적 기질에 완전히 들어맞았다.

"히틀러가 무슨 돈으로 오페라 극장을 들락거렸나요?"
"그는 어머니가 물려준 유산 외에도 고아 연금을 받고 있었어. 하지만 그 돈은
오래가지 못했고, 히틀러는 가난뱅이가 되어 그림엽서를 그려서 먹고살았어."
"히틀러의 반유대주의가 빈에서 만들어졌다고 하던데요."
"사실은 린츠 시절에 그의 반유대주의가 어렴풋이 나타났어. 그런데 빈 시절
에 와서는 반유대주의가 증오를 동반한 이념으로 발전했어."

그의 반유대주의 스승은 쇠너러였다. 유대인을 세계 모든 재앙의 근원이라고 했던 그의 주장은 히틀러 인종주의의 뿌리가 되었다. 히틀러는 쇠너러를 직접 만난 적은 없었고, 단지 카페에서 신문 기사들을 통해 그의 반유대주의를 흡수했다.

"그의 반유대주의가 단지 쇠너러의 사상에만 감화되어 이루어졌을까요? 내 생각에는 무엇인가 실생활에서 유발된 악감정이 있었을 것 같은데요."
"빈 시절에 그가 점차 빈곤으로 추락하는 중에 수많은 부유한 유대인을 목격하면서 본시 편협한 그의 성정이 뒤틀렸다는 것을 보여주는 일기장이 나왔어. 게다가 그의 그림이 유대인이 운영하는 미술 상점과 전당포에서 거절당하는 바람에 유대인에 대한 증오심이 커졌다는 이야기도 있고."

빈에서 지냈던 약 5년은 그의 생애에서 가장 슬프고 어려웠던 시절이었고, 그 시절에 그는 철저한 반유대주의자, 반마르크스주의자 그리고 독일 민족주의자로 거듭났다. 히틀러는 1913년 5월에 빈을 떠나서 독일의 뮌헨으로 이주했다. 그때 그의 나이는 스물네 살이었다.

당시의 뮌헨은 아름다운 문화와 예술의 도시로 유럽의 여러 지역으로부터 예술가와 문인들이 모여들고 있었다. 이곳의 자유분방한 분위기로 인해 카페와 술집에서는 문예사조와 이념 등을 둘러싸고 수많은 다양한 모임이 이루어지고 있었다. 그는 당시에 수많은 예술가가 활동했던 슈바빙 지역을 어슬렁거리고 다녔다.

뮌헨에서 그는 먹고살기 위해 그림엽서 그리는 일을 계속했지만,

자신의 예술적 능력이 부족하다는 느낌, 자신에게 희망이 없다는 느낌 속에서 방황했다. 그러던 중 1914년 8월 1일에 1차 대전이 발발했고, 그는 며칠 후에 자원입대했다. 히틀러는 전쟁 내내 연대 본부와 전초부대 사이에서 연락병 노릇을 했다. 빈과 뮌헨에서 가난뱅이 떠돌이 생활을 했던 그에게 독일 제국의 병사라는 소속감과 정체성은 자긍심을 심어주었다. 비록 그가 외톨이 성격으로 인해 하사관으로 승진하지는 못했지만, 1914년 12월에 2급 철십자 훈장을 그리고 1918년 5월에는 1급 철십자 훈장을 받았다. 훈장을 받은 이유는 전장에서 자기 임무에 성실히 임했기 때문이었다. 1918년 9월 초에 히틀러는 플랑드르 방어전에 투입되어 영국군과 전투하다가 영국군의 가스탄을 맞고 앞이 보이지 않는 상태가 되어 육군병원으로 후송되었다. 한 달간의 치료 후에 그는 다시 앞을 볼 수 있게 되었지만, 독일의 패전과 왕정 붕괴 소식을 듣고 통곡하였다. 『나의 투쟁』에는 당시의 슬펐던 심정이 순국의 마음으로 각색되었다.

> "나는 울음을 참을 수 없었다. 비로소 나는 개인적인 고뇌란 조국의 불행에 비하면 얼마나 미미한지 알았던 것이다."[*]

> "히틀러가 특히 베르사유 조약에 분노했고 깊은 원한을 품었다고 하더군요."
> "독일이 패전했기에 겪어야 했던 굴욕이었지만, 승전국의 지나친 복수심이 훗날에 발생할 비극의 씨를 뿌린 것은 사실이야."

1919년 6월 28일에 베르사유 궁전의 '거울의 방'에서 서명된 베르사유 조약은 좌우익을 불문하고 전 독일인의 분노와 수치심을 자극했다. 독일은 협상 과정에 참가하지도 못한 채 승전국들이 합의한 내용에 대해 억지로 서명했다. 승전국들의 불타는 복수심에서 비롯한 모순과 부당성의 결합체였던 베르사유 평화조약은 실제로는 '갈등과 복수 유발 조약'이 되어버렸다.

1919년 3월에 히틀러는 뮌헨으로 돌아왔다. 당시 독일에서는 공산주의자들의 폭동이 계속되었고, 1919년 4월에는 뮌헨시 일대에 소비에트 공화국이 선포되었다. 이때 히틀러는 뮌헨의 공산 군대에 들어갔다. 본시 반공주의자였음에도 불구하고 당시 그의 삶에서 군

[*]   아돌프 히틀러, 『나의 투쟁』, 홍신문화사

156   민주주의 흥망의 역사를 걷다: 유럽, 미국, 중국의 여정

대 외에는 다른 선택지가 없었다. 그해 5월에 공화국 정부는 의용군을 동원하여 뮌헨의 공산군을 진압하였다. 일천 명 넘는 공산주의자들이 의용군에게 처형되었고, 수많은 시신이 뮌헨 시내에 널려 있었다. 이때 히틀러는 천부적인 기회주의 기질을 발휘하여 전투에 참여하지 않고 숨어 있다가 의용군에 체포되었지만, 그를 아는 몇몇 장교들의 도움으로 석방되었다. 이후 그는 진압군 측 조사위원회에서 일하면서 과거에 자신과 함께 공산군에 속했던 사람들의 신상에 대한 정보를 제공하면서 그들을 체포하는 데 도움을 주었다.

"히틀러가 정치에 직접 뛰어들게 된 계기는 무엇이었나요?"
"그가 독일 노동자당의 모임에 참석했던 사건이었어."

1919년 1월에 뮌헨에서 독일 노동자당이 만들어졌는데, 최초의 당원은 노동자 25명으로 초라하기 그지없었다. 히틀러는 그해 9월에 국방군 지역사령부에서 근무하는 한 장교의 밀명을 받고 정탐하기 위하여 독일 노동자당의 모임에 참석했다. 당시 약 40명이 참석했던 그 모임에서 어떤 사람이 바이에른을 독일에서 분리하여 오스트리아에 통합시켜야 한다는 주장을 했다. 평소에 독일을 사랑했고 오스트리아를 증오했던 히틀러는 자리에서 벌떡 일어나서 그 주장을 맹렬히 비난하였다. 며칠 뒤에 히틀러는 그 정당의 위원회로부터 모임에 오라는 초대장을 받았고, 이 정당에 55번째 당원으로 가입하여 선전과 홍보를 담당하는 분과 위원회에서 선동가적 재능을 발휘하여 얼마 후에는 당의 중책을 맡았다.

1920년 3월에 독일 노동자당은 '독일 국가사회주의 노동자당'

으로 당명을 바꾸었는데, 줄여서 흔히 '국가사회주의당' 즉 '나치(Nazi)'라 불렸다. 그리고 '갈고리 십자가'가 나치의 상징으로 채택되었다.

"대체 국가사회주의란 어떤 이념인가요?"
"한마디로 엉터리 보수주의인데, 전체주의적이고 민족주의적인 속성을 보였어. 국가사회주의는 선조들을 찬양하며 그 옛날의 가치 체계와 도덕성을 회복하고 나아가서 민족의 생활 공간인 영토를 넓히기 위한 정복을 지향했지."

히틀러의 연설 장면(Wikipedia)

1920년 봄부터 히틀러는 뮌헨의 뒷골목에 있는 담배 연기 자욱한 술집들을 돌아다니면서 사람들을 국가사회주의당으로 끌어들이기 위해서 짧은 연설을 하였다. 그런데 이런 짓거리가 의외로 효과를 얻어서 그에게 명성을 안겨주었다. 그의 연극적인 몸짓과 폭발적인 언변에 뮌헨의 사람들은 열광하였다.

그가 자주 온다고 알려진 술집에는 그의 연설을 듣기 위해 사람들이 모이고 있었다. 그래서인지 술집 주인들이 히틀러를 대하는 태도는 매우 친절하였고, 연설이 끝나면 그에게 공짜로 맥주를 제공하기도 했다. 덕분에 히틀러는 뮌헨 사람들에게 점차 유명해졌을 뿐만 아니라, 국가사회주의당을 대표하는 인물로 성장하였다. 이 시기에 히틀러의 외모에 어떤 변화가 생겼는데, 바로 특이한 콧수염이다. 이것으로 그는 청중들에게 깊은 인상을 주었고 특별한 사람으로 기억되었다.

마침내 히틀러는 1921년 7월에 열린 임시 전당대회에서 전권을 가진 독재적인 당수가 되었다. 이날부터 그는 당내의 추종자들에게 '우리 지도자'라고 불리게 되었다. 연설가로서, 행사 기획자로서 히틀러의 능력이 빛을 발하면서 나치 당원의 수는 급속히 증가하였다. 이와 함께 남부 독일의 많은 민족주의 단체들이 나치에 흡수되었다. 그리고 뮌헨 경찰청장과 국장을 포함한 많은 수의 경찰관들이 히틀러의 지지자가 되면서 뮌헨시는 점차 나치의 도시로 그리고 바이마르 공화국에 대항하는 도시로 변해갔다. 히틀러는 사이비 종교 단체의 교주 같은 숭배 대상이 되어갔다.

"나치의 무력 집단인 돌격대는 언제 창설되었나요?"
"돌격대는 1921년 8월에 히틀러가 독재적인 당수가 된 직후에 창설되었어."

국가사회주의당은 공화국 정부에 의해 해체된 의용군을 받아들여서 돌격대의 핵심으로 삼았다. 대부분이 소시민계급 출신이었던 그들은 전쟁 이전의 초라한 삶으로 돌아가기를 거부하고 신분 상승을 꿈꾸는 자들이었다. 그들은 주말이면 교외로 나가서 시끄럽게 행진하면서 가능하면 거칠고 호전적인 모습을 보여주었다. 그들의 노래와 구호들은 피비린내를 풍겼다. 그런데 신기하게도 이들의 폭력적인 모습에 독일인들이 매료되었다. 독일을 통일한 프로이센의 유산인 군국주의 때문일 수도, 어쩌면 패전한 국민의 마음속에 깊이 웅크리고 있는 무력에 대한 동경이었을지도 모른다.

돌격대의 행진(Wikipedia)

히틀러가 돌격대 대장으로 임명한 괴링은 히틀러보다 네 살 아래로 바이에른에서 외교관의 자식으로 태어났다. 어린 시절부터 반항적이고 모험을 좋아했던 성격 때문에 그의 어머니는 그를 "위대한 사람이 되거나 범죄자가 될 것이다."라고 평가했다고 하는데, 대체로 맞는 말이 되었다. 그는 왕립 프로이센 사관학교를 마치고 소위로 임관하여, 1차 대전 때에는 독일군 전투기 조종사로 활약했다. 공중전에서 탁월한 능력을 보였던 그는 독일 황제에게 최고의 훈장을 받았다. 전후에 그는 스웨덴으로 가서 에어쇼 비행사로 일하면서 스웨덴 귀족인 카린과 사랑에 빠졌다. 자식까지 있는 유부녀였던 그녀는 이혼하고 괴링을 따라 독일로 가서 결혼식을 올렸다. 사치스러운 인간이었던 괴링은 이후로 그녀의 경제력에 기대어 안락한 삶을 누렸다.

'격추 왕' 괴링은 나치의 돌격대장이
되어, 짧은 기간에 돌격대를 강력한 전투
력을 가진 조직으로 만들었다.

괴링(Wikipedia)

"히틀러가 1923년에 뮌헨에서 쿠데타를 기
도한 사건은 어떻게 된 일인가요?"
"히틀러는 바이마르 공화국과 민주주의를 증
오하였는데, 이탈리아에서 무솔리니가 이끄
는 파시스트당이 쿠데타로 정권을 잡는 것을
보고는 감화되어 그 흉내를 낸 것이라고 할
수 있어."

"이탈리아 정권을 차지하기 위해 루비콘강을
건너온 검은색 셔츠 차림의 무솔리니 병력의
이미지는 이후 파시스트의 상징이 되었다."[＊]

파시스트당의 로마 진군(위키백과)

무솔리니의 전설적인 로마진군과 권력
장악을 본 이후로 히틀러의 입에서는 민주주의에 대한 경멸이 노골
적으로 쏟아져 나왔다. 그는 연설 중에 "독일은 민주주의로 굶어 죽
는다."라는 극단적인 말을 내뱉기도 했다. 몇 달 후에 프랑스군이
독일 북서부의 공업 중심지인 루르 지방을 점령하는 사건이 발생하
였다.

＊　스티븐 레비츠키, 『어떻게 민주주의는 무너지는가』, 어크로스

프랑스군의 루르 점령(Wikipedia)

1차 대전 패전국인 독일이 승전국인 프랑스에 전쟁배상금을 제대로 지급하지 않았다는 이유에서였다. 이 사건으로 독일인은 분노하였고, 굴욕감에 전율하였다. 이때 히틀러는 온갖 집회와 행진의 맨 앞줄에 섰으며, "독일이여 깨어나라"라는 기치로 연설하고 다니면서 군중들을 열광시켰다. 연설을 요청하는 집회가 하도 많아서 승용차를 대기시켜 놓고서 장소를 이동했다. 그의 연설은 공화국 정부와 프랑스에 대한 증오, 증오, 증오로 청중을 끌고 갔다. 중간중간에 동원된 박수 부대와 개별적으로 소리 지르는 사람들로 인해 청중들은 흥분 상태에 빠져서 황홀한 일체감을 이루었다. 이런 행사로 국가사회주의당과 히틀러의 명성은 비상하였다. 불과 몇 달동안 국가사회주의당은 당원이 3만 5천 명이나 증가하여 바이에른 극우파 그룹의 선두에 서게 되었다.

반년 후에 공화국 정부가 프랑스에 굴복하여 전쟁배상금을 지급하기 시작했다는 소식이 들렸다. 이에 반대하는 사람들이 다시 거리로 쏟아져 나왔다. 독일 국민은 공화국 정부의 비굴함을 규탄했고, 히틀러는 피 냄새를 맡은 상어처럼 공화국 사냥에 나섰다. 그의 무기는 이빨이 아니라 혀였다.

"무능하고 나약한 바이마르 공화국은 사라져야 합니다. 공화국은 본시 패전의 비극과 함께 탄생한 사생아입니다."*

히틀러는 마침내 이탈리아에서 발생한 검은 셔츠단의 로마진군을 모방한 '베를린 진군'으로 국가권력을 손에 넣을 계획을 추진했다. 그는 정규군의 무력이 꼭 필요하다고 판단하고 극우파 군인인 바이에른 주둔 국방군 사령관 로소브 그리고 뮌헨 계엄사령관 카르를 거사에 끌어들였다. 하지만 두 장군은 스스로 앞장서서 쿠데타를 할 만큼 배포 있는 인물은 결코 아니었다. 그들이 행동 개시를 지체시키는 동안 초조해진 히틀러가 먼저 행동에 나섰다. 1923년 11월 8일 저녁 8시경에 수백 명의 돌격대원을 태운 차들이 급히 거리를 달렸다. 그들은 뮌헨 시가지에 있는 최대 규모의 맥주 홀인 호프브로이하우스에 도착하자 차에서 내려 건물을 봉쇄하였다.

호프브로이하우스(위키백과)

*   요아힘 페스트, 『히틀러 평전 I』, 푸른숲

히틀러는 권총을 빼 든 채로 무장한 돌격대의 맨 앞에서 서서 홀 안으로 돌진하였다. 혼란에 빠진 홀에서 고성과 비명이 들리는 가운데 히틀러는 단상 위로 올라가서 공중을 향해 권총을 한 발 발사했다. 그때 그 홀에는 카르, 로소브 외에도 바이에른주 정부 각료들과 경찰청장을 비롯한 고위 공직자들이 카르의 강연을 듣기 위해 모여있었다. 히틀러가 카르와 로소브를 옆방으로 끌고 가서 권총을 흔들어 대며 위협한 바람에 그 자리에서 로소브, 카르와 함께 공화국 정부를 타도한다는 성명서를 만들고 서명하였다. 그들이 헤어지고 나서 얼마 후에 로소브와 카르는 쿠데타에 동의하지 않는다는 선언을 하였다. 그들은 자신들이 히틀러에게 권총으로 위협을 받는 상황에서 어쩔 수 없이 쿠데타에 동의했다고 하는 사건의 배경도 설명하였다.

이런 소식을 듣지 못한 채 출동 준비로 분주했던 히틀러는 뒤늦게 부하에게서 그 소식을 듣고는 뒤통수를 맞은 듯한 충격에 빠졌다. 그는 잠시 미친 듯이 분노의 발작을 하더니, 절망감으로 인해 멍한 상태가 되었다. 그때 최측근 중 한 명인 슈트라이허가 사람들을 밀치고 히틀러 곁으로 급하게 다가와서 대중들에게 정열적으로 호소해서 그냥 밀어붙이는 것이 좋겠다고 진지한 표정으로 말했다. 히틀러는 멍한 눈빛으로 힘없이 고개를 위아래로 끄덕였다. 그는 바이에른 주민들을 선동하여 베를린 정부에 대항하기로 했다. 모든 것을 자신의 운명에 맡겼다.

떨어진 낙엽이 길바닥에 깔려있던 늦가을의 쌀쌀한 아침에 쿠데타 행렬이 길을 나섰다. 나치의 지도급 인사들이 앞에서 행진하고 수천 명의 돌격대와 당원들이 뒤를 따랐다. 히틀러는 이미 공포심에 빠져들어 핏기 없는 넋 나간 얼굴을 하고 있었다. 행렬이 뮌헨 시가지의 중심부인 시청 앞 마리엔 광장에 도달했을 때 수많은 군중이 히틀러 앞으로 몰려들었다. 연락을 받거나 이야기를 듣고 동참하기 위해서 이곳으로 몰려든 지지자였다. 그들은 평소에 자신들을 열광시켰던 히틀러의 연설을 듣고 싶었다. 하지만 히틀러는 연단에 올라가지 않았고, 그를 대신해서 슈트라이허가 연단에 올라 군중들 앞에서 선동적인 연설을 하였다. 그 역시 히틀러에 못지않은 선동적인 혀를 가진 사내였다.

행렬이 오데온 광장에 도달했을 때 경찰의 바리케이드와 맞닥뜨리게 되었다. 잠시 후에는 경찰의 총이 불을 뿜었고 행렬의 앞줄에 섰던 수많은 사람이 쓰러졌다. 히틀러는 주변의 사람들이 총을 맞고 쓰러지는 혼란 속에 휩쓸려 쓰러지면서 팔과 어깨를 다쳤다. 비

마리엔광장에서 슈트라이허의 연설(Wikipedia)

오듯 쏟아지는 총탄 세례로 행렬에 있던 사람들은 뿔뿔이 도망쳤다. 히틀러는 혼란의 와중에 구급차에 태워져서 사라졌다. 히틀러는 뮌헨에서 약 60km 떨어진 슈타펠 호숫가에 있는 한 별장에 이틀 동안 숨어 있었다. 그는 이곳에서 자살하려 했지만, 그의 지지자였던 집주인의 만류로 결행하지 못하였다. 그 집의 주인은 히틀러가 마음속에 담아놓고 있었던 이상형의 여인이었다. 위기 상황에서 그녀의 집으로 도피한 것도 그 때문이었다. 이틀 후에 경찰이 이 집을 급습하였다. 히틀러는 저항하지 않았다. 손목에 수갑이 채워졌다.

1924년 2월에 뮌헨에 있는 군사학교에서 쿠데타 관련 재판이 시작되었다. 히틀러는 자신의 목숨을 구할 방도를 찾기 위해 깊이 생각에 잠겼다. 빈약한 지식을 끌어모아서 말이 되도록 논리를 꾸리는 것은 본시 그의 주특기이자 천부적인 재능이었다. 관중들이 빽빽하게 들어앉은 법정에는 팽팽한 긴장감이 감돌았다. 히틀러는 자리에서 일어나서 최후의 진술을 했다.

> **"저는 오직 국가반역자들에 대항해서 일어났으므로 내란죄를 범한 것이 아닙니다. 저는 독일 민족을 위해서 베르사유 조약과 바이마르 공화국을 부정한 것일 뿐입니다."**[*]

그의 말이 끝나기 무섭게 관중석에서 박수갈채가 쏟아졌다. 그는 실패한 쿠데타를 조국, 민족, 역사의 이름으로 미화하고 정당화하였을 뿐만 아니라, 거사 당일에 그가 보였던 우유부단하고 비겁

---

[*]   요아힘 페스트, 『히틀러 평전 I』, 푸른숲

했던 모습을 영웅적인 대담함으로 둔갑시켰다. 관중석의 뜨거운 열기가 법관들에게 전달된 것인지 아니면 법관들의 성향이 원래 그러했는지, 결국에 히틀러에게는 5년간의 금고형이라는 최저 형량이 선고되었고 심지어 6개월의 형기가 끝나면 집행유예로 출감할수 있게 되었다. 재판이 끝난 후에 히틀러는 창문을 통해 마당에서환호하는 군중들을 보았다. 이때부터 그는 순교자와 영웅이라는 두개의 가면을 바꾸어 쓰며 살았다.

바이에른의 남서부를 흐르는 레히강 변에 있는 예스러운 도시 란츠베르크의 외곽에는 비잔틴 양식의 돔을 얹은 두 개의 원통형 망루를 정면에 세워놓은 요새 형태의 감옥이 있다. 여기에는 1924년에 약 500명의 남자 죄수들이 수감 중이었는

란츠베르크 요새 감옥(Wikipedia)

데, 그중에 히틀러와 그의 부하들이 있었다. 히틀러는 매일 감옥 마당을 산책하는 중에 자신의 옛 부하들과 만나서 유대감을 심어주고미래에 대한 두려움을 덜어주었다. 히틀러는 그들에게 어두운 바다의 등대였다. 히틀러의 감방 생활은 편안했다. 지지자들이 케이크, 초콜릿, 치즈 등의 음식들을 많이 보내주어서 히틀러는 이전보다 살이 쪘다. 그는 지지자들의 편지를 자주 받으면서 자신을 열렬하게 기다리는 사람들이 많다는 것을 어렴풋이 알게 되었다. 그러던 어느 날 지지자들을 위해 자신의 지난날과 사상을 담은 책을 저

술할 생각을 하게 되었다. 그는 1924년 7월부터 『나의 투쟁』 집필에 매달렸다. 이때부터 그의 좁은 방에서는 늦은 밤까지 그가 구술하고 그의 충성스러운 비서였던 헤스가 타자기를 두들기는 소리가 났다. 대학 교육을 받은 헤스는 히틀러에게 질문을 던지거나 조언자가 되어 저작의 내용과 사상을 다듬었다. 그것은 실제보다 고상하고 영웅적으로 각색된 새로운 과거를 창조하는 작업이었다.

란츠베르크 요새 감옥에서 히틀러는 많은 것을 깨달았다. 그가 시도했던 쿠데타는 참으로 무모한 짓거리였다. 비정규군을 동원해서 국가기관들을 장악하기는 어려운 것이었다. 사실 그의 행렬은 뮌헨 오데온 광장의 경찰 바리케이드도 넘지 못했다. 생각할수록 낯이 뜨거워지는 어리석은 일이었다. 결국에 그는 선거와 같은 합법적인 방식으로 정권을 쥐어야 한다는 생각에 이르렀다. 수감 생활은 그를 한 단계 발전된 정치 전략가로 만들어주었다.

"히틀러는 형기를 채웠나요?"
"아니. 그는 일 년도 못 채우고 집행유예로 석방되었어."
"쿠데타를 한 인간에게 어떻게 그렇게 관대할 수 있나요?"
"당시 독일 남부 지방의 여론이 그에게 동정적이었고, 특히 법조계와 공직 사회가 그의 편이었던 것이지. 패전 이후로 독일 남부 지방의 민족주의가 극우화된 것으로 볼 수 있어."

1924년 12월 크리스마스를 며칠 앞둔 날에 히틀러는 집행유예로 석방되어 자신을 기다렸던 사람들과 함께 자동차를 타고 뮌헨으로 돌아갔다. 그 사이에 독일의 정세는 많이 변했다. 초인플레이션이

잡히면서 대중들의 생활은 안정되고 있었다. 그리고 승전국들에 대한 배상금이 줄어들고 미국에서 들어온 차관으로 지급되고 있었다. 이와 함께 프랑스 군대는 루르 지방에서 철수를 준비하고 있었다. 모든 것이 제자리를 찾아가면서, 선동의 정치는 점차 힘을 잃었다.

어느 날 뮌헨 당사에 있는 히틀러의 집무실로 매우 왜소한 젊은 이가 오른 다리를 절면서 방안으로 들어섰다. 그의 이름은 괴벨스였고, 히틀러보다 8살 아래로 북서부 독일의 산업노동자 집안에서 태어났다. 그는 매우 병약한 신체를 타고나서 어릴 적에 여러 번 죽을 고비를 넘겼고, 골수염으로 오른 다리를 절게 되었다. 하지만 그는 뛰어난 두뇌의 소유자로서 고등학교 졸업시험에서 최고 성적을 받았고, 대학에서 독문학을 전공하였다.

괴벨스는 쥐를 연상시키는 얼굴에서 드러나듯이 약삭빠른 인간이었다. 권력의 냄새를 맡는 천부적인 감각을 타고난 그는 히틀러에게서 미래 권력의 냄새를 맡고는 그 품에 안기고 싶었다. 히틀러는 괴벨스의 뛰어난 두뇌와 언변을 잘 알고 있었기에 그를 자신의 부하로 만들고 싶었다. 며칠 후에 괴벨스는 히틀러의 초대로 '호프브로이하우스'에서 최초의 연설을 하였다. 엄청난 환대

괴벨스(위키백과)

를 받고 무대에 오른 그는 자신의 모든 것을 다 쏟아부었다. 청중들은 열광했다. 일부는 날뛰고 소란을 피우기도 했다. 마침내 연설이 끝나자 히틀러는 눈물을 글썽이며 괴벨스와 포옹했다. 이후로 괴벨스는 히틀러의 충성스러운 부하가 되었다. 신체적 장애에다가 견

디기 힘들었던 빈곤으로 인해 "지옥 같은 이 세상과 결별하고 싶다고" 울부짖었던 그의 20대 삶은 이렇게 막을 내렸고, 30대에는 히틀러의 부하로 새로이 출발했다.

뮌헨의 연설이 있고 나서 약 반년 후에 히틀러는 괴벨스를 수도 베를린의 당 위원장으로 보냈다. 베를린은 노동자, 사회민주당, 공산당이 주도하는 좌파 도시였다. 괴벨스가 이 도시에 처음 왔을 때 일반 주민 중에서 나치 지지자는 거의 없었고, 주민들과 언론들은 나치에는 관심이 아예 없었다. 영악한 괴벨스는 베를린 공략의 첫걸음으로 주민들과 언론들의 입에서 국가사회주의당이라는 말이 나오도록 했다. 이때부터 돌격대는 사람들 눈에 잘 띄는 시가지에서 공산당원들에게 싸움을 걸었다. 두 패거리가 보행자 전용 지역의 한복판에서 격렬하게 주먹질을 하면 행인들이 비명을 지르고 누군가 경찰에 신고했다. 잠시 후에는 경찰이 호루라기를 불며 뛰어와서는 그들을 체포해서 끌고 갔다. 경찰서에서 조서를 쓰면서 그들이 국가사회주의당원과 공산당원임이 드러났다. 다음 날 일간지에는 "야만적인 패싸움이 대낮에 시가지 한복판에서 벌어졌다."라는 제목의 기사가 대서특필 되었다. 괴벨스는 그사이에 몇몇 우익 측의 기자들을 매수해서 앞잡이로 만들었다. 그리고 그들의 손으로 이런 기사를 쓰게 했다.

"나치당원들이 과격하기는 하지만 애국심이 뛰어난 젊은이들이다. 그들은 베르사유 조약의 부당성을 고발하고 소련의 앞잡이인 공산당원들을 응징하여 나라를 구하려 하는 열혈남아이다."

이런 부류의 기사가 반복되어 실리면서 점차 중산층 주민들은 돌격대원들이 거칠기는 해도 애국적이며 공산주의자들을 막을 수 있는 배짱이 있는 사람들이라고 생각하게 되었다. 선동의 천재였던 괴벨스는 최신의 정치 선동술을 사용하여 결국에는 베를린 당 조직을 막강한 세력으로 키웠다.

> "히틀러는 감옥에서 앞으로는 선거를 통해 집권하는 노선으로 나가겠다고 결심했는데, 국가사회주의당이 언제부터 선거에 나왔나요?"
> "1928년에 제국의회 총선거가 있었고, 국가사회주의당은 최초로 선거에 참여했어. 당시의 비례대표제에서 국가사회주의당은 2.6%를 얻어서 정당별 순위 9위로 12개의 의석을 차지하였지."

괴벨스와 괴링이 이때 의원이 되었고, 히틀러는 독일 국적을 취득하지 않은 데다가 의회 제도를 무시한다는 태도를 유지하기 위하여 입후보하지 않았다.

1929년 10월 24일 '블랙 프라이데이'에 미국의 주식시장은 붕괴되었다. 이후로 주가는 브레이크가 없이 추락했고, 주식 투자자에게 엄청난 대출을 제공하였던 미국의 은행들은 부실채권으로 인하여 위기에 빠졌다. 급해진 그들은 외국의 은행이나 기업들에 제공한 단기 대출을 회수하려 하였다. 그 바람에 지난 몇 년간 독일 경제 회복에 큰 도움을 주었던 미국의 자금이 회수되면서 독일 경제는 어려움에 봉착했다. 게다가 독일 경제의 동력이었던 수출이 해외시장의 축소와 가격 하락으로 인하여 어려움에 빠지고 있었다. 1930년대 세계 대공황의 회오리 속으로 독일 경제가 빨려 들어가고 있었다. 미국, 영국에서와 마찬가지로 독일에서도 기업이 문을 닫고 실업자가 거리로 쏟아져나왔다. 패전, 초인플레이션, 전쟁배상 금 등으로 시달렸던 독일 사회는 지난 몇 년간 간신히 안정되고 있었다. 그런데 다시 발생한 위기는 독일인을 심리적인 폐허 상태로 만들었다.

1930년에 독일에서 실업률은 거의 30%에 이르렀다. 두 가구 중 한 가구에서 가장이 실직했다. 실업자들은 아침부터 노동청을 가보고는 긴급 구호소에 줄을 섰다. 국민의 생계가 위기에 빠졌는데도 공화국 정부는 적극적인 대책을 세우지 못했고, 이로 인해 국민의 원성을 사게 되었다. 독일인들은 점점 더 비참해졌고, 절망감에 빠져들었다. 자살 파동이 사회를 뒤덮었다. 처음에는 은행가나 기업가들이 파산과 함께 자살을 택했지만, 시간이 지나면서 상점의 주인, 셀러리맨, 연금 생활자들이 뒤를 이었다. 그들의 대부분은 가족이 함께 생을 마감하였다. 히틀러는 당시의 상황을 정확하게 파악하고 있었다. 그의 주특기인 선동이 빛을 발할 수 있는 기막힌 시대 상황이었다. 그의 연설은 대중들의 절망감 속으로 파고 들어가서 거기에 증오를 심었고, 마침내는 미래에 대한 희망으로 마무리하였다. 사막에 내린 단비가 모래 속으로 스며들 듯이 그의 외침은 대중들의 마음속으로 스며들었다.

1930년 초에 대연정이 붕괴하면서 혼란에 빠진 제국의회는 해산되었고, 그해 9월에 치러진 총선에서 국가사회주의당은 예상을 훨씬 뛰어넘는 18%를 득표하여 사회민주당에 이어서 두 번째 정당으로 부상하였다. 2년 전에 불과 2.6%를 득표한 것에 비하면 기적적인 성장이었다. 대공황의 충격이 컸고, 나치의 선동술이 유권자들에게 먹혀들었기 때문이었다. 당시 바이마르 공화국의 수상이었던 브뤼닝은 자유주의 경제학자로 불황을 타개하고 국민의 생계를 해결하는 것보다는 정부의 재정 건전성을 지키는 데에 더 큰 신경을 썼다. 그 바람에 실업자는 점점 증가했고 실업자들의 생계는 점점 어려워졌다. 브뤼닝은 시장이 불황을 스스로 극복할 것이라는 믿음을 가졌다. 자유주의 경제학자들의 시장에 대한 믿음은 신앙적이었다. 실제의 세상에서는 시장이 제대로 작동하지 않아도, 그들은 현실 앞에서 눈을 감고, 눈에 보이지 않는 전지전능한 힘을 믿었다. 그들과 대척점에 서 있었던 경제학자 케인스는 이런 말을 했다.

> "그렇다. 나도 시장의 힘을 믿는다. 하지만 그 힘으로 언제 불황이 극복될지는 알 수 없다. 언제 올지 모르는 그 날까지 손 놓고 기다리기보다는 당장 무엇인가를 해야 한다."[*]

그는 불황 극복을 위한 정부의 적극적 개입을 주문한 것이었다.

이전에 자유주의 정당들을 지지했던 사람들이 1930년의 총선에서는 나치로 대거 이동하였다. 이들은 대부분이 사무직 노동자, 자영업자, 전문직 등의 중간 계층에 속했던 사람들이었다. 그 바람에 자유주의자였던 어떤 언론인은 한 신문에 통탄하는 칼럼을 게재했다.

---

[*] John Kenneth Galbraith, Die Geschichte der Wirtschaft im 20.Jahrhundert, Hoffmann und Campe

"이렇게 대단한 문명국에서 640만 명의 유권자들이 가장 천박하고 공허하고 상스러운 협잡꾼을 지지했다는 사실이 무시무시하다."[*]

그러나 자유주의 정당들은 자신들이 나치에게 표를 빼앗긴 진짜 이유를 모르고 있었다. 아니, 알려 하지 않았는지도 모른다. 자신에게는 문제가 없는데 다른 사람들이 못나서 생긴 일이라고 믿고 싶었다. 하지만 진실을 말하자면, 나치가 가장 솔깃한 구호를 내걸었기 때문이었다.

"시민의 생계를 보장하는 게 국가의 주요 의무다."

이때부터 돌격대(SA)의 정치 폭력이 독일의 전 도시에서 점점 심해지고 있었다. 불황으로 인해 해고된 노동자들이 돌격대에 들어오면 식량과 주거를 받을 수 있었기에, 돌격대의 규모는 계속 커져서 1932년에 약 50만 명에 이르렀다. 그들은 불우했던 사람들로서 증오심과 공격성이 강했다. 무기 창고에 온갖 종류의 무기들을 보유하고 있었던 그들은 범죄 집단의 속성을 보이기도 하였다. 돌격대의 최고 지휘관인 룀은 자신의 추종자들로 요직을 채우고 돌격대를 자신의 군대로 만들고 있었다. 한때는 히틀러의 최고 무기였던 돌격대가 점차 히틀러를 위협하는 흉기로 변해가고 있었다.

"히틀러가 이 상황을 가만히 보고만 있지는 않았을 텐데요."
"그렇지. 그는 권력 투쟁의 첫째 원칙인 견제 세력을 키우는 작업에 착수했어.

---

[*]   벤저민 카터 헷, 『히틀러를 선택한 나라』, 눌와

그 바람에 친위대가 창설되었지."

친위대는 1925년에 돌격대의 하부 조직으로 만들어졌는데, 소규모 병력이었다. 이제 히틀러는 친위대를 돌격대에서 독립시키고 병력을 대폭 늘려서 돌격대를 견제하도록 했다. 이때 친위대장으로 임명된 자가 힘러였다. 히틀러보다 11살 아래인 힘러는 뮌헨의 중등학교 교장 집안에서 태어나서 농과대학을 졸업하고 국가사회주의당에 입당하여 돌격대원이 되었다. 1925년에 힘러는 감옥에서 나온 히틀러에게 감동적인 편지를 보냈다. 그 바람에 그는 몇몇 당원들과 함께 히틀러에게 초대되었다. 히틀러 앞으로 나와서 악수를 한 이 청년은 자그마한 키에 빈약한 체격, 평범하고 소심해 보이는 인상으로 하급 관리나 하면 적합할 인물로 보였다. 2년 후에 힘러는 금발에 푸른 눈을 가진 연상의 간호사에게 반해서 결혼했고, 그 뒤로는 뮌헨 근교에서 양계장을 경영하면서 한동안 가장의 역할에 충실했다. 사랑에 눈멀어서 보금자리를 꾸렸지만, 그가 양계장이나 하면서 살아갈 인간은 아니었다. 얼마 후에 그는 양계장 사업을 때려치우고 돌격대장 룀의 최측근 부하로 복귀하였다. 히틀러에 대해 유별난 충성심을 보인 그는 히틀러의 눈에 들어서 친위대장으로 발탁되었다. 이로써 그는 이전의 주인이었던 룀을 견제하는 역할을 맡았다.

1932년 봄에 연방 대통령 선거가 시행되었고, 이때 오스트리아 국적을 갖고 있었던 히틀러가 마침내 국적을 독일로 바꾸고 대통령 후보로 나섰다. 당시 여론 지형에서는 현직 대통령이었던 힌덴부르크가 가장 앞섰다. 1차 대전에서 독일군 총사령관을 지냈던 그는 프로이센의 토지 귀족 계급인 융커 출신으로 국민에게 널리 존경받는 명망 있는 인물이었지만, 80세가 넘은 노인이었다. 그는 1차 대전이 터지기 전에 군대에서 은퇴했지만, 1914년 8월에 동프로이센을 침공한 러시아군과 싸우기 위해 66세의 나이에 전쟁터로 달려가서 타넨베르크 전투에서 대승을 거두고 영웅 대접을 받았다. 하지만 실제로 그 전투에서 그의 역할은 미미했고 단지 그의 군인다운 풍모와 강직, 용감, 침착한 이미지가 그를 우상으로 만들었다. 어쨌든 그 바람에 그는 독일군 총사령관이 되었지만, 1918년 11월 황제 퇴위에 결정적인 역할을 하였다. 그는 자신의 부하인 부사령관에게 "군대는 더는 폐하의 명령을 따르지 않을 겁니다."라고 황제에게 직언하도록 배후에서 조종했다. 이로써 그는 군대가 민중 봉기를 진압했다는 오명과 비난을 피할 수 있었고, 동시에 황제 퇴위에 대한 책임에서도 빠져나갔다. 강직해 보이는 외형과는 달리 그는 미꾸라지처럼 책임과 비난을 빠져나가면서 자신의 명성을 지키고 지위를 차지하는 데 능란했다.

1918년 11월의 혁명으로 왕정이 폐지되고 공화국이 선포되었다. 그리고 두 달 후에 제헌 국회의원 선출을 위한 선거가 있었고, 이어서 1919년 2월에 사회민주당의 지도자 에버트가 의회에서 간접선거를 통해 바이마르 공화국의 초대 대통령으로 당선되었다. 그리고 1919년 8월 14일에 바이마르 헌법이 발효되었다. 초대 대통령 에버트는 1925년에 병으로 사망하였고, 두 번째 대통령부터는 바이마르 헌법에 따라 직접선거로 선출되었다. 이때 힌덴부르크가 당선되어 임기 7년의 두 번째 대통령으로 취임하였다. 그는 풍부한 교양을 갖추지 못한 보수적인 정치인이었다.

1932년의 대통령 선거에서는 4명의 후보가 경합했지만, 힌덴부르크와 히틀러의 싸움이라는 것은 명확했다. 1차 투표에서는 과반 득표를 한 후보가 없어서 2차 투표까지 가게 되었는데, 결과는 힌덴부르크가 53%로 당선되었고, 2위는 36.7%를 얻은 히틀러였다. 비록 패배했지만, 히틀러도 얻은 것이 있는 선거였다. 무엇보다도 그는 전 독일에 자신을 알렸는데, 특히 1, 2차 투표

힌덴부르크(위키백과)

사이의 기간에 독일에서는 최초로 '비행하는 유세'로 화제의 주인공이 되었다.

나치 선전부가 '독일 하늘의 히틀러!'라고 표어를 붙인 이 유세는 히틀러가 비행기를 타고서 총 21개 대도시에서 개최되는 집회에서 연설하는 것이었다. 그의 연설은 다큐멘터리 영화와 음반으로 제작되어 전국으로 퍼져나갔다.

1930년 총선에서 제국의회의 두 번째 정당이 된 국가사회주의당은 다음 총선까지 기다릴 필요 없이 빨리 최대 정당이 되고 싶었다. 1932년 당시 이 정당의 지지율이 가장 높았기에 제국의회를 해산하고 새로 총선을 실시하면 최대 정당이 될 수 있었다. 바이마르 헌법에서 대통령은 제국의회를 해산할 수 있었다. 의회가 혼란에 빠지면 대통령이 의회를 해산하고, 새로이 총선이 시행되는 것이 상식적인 절차였다. 나치는 제국의회의 기능이 혼란으로 마비되도록 유도하였다. 의사당에서 나치 의원들이 거칠고 무례한 행동으로 다른 정당에 소속된 의원들을 자극하여 분쟁을 일으켰다. 1932년 5월에 의사당에서 있었던 공개 토론회에서 어떤 공산당 의원이 발언

하던 중에 한 나치 의원은 "정말 멍청하네!"라고 소리쳤다. 곧이어 공격을 당한 의원이 "입 닥쳐!" 하고 외치면서 의사당은 아수라장이 되었다. 제국 의원 괴벨스는 자기는 군 복무도 안 했으면서 뻔뻔하게 사회민주당을 "탈영병들의 정당"이라고 모욕해서 사회민주당 의원 전원이 일어나서 그를 규탄하였다. 이런 식으로 혼란에 빠진 의회는 결국 해산되고 말았다.

1932년 7월 31일에 있었던 총선에서 국가사회주의당은 38.3%라는 득표율로 230개 의석을 차지하는 놀라운 승리를 거두었다. 마침내 나치가 독일 제국의회의 최대 정당이 된 것이었다. 지금까지 최대 정당이었던 사회민주당이 불과 21.5%를 득표하여 두 번째 정당이 되었다. 이제 히틀러에게는 독일의 수상이 되는 길이 열렸지만 일이 그렇게 녹록하지만은 않았다. 바이마르 헌법에서 수상과 장관의 임명은 대통령의 고유한 권한이었고, 이에 대한 견제로 의회는 내각불신임을 할 수 있었다. 대통령중심제와 의회 내각제가 교묘히 섞인 정치 제도였다.

국정 운영을 위해서 힌덴부르크에게 히틀러의 도움은 꼭 필요했다. 만약에 의회 최대 정당인 국가사회주의당이 내각불신임을 하기로 작정을 하면, 힌덴부르크가 내각을 구성해도 아무런 의미가 없기 때문이었다. 선거가 끝나고 2주 정도 지난 후에 힌덴부르크 대통령이 히틀러와의 대화를 원한다는 연락이 왔다. 대통령 집무실에서 두 사람은 만났고, 이 자리에서 힌덴부르크는 히틀러에게 부수상이나 장관을 맡아달라는 제안을 했다. 히틀러는 수상 이외의 다른 직책으로 내각에 참가할 생각이 전혀 없다고 하면서 그 제안을 거절했다.

"힌덴부르크가 히틀러를 수상으로 받아들이지 못하는 속내가 무엇이었을까요?"

"아마도 귀족 출신으로 총사령관을 거쳤던 대통령의 헛된 자존심이 미천한 출신의 실력자를 받아들이지 못하고 있었던 것 같아."

1933년 1월 하순의 어느 날 밤에 국가사회주의당의 아지트로 사용되고 있었던 베를린 달렘 지역에 있는 한 주택 앞에 고급 승용차의 헤드라이트가 비쳤다. 차 문이 열리면서 건장한 중년 남자가 내려서 현관 쪽으로 걸어왔다. 현관 앞에는 히틀러의 측근들이 서서 그를 맞이하였다. 그 중년 남자는 사람들의 호위를 받으며 히틀러가 기다리고 있는 방안으로 혼자 들어갔다. 그의 이름은 오스카 폰 힌덴부르크, 대통령의 아들이었다. 고령으로 판단력이 흐려진 대통령의 주변에서 가장 큰 영향력을 행사하는 사람이었다. 히틀러는 둘만이 있는 방 안에서 오스카에게 말했다.

"나는 힌덴부르크 일가의 숨겨진 비리들을 자세히 알고 있습니다. 탈세 이외에도 많은 것들이 있지요. 내가 그 사실을 폭로하면 대통령은 탄핵이 되거나 기소될 것입니다."

이어서 히틀러는 이런 말을 던졌다.

"내가 무엇을 원하는지는 대통령께서 잘 알고 계십니다. 그것만 해주시면 대통령의 지위와 명예가 지켜지고 집안도 평안할 겁니다."

1933년 1월 30일에 히틀러는 대통령 집무실로 들어섰다. 거구의 늙은 대통령은 부축을 받으며 간신히 의자에서 일어나서 새 수상 히틀러를 맞이하였다. 두 사람은 마주 보며 악수했다. 독일군 총사령관 힌덴부르크는 위엄있는 얼굴로 상병 히틀러 앞에 섰지만, 그의 눈빛에는 체념과 비굴함이 서려 있었다. 그는 형식적인 인사말을 던지며 비서가 들고 있던 수상 임명장을 히틀러에게 건네주었다.

"당시 상황에서 히틀러가 수상이 된 것이 큰 의미가 있었나요?"
"이날 히틀러가 수상이 된 것은 일종의 내각 개편에 불과한 사건이었어. 지난 몇 년간의 혼란 속에서 이미 몇 명의 사람들이 수상직을 거쳤고, 힌덴부르크 대통령과 파펜 부수상은 히틀러도 얼마 가지 못할 것으로 보았지."

어쨌든 히틀러의 수상 임명은 화제가 되었고, 일부 언론에서는 조롱거리가 되었다.

"실패한 오스트리아의 화가가 독일의 수상이 되다니."

하지만 이날의 일은 단순한 조롱거리 이상의 사건으로 대지진의 전조였다.

그날 밤에 벌어진 히틀러의 수상 취임을 축하하는 돌격대와 나치 지지자들의 대규모 시가지 행진은 이 나라의 실세가 누구인지를 보여주었다. 그들이 들고 있던 횃불은 머지않아 다가올 유럽의 미래를 붉게 물들이고 있었다. 본시 히틀러를 지지했던 한 유명한 보수 인사는 그날 밤 이 광경을 보고는 갑자기 번쩍하고 정신이 들었던지, 이렇게 고백했다.

"내 인생에서 가장 어리석은 실수를 저질렀다. 세계 역사상 가장 위험한 선동가와 손을 잡고 말았다."[*]

그날 베를린 주재 영국 대사는 본국으로 보내는 전문에 이렇게 적었다.

"오늘 깡패들이 독일에서 정권을 잡았다."

이제 독일에서 깡패 정권의 만행이 시작되었다.

"처음에는 의사당과 책이 불타고 곧이어 유대교 회당이 불탔다."[**]

"앵" 하는 비상경보가 베를린의 음산한 겨울 밤공기를 흔들고 있었다. 1933년 2월 27일 오후 9시경에 제국의사당 근처를 지나가던 한 대학생이 창문이 깨지면서 불길이 치솟는 것을 발견했고 즉시 신고했다. 베를린 소방대와 경찰이 도착했을 때는 의사당은 격렬하게 불타고 있었다. 소방대원들이 건물 안으로 진입하여 화재를 진압하던 중에 반나체의 한 젊은 남자가 미

제국의사당 화재(Wikipedia)

[*]   스티븐 레비츠키, 『어떻게 민주주의는 무너지는가』, 어크로스
[**]   벤저민 카터 헷, 『히틀러를 선택한 나라』, 눌와

친 듯이 어떤 구호를 외치고 있었다. 경찰이 그에게 덤벼들어서 바닥으로 쓰러트리며 체포하였다. 이 사내의 이름은 '마리우스 루베'이고 24살의 석공으로 국적은 네덜란드였다. 그는 자신이 방화범이라고 자백하였다.

소방대원들이 불타는 건물에 소방 호스로 물을 뿜어대던 시간에 나치 지도자들이 제국의사당 앞으로 속속 도착하였다. 가장 먼저 도착한 사람은 괴링이었고 잠시 후에 히틀러와 괴벨스가 승용차에서 내렸다.

불타는 제국의사당 앞에서 환한 불빛을 받으며 히틀러는 모여든 사람들을 향해서 외쳤다.

"모든 공산당 간부는 어디서 만나든 쏘아버리시오. 공산당 의원들은 이 밤으로 목매달아야 할 것입니다."

그는 마치 방화의 배후 세력을 알고 있다는 듯이 말했다. 경찰의 수사가 시작도 되지 않았는데.

당시에 제국의회 의장직을 맡고 있던 괴링은 바로 공식 보도를 발표하였다.

"이제까지 독일에서 벌어진 가장 무시무시한 볼셰비키 테러이자 피비린내 나는 폭동과 내란의 시작을 알리는 표시이다."

의사당 방화 사건을 핑계로 경찰은 공산당 간부와 나치를 비판했던 지식인 등 약 4천 명을 하루 만에 체포하였고, 그중에 많은 사람이 살해되었다. 히틀러는 이 사건을 이용해서 긴급명령을 제의했고, 힌덴부르크 대통령의 서명으로 명령은 발효되었다. 긴급명령은 국가의 위급 상황에서 대통령이 비상조치를 취할 수 있는 권한으로 바이마르 헌법 48조에 의해서 대통령에게 주어진 비상대권에 기반을 둔 것이었다. 이로 인해 경찰은 제멋대로 체포, 구금 및 고문을 할 수 있었고, 언론과 집회 결사의 자유는 사실상 사라졌다. 게다가 경찰도 아닌 돌격대가 제멋대로 사람들을 체포해서 폭행, 고문 나아가 살인까지 자행하였다. 민주주의와 인권은 나치의 군화에 짓밟히고 있었다. 긴급명령을 이용하여 공포정치를 실행한 핵심 인물은 새로 내무장관에 임명된 괴링이었다. 그는 5만 명의 돌격대원을 경찰보조원으로 임명하고는 정적들에게 악랄한 박해를 가했다. 히틀러의 수상 취임과 함께 국가사회주의당은 국가권력 전체를 장악하기 위해 한 발씩 나아갔다. 먼저 정부 기관에서 국가사회주의당에 비판적인 사람들을 몰아내고 히틀러의 추종자들로 그 자리를 채웠다. 특히 괴링에 의해서 경찰지휘부는 돌격대 지휘자들로 채워졌고, 이어서 베를린 경찰청에는 게슈타포로 불리는 비밀경찰 부서가 신설되었다.

대통령 집무실에 괴벨스가 다리를 절룩이며 들어섰다. 그날은 바로 그가 힌덴부르크 대통령으로부터 '선전부 장관'의 임명장을 받는 날이었다. 힌덴부르크 대통령과 마주 서서 임명장을 받고 악수하면서 저열한 선동가가 정중한 공직자로 변모하였다. 장관 취임 직후에 그는 라디오 방송협회의 국장과 부장들을 모아 놓고 연설을 하였다.

"자신이 선전 이념에 흠뻑 빠져 있음에도 그 사실을 전혀 눈치채지 못하게 사람을 사로잡는 것, 이것이 선전의 비결입니다."*

괴벨스의 연설에는 유머와 위트가 가득했다. 그리고 대중들이 편하게 받아들일 수 있는 말투로 대중들을 유혹했다.

괴벨스는 빌헬름 광장에 있는 쉥켈 궁전에 부속 건물을 새로 짓고는 교양 수준이 높은 나치 당원들을 끌어모았다. 그들은 선전, 영화, 라디오, 연극, 예술, 음악, 언론 등의 분야로 나뉘어서 선전 활동을 펼쳤다. 괴벨스는 대학 졸업 후에 작가를 지망했지만, 빛을 보지 못하고 무명으로 끝을 맺었다. 하지만 그 바람에 그는 언론, 문화, 출판 분야에 관해 많은 식견을 갖게 되었고, 벼락출세하여 선전부 장관이 된 이후로는 이 분야에서 통제를 지휘했다. 통치에 있어서 이 분야의 중요성을 예리하게 파악하고 있었던 그는 검열과 심사를 통해 많은 공연, 방송, 기사 및 출판을 금지했다. 나아가서 금서로 지정된 책들은 광장에서 공개적으로 불태워졌다. 학자, 언론인, 예술가, 문필가의 대부분은 고분고분하게 정부의 지도 노선에 따랐다. 게다가 많은 학자, 지식인들이 줄을 서서 히틀러 정부에 충성 서약이나 지지 선언을 하기도 했다. 반면에 히틀러 정권에 비판적이었던 수백 명의 작가, 예술가, 학자들이 국적을 박탈당하고 추방되었다.

---

*   귀도 크놉, 『히틀러의 뜻대로』, 울력

이제 히틀러는 독재로 가는 길을 열기 위해 헌법 개정을 시도하였다. 국가사회주의당은 독일 국가민족당과 중앙당 등의 우파 정당들을 포섭하여 헌법 개정에 필요한 의석을 확보하였다. 헌법 개정안은 의회와 대통령의 권한을 무력화시키고, 동시에 내각과 수상의 대폭적인 권한 확대를 주요 내용으로 하였다. 헌법 개정으로 권력을 빼앗기고도 즐거워했던 사람이 있었으니 바로 힌덴부르크 대통령이었다. 고령으로 정신이 흐려진 그는 자신을 짓눌렀던 책임감에서 해방된 기쁨을 누렸다. 본시 그는 군대의 지휘관이었던 시절부터 아랫사람에게 많은 일을 위임했고, 자신의 명망을 떨어트릴 수 있는 결정은 직접 하지 않고, 책임을 회피하는 유형의 인간이었다. 수상 히틀러에게 거의 모든 책임을 지도록 한 후에 존재 가치가 없는 대통령이 되었지만, 그는 결코 슬퍼하거나 노하지 않았다. 이제 권력을 독차지한 히틀러의 말 한마디로 국가의 정책이 사실상 결정되었다.

"사실 나는 1919년에 독일에서 제정된 바이마르 헌법이 세계에서 가장 뛰어난 헌법이라고 생각했어요. 그런데 어떻게 이런 일이 발생했지요?"
"바이마르 헌법이 당시에 세계에서 최고로 치밀하게 설계된 헌법이라는 평을 들었지만, 헌법 그 자체로 민주주의가 보장되는 것은 아니야."

아무리 잘 만들어진 헌법에도 수많은 불완전성이 존재한다. 예를 들면 해석상 애매모호 한 점들이 존재하기도 하고, 가능한 모든 상황에서 어떻게 대처해야 하는지에 관한 완전한 설명이 불가능하지도 하다. 이 허점을 파고들어서 독재자들이 헌법을 악용하거나 때로는 자신에게 유리하게 개정하는 경우가 비일비재한 것이 사실

이다. 그래서 민주주의가 잘 작동하려면 성문화되지 않은 규범이 헌법을 뒷받침해야 한다.[*]

> "1900년 이후로 독일은 문화 예술과 학문에서 전성기를 맞았지요. 이렇게 뛰어난 문명국이 어떻게 이처럼 쉽게 무너질 수 있는 것인지 이해가 되지 않아요. 이 모든 일이 불황 때문에 생긴 것으로 보아야 할까요?"
> "그것은 아니야. 사실 불황은 전 세계를 덮쳤고 독일만 겪은 것은 아니었잖아. 독일의 민주주의 뿌리가 약했기에 바람에 쉽게 넘어간 것이지."
> "구체적으로 어떤 면에서 민주주의 뿌리가 약했나요?"
> "독일인은 민족주의와 전통에 대한 집착과 공권력에 대한 복종심이 강해서, 개인의 자유나 자율 같은 민주적 의식이 국민의 내면에 뿌리내리지 못했어."

1933년 9월의 어느 날 히틀러는 프랑크푸르트에서 하이델베르크 방향으로 향하는 길에서 첫 삽 뜨기 행사를 하였다. 이른바 아우토반이라고 불리는 고속도로의 착공식이었다. 그는 앞으로 건설될 도로가 '히틀러의 아우토반'이라고 불리게 될 것을 생각하며 입가에 미소를 띠었다. 대규모 건설공사 덕에 독일은 빠르게 대량 실업사태를 해결하였다. 히틀러가 수상으로 취임하고 불과 3년이 지난 1936년에는 완전고용이 이루어졌다. 하지만 히틀러는 경제정책에는 완전한 문외한이었고, 단지 인재를 잘 쓴 것뿐이었다. 당시 경제정책의 기획자는 샤흐트라는 재정 전문가로, 히틀러에게 발탁되어 제국은행 총재와 이어서 경제 장관을 맡았다. 이전의 브뤼닝 수상시대와 달리 샤흐트는 정부의 지출을 늘려서 사방에 공사판을 만들

[*]   스티븐 레비츠키, 『어떻게 민주주의는 무너지는가』, 어크로스

었고 군수품 생산도 늘렸다. 이제 독일의 공장에서 기계가 돌아가고 상점은 물건을 사려는 사람들로 붐볐다. 베를린에서는 지하철이 확장되고 멋진 공공건물, 문화시설, 공원 등이 새로 들어섰다. 전국의 도시들에 박물관, 미술관, 음악당, 스타디온들이 새로 건설되면서 독일은 문화, 스포츠 국가로 변모하였다. 히틀러와 나치를 비난하던 사람들의 목소리는 점점 약해지고 있었다. 사람들은 삼삼오오 모이면 세상이 좋아졌다는 이야기를 하면서 기쁨을 감추지 못했다.

> "당시 독일에서 민주주의가 말살되고 있는데도 대중들이 기뻐한 이유가 무엇인가요?"
> "사실 민주주의는 관념의 세계에 있었고, 물질은 현상의 세계에 있는 것이거든. 대중들은 피부에 와닿는 것에서 진정한 가치를 느끼는 법이지."

대중들이 피부로 느끼지 못하는 것은 선전이 맡아서 해주었다. 독일이라는 민족 공동체의 발전이 지상 과제이고 삶의 목적이라는 선전이 봇물이 되어 쏟아졌다. 이런 세상에서 공개적으로 들리는 소리는 어디를 가나 '위대한 독일'뿐이었다. 국가와 민족만 있고 개인의 자유는 사라진 세상에서 독일인은 사회적 안정감을 느꼈고, 그것에 안주하였다. 자유롭지만 불안한 개인보다는 국가의 통제와 보호를 받는 국민의 일원이 나을 수도 있었다.

당시 독일에서는 '국민 라디오'가 대량생산되어 저렴한 가격으로 보급되었다. 선전부 장관 괴벨스는 라디오를 나치 정권의 주된 선전 매체로 사용하였다. 사람들은 라디오를 '괴벨스의 주둥이'라고 불렀다. 게다가 그는 포츠담에다 영화 제작소를 차려놓고 선전용 영상을 제작하였다. 영화는 대중의 생각과 감정을 조종하기에 매우 효과적인 수단이었다. 심지어 그는 자신의 가정을 독일에서 가장 모범적인 가정으로 묘사한 선전 영화를 제작하기도 했다. 하지만 본시 그는 시간만 나면 여자들을 쫓아다니는 난봉꾼이었다. 이제 그가 선전 장관이 되어 영화 산업을 통치하면서 더는 여자를 쫓아다닐 필요가 없어졌다. 여배우들이 배역을 맡기 위해 그에게 달려들었기 때문이었다. 못난 외모 때문에 열등감에 빠져 살았던 이 남자는 미녀들에 둘러싸여 마음껏 한을 풀었다. 그는 자신이 '카사노바'로 불리는 것을 자랑스럽게 생각했다. 젊은 날의 빈곤했던 삶을 보상받기 위해 의상에 큰돈을 들이고 최고급 승용차를 타고 다니면서 호화로운 주택에서 살았다. 그는 성적인 추문과 호화판 생활로 자신의 출세를 즐겼다.[*]

1933년 초가을에 괴벨스가 한 청년을 데리고 수상 관저로 왔다. 큰 키에 미남형이었던 그 청년의 이름은 슈페어, 나이는 28세였다. 그는 만하임의 건축가 집안에서 태어나서 대학에서 건축을 전공하였고 일찍이 뛰어난 재능을 보였다. 본시 정치에는 관심이 없었던 그는 베를린의 한 대학에서 조교를 하던 중에 어떤 맥주 홀에서 들었던 히틀러의 연설에 감명을 받았다. 이로 인해 그는 히틀러의 지지자가 되었고 결국 1931년 12월에는 나치 당원이 되었다. 슈페어는 괴벨스가 선전 장관이 된 직후에 그의 관저를 수리하고 큰 홀을 짓는 일을 훌륭하게 수행하여 그의 눈에 들었다. 곧바로 그는 괴벨스의 명을 받고 나치 당원의 집회를 위해 뉘른베르크에 34만 명을

---

[*]   귀도 크놉, 『히틀러의 뜻대로』, 울력

수용할 수 있는 스타디온의 건설 프로젝트를 시작하였다. 어느 날 슈페어는 수상 관저에서 히틀러에게 스타디온의 구상을 담은 스케치를 보여주었다. 히틀러는 스케치에 몰입하여 마치 주변의 모든 것을 잊은 듯했다. 한참 후에야 고개를 든 그는 슈페어를 쳐다보며 "좋아."라고 말했다.[*] 이때부터 그는 히틀러의 전속 건축가이면서 동시에 충복이 되었다. 히틀러는 거대하고 화려한 건축물에 열정을 갖고 있었는데, 마침내 자신의 열정을 함께 공유하고 실현해 줄 사람을 만나게 된 것이었다. 슈페어는 히틀러에게 발탁된 이후로 계속 국가의 중요한 건축 프로젝트를 떠맡았고 이를 훌륭하게 완수했다. 그의 건축 양식은 신고전주의에 나치 이념을 결합한 새로운 스타일로 웅장함과 규범을 드러냈고, 히틀러의 허영심과 과대망상을 충족시키기에 충분했다.

"당시 독일의 노동자들은 나치 정권을 어떻게 받아들였나요?"
"사실 나치 정권이 들어서기 전에 독일은 노동운동이 강한 나라였어. 하지만 나치의 집권과 함께 노동운동은 무너졌어."

한동안 실업자였던 노동자들이 이른바 '히틀러의 경제 기적' 덕분에 일자리를 새로 얻게 되면서 노동자들의 나치 정권에 대한 미움은 점차 감소했다. 한편 나치 정권은 파업, 단체 협상, 노동조합 같은 노동자의 권리를 박탈하여 노사 분규를 제거하려 하였다. 히틀러가 내세우는 국가사회주의는 민족과 국가를 중심에 둔 전체주의를 표현한 것이었고, 노동자의 세상을 의미하는 사회주의는 아니

[*]   알베르트 슈페어, 『알베르트 슈페어의 기억』, 마티

었다. 나치 정권 전 기간에 거쳐서 노동자들의 주류는 정권에 냉담했다.

"나치 정권을 적극적으로 지지했던 소상인들은 나치의 집권으로 덕을 보았나요?"

"하하. 이론적으로는 그래야 했는데, 실상은 달랐어."

"그러면 실상은 어땠나요?"

"경제의 전 분야에서 대자본가들이 발흥하는 세상이 도래했지. 나치 정권은 그런 발전을 막을 수도 막을 의지도 없었고. 사실은 대자본과의 결탁으로 나치 지도층은 자기 배를 채울 수 있었고, 경제를 통제하기에도 수월했거든."

"그러면 독일 개신교 교회는 나치에 저항했나요?"

"하하. 교회는 저항하기는커녕, 오히려 히틀러를 그리스도로 숭배하고 있었어. 선거에서 개신교도들은 압도적으로 나치를 지지하였고, 개신교 교회와 나치 정권은 밀월 관계를 맺고 있었지."

"나치 정권이 출현한 후에 독일의 교육은 어떻게 되었나요?"

"나치 정권은 청소년들에게 나치 이념을 주입하여 유사시에는 그들을 총알받이로 사용하고 미래에는 나치의 핵심 지지 세력으로 만들려고 했어."

히틀러 청소년단 군사훈련(Wikipedia)

청소년들은 온갖 행사에 동원되었고, 그들에게 인종주의와 군대식 행동 양식이 주입되었다. 학생들은 이런 교육을 거부하면 퇴학을 당할 각오를 해야만 했다. 그뿐만 아니라 학생들은 교사들로부터 전쟁에 관한 이야기를 끊임없이 들으면서 나치가 주장했던 '베르사유 치욕을 씻기 위한 전쟁'을 당연하게 받아들였다. 이른바 '히틀러 청소년단'이라 불리는 청소년 조직이 만들어졌고, 대대적인 선전 캠페인과 학교 측의 압력으로 인해 1933년 말에는 14~18세에 이르는 청소년의 38%가 여기에 가입했다. 그들은 학교에 가지 않는 날에는 국가사회주의 이념을 교육받거나 군사훈련을 하였다.[*]

히틀러는 1931년 초에 자신보다 두 살 많은 룀을 돌격대 대장으로 임명했다. 룀은 1차 대전에 장교로 참전하여 철십자 훈장을 받았고, 훗날에 국가사회주의당에 입당하여 히틀러와 친구이자 동지가 되었다. 돌격대 대장이 된 이후로 그는 당내 실질 권력에서 히틀러 다음가는 두 번째 인사가 되었다. 이제 히틀러는 룀을 견제하기 시작했고 돌격대의 힘을 줄이려고 하였다.

친위대장 힘러는 그의 최측근 부하인 친위대 보안대장 하이드리히와 함께 돌격대를 거세하기 위해 머리를 맞대고 의논하였다. 하이드리히는 부유한 음악가 집안에서 태어나서 해군 장교로 복무하다가 힘러에게 발탁되어 보안대장으로 임명된 사람이었다. 그는 돌격대와 친위대 사이에서 한판의 승부는 피할 수가 없기에, 친위대가 먼저 선수를 쳐서 돌격대를 무력화시켜야 한다고 생각했다. 하지만 힘러에게 돌격대장 룀은 옛 주인이었고, 자신을 키워준 은인이기도 했다. 머뭇거리던 힘러는 마침내 룀과 돌격대의 핵심 지휘관들을 제거하면 자신을 가로막는 장애물이 사라진다는 유혹으로

---

[*]   벤저민 카터 헷, 『히틀러를 선택한 나라』, 눌와

기울어졌다. 힘러는 히틀러에게 가서 룀의 쿠데타 음모를 보고했지만, 룀을 잘 알고 있던 히틀러는 쿠데타 음모를 믿지 않았다. 하지만 룀은 어차피 제거되어야 할 장애물이었다. 히틀러는 옛정 따위에는 구애받지 않는 냉정한 인간이었고, 쓸모없어진 부하를 가차없이 제거하는 비정한 보스였다.

1934년 6월 25일에 룀과 그의 측근 돌격대 지휘관들이 바이에른의 비스 호숫가에 있는 한 호텔에 모였다. 그들은 그곳에서 휴가를 즐기려고 하였고, 이 모임이 쿠데타 음모라는 모함을 받게 될지는 상상조차도 못하고 있었다. 6월 30일 새벽에 히틀러는 직접 친위대를 지휘하여 비스 호숫가의 호텔에서 잠자고 있는 룀과 그의 측근들을 덮쳤다. 잠에서 깨어나 침대에서 히틀러를 발견한 룀은 몸을 일으키며 반갑게 인사하였다. 그는 히틀러가 자신과 함께 휴가를 즐기러 온 것으로 생각했다. 동성애자였던 룀의 더블베드에는 벌거벗은 소년 둘이 누워있었다. 친위대는 룀과 그의 측근들을 체포하여 슈타델하임 감옥에 보냈다. 거의 같은 시간에 베를린에서는 힘러가 지휘하는 친위대가 그 지역의 돌격대 지휘관들을 체포하여 벽에 일렬로 세우고 총살했다. 히틀러는 오랜 친구인 룀을 처형하는 것을 주저하였고 룀에게 자살할 기회를 주었다. 히틀러의 명령을 받은 두 명의 친위대 장교들이 룀이 수감된 감옥을 방문하여 권총을 테이블에 놓고 가면서 10분 시간을 줄 테니 자결하라고 요구했다. 룀은 "만약 내가 처형되어야 한다면, 아돌프가 직접 하라고 해!"라고 외치며 거절하였다. 10분이 지나 이들이 오자 룀은 쏴보라는 듯이 앞가슴을 내놓고, 잠시 후에 그곳을 향해 총구가 불을 뿜었다. 시신은 뮌헨의 한 공동묘지에 묻혔다.

지휘부가 제거된 돌격대는 권력을 잃어버리고 잡일꾼으로 전락했다. 그 대신에 이번에는 친위대가 부상했다. 친위대는 히틀러 정권을 지탱하는 최고의 무력 기반이면서 동시에 수많은 하부 조직을 거느리고 정보를 장악한 정치 군대였다. 게다가 힘러는 괴링으로부터 게슈타포의 지휘권을 넘겨받으면서 용이 날개를 단 형국이 되어버렸다. 친위대 보안대장 하이드리히가 게슈타포 총수가 되었다. 이제 힘러는 히틀러를 보위하는 무력 수단을 장악하고는 2인자가 되겠다는 야심을 품게 되었다. 친위대는 1934년에 병력이 약 5만 명 규모로 국방군과 함께 정규군대의 지위가 주어졌다. 친위대에 들어가는 것이 출세 코스로 알려지면서 들어오겠다는 사람이 줄을 섰지만 들어가기는 쉽지 않았다. 100명의 지원자 중에서 합격자는 겨우 십여 명 정도였다. 시험이 어려워서 그런 것이 아니라 순수한 게르만 혈통이어야만 했기 때문이다. 가계의 혈통이 입증되고 외모가 부합해야만 했다. 신체가 크고, 금발에 푸른 눈을 가진 남자 중에서 둥글거나 넓은 광대뼈를 가진 얼굴은 배제되었다. 우습게도 대장인 힘러 자신은 외형상 친위대원 조건과 전혀 맞지 않는 인간이었다. 힘러는 모든 친위대원에게 귀중한 혈통을 보존하기 위하여 혼인 여부와 상관없이 적어도 한 명의 아이를 가지라는 명령을 내렸다. 나아가서 그는 일부다처제가 종족의 번식에 유리하다고 생각하여 일부일처제를 비판하기까지 하였다. 그래서인지 힘러 자신은 부인 이외의 여인에게서 두 아이를 낳았다.

1934년 8월 초에 겉모습만 위풍당당했던 고령의 대통령이 사망했다. 무능하고 무기력했던 그는 임기 말년을 히틀러의 꼭두각시 노릇으로 때웠다. 그렇기에 그의 사망은 정치권에 어떤 파장도 일으키지 않았다. 단지 장엄한 장례식이 온갖 미사여구로 치장되었을 뿐이었다. 이제 히틀러는 수상과 대통령을 겸직하는 형태로 국가원수가 되려 하였고, 이를 위해서 국민투표가 시행되었다. 엄청난 선전책이 동원되었음에도 표결 결과는 찬성이 약 2/3로서 히틀러의 기대에 부합하지는 못하였다. 어쨌든 히틀러는 1934년 8월에 총통이라고 불리는 새로운 황제가 되었다.

> "당시에 히틀러에 대한 대중의 지지는 어땠나요?"
> "그를 향한 대중의 지지는 대단히 뜨거웠어. 1934년 가을에 총통이 된 히틀러는 슈페어를 동반하고 벤츠 오픈카를 타고 베를린에서 뉘른베르크로 떠났어. 그들은 인적이 많지 않은 튀링겐의 시골길을 달렸지. 그런데도 히틀러를 알아본 사람들이 몰려들어서 승용차는 빨리 달리지 못했어. 농부들은 농기구를 내팽개치고 달려왔고, 여인들은 손을 흔들었고."
> "그러면 나치 정권이 국민을 감시할 필요가 없었겠네요?"
> "그런데 사실은 감시와 고발이 난무한 세상이었어. 독재 정권의 본질적인 속성이라고 할 수 있지."

고발이 난무한 세상이 되자 사람들은 서로를 믿지 못하고 말조심을 하였다. 사회 전체적으로 쉬쉬하는 분위기가 짙어졌고, 누가 자신을 감시하지는 않을까 하여 주변을 둘러보는 일이 잦았다. 나치에 비판적인 사람과 가깝게 지내다가 덤터기를 쓸 수 있기에 사람들은 인간관계에 특별히 조심하였다.

남동쪽으로 오스트리아와 경계를 이루고 있는 바이에른 최남단의 오버잘츠베르크라는 언덕의 정상 주위에는 철조망이 쳐있고 그

안에는 크고 멋진 별장 건물이 있었다. 히틀러는 이곳에 있던 작은 건물과 주위의 땅을 매입해서 1935년부터 건물을 새로 크게 지었고 주변을 통제구역으로 만들었다. 이 별장의 공사를 전적으로 떠맡았던 사람은 당시 히틀러의 비서였던 보어만이었다. 히틀러보다 11살 아래인 보어만은 프로이센에서 태어났고, 1차 대전 후에 독일 북부의 한 농장에서 관리인으로 일하다가 농장주 부인과 불륜 관계를 맺은 사실이 들통나서 쫓겨났다. 보어만은 1926년에 바이마르에서 히틀러를 처음 만나고 나서 나치에 입당하여 돌격대원이 되었다. 1928년에 그는 뮌헨의 중앙당으로부터 부름을 받아서 돌격대의 재정을 담당하게 되었는데, 이때부터 당내에서 재정 관리 천재로 알려졌다. 1933년 4월부터 보어만은 히틀러의 개인 자산 관리를 담당하면서 마침내 히틀러의 충복이 되었다. 그는 히틀러의 온갖 여행지를 따라다녔고, 총통 관저에서는 히틀러가 새벽에 잠자리에 들 때까지 그 곁을 떠나는 법이 없었다. 히틀러의 총애에 기대어 그는 점차 권력 핵심으로 부상하고 있었지만, 한편으로는 잔인하고 냉혹한 인성과 여성 편력으로 악명을 떨치고 있었다.

오버잘츠베르크에 있는 히틀러의 별장은 시간이 지나면서 정부 청사 역할도 하였다. 당 수뇌부와 정부 고위 관리 그리고 외교사절 등 많은 귀빈이 이곳을 방문하였다. 1,000m 높이의 산봉우리들이 마주 보이는 이 건물의 테라스에 섰던 사람들은 그 장엄한 풍경으로 인해 무아지경에 빠지고는 했다. 이곳에서 히틀러는 자신의 애인인 에바 브라운과 함께 지냈다.

금발의 통통한 미인형인 그녀는 뮌헨에서 태어나 가톨릭 학교

오버잘츠베르크에서 히틀러와 에바
(Wikipedia)

졸업 후에 보조 사진사로 일하다가 17세 때였던 1929년에 뮌헨에 있는 호프만의 스튜디오에서 40살의 히틀러를 처음으로 만났다. 호프만은 나치 당원으로 히틀러의 전속 사진사였는데, 주로 히틀러의 선전용 사진을 만들었다. 1932년부터 두 사람은 연인 사이가 되었다. 그녀의 히틀러에 대한 사랑은 '위대한 사람에 대한 사랑'으로 알려져 있다. 그녀는 히틀러가 수상이 된 이후로 자신을 만나주지 않는다고 수면제를 다량으로 복용해 자살을 시도하기도 했다.

1936년부터 히틀러가 뮌헨에 올 때면 두 사람은 함께 지냈다. 히틀러와 에바는 커플로서 공적인 장소에 모습을 드러내지 않아서 당시에 독일의 대중들은 둘의 관계를 알지 못했다. 그녀는 정치에는 관심이 없었고, 주된 관심사는 스포츠, 옷, 영화였다. 수영복 차림으로 수영을 하거나 체조를 하는 모습, 복장을 바꾸면서 다양한 포즈를 취한 자신의 모습을 사진에 담으며 그녀는 마냥 즐거웠다. 키는 자그마했고, 타이트스커트를 입었을 때 드러나는 엉덩이 라인에서 곡선형 몸매의 매력이 특히 강조되었다. 그녀를 잘 아는 사람들은 그녀가 멍청하다는 말을 했다.

이곳에서 히틀러는 손님들을 위해 빈번히 만찬을 베풀었다. 히틀러와 에바를 포함해서 약 20명이 긴 테이블에 자리를 잡았고, 흰색 셔츠에 검은색 바지를 입은 친위대원들이 서빙을 하였다. 식사

는 수프에서 시작해서 채소를 곁들인 고기 요리 코스를 거쳐서 디저트와 포도주로 끝을 맺었다. 히틀러는 채소 요리를 선호했다. 식사 중에 히틀러는 사람들과 대화를 나누었고, 식사 후에는 함께 산책하였다. 주된 산책 코스는 870m 산꼭대기에 거금을 들여서 도로와 함께 새로 지은 '켈슈타인하우스'로 불리는 찻집이었다.

손님들은 이곳에 오르면서 그 경치에 찬사를 쏟아내고는 하였다. 찻집의 내부는 직경 7.5m 정도의 둥근 모양으로 작은 유리창들이 사방으로 나 있고, 벽난로가 설치되어 있었다. 일행은 이곳에서 테이블에 자리 잡고 커피, 홍차, 코코아, 케이크, 쿠키 등을 들었다.

독일이 군비 확장을 시작하였다. 베르사유 조약에서 독일군의 병력을 10만 명으로 제한했지만, 나치 정부는 1935년 3월에 일반

병역의무를 다시 도입하면서 평화 시에는 36개 사단에 55만의 병력으로 군대를 편성하겠다고 선포하였다. 베르사유 조약에 대한 위반이었고, 나아가서 유럽에서의 세력 판도를 변화시키는 일이기도 했다. 이제 유럽 정치의 주인공은 영국과 독일이었고, 두 나라는 각자의 계산을 가지고 접촉하였다. 영국은 해양 제국의 지위를 보장받고 독일은 유럽 대륙의 패권을 갖겠다는 의도였다. 독일이 해군을 증강하지 않고 오직 육군만 확장하면 영국이 손해 보는 일은 아니었다. 결국에 영국과 독일은 해군력 비율을 35(독일) 대 100(영국)으로 하기로 타협하고 1935년 6월에 해군 협정에 서명하였다. 여기서 중요한 점은 독일 해군이 U보트를 100척 이내에서 보유할 수 있게 된 것이었다.

햇빛이 아직은 강한 1937년 초가을의 어느 날이었다. 베를린 외곽에 있는 어느 기차역에서 서로 다른 열차에서 내린 두 명의 남자가 반가운 표정으로 악수를 하고 있었다. 그중 한 명은 히틀러, 다른 한 명은 무솔리니였다. 땅딸막한 체구의 무솔리니는 이탈리아의 통치자로서 나이는 히틀러보다 6살 많았다. 그는 젊은 날에는 혁명적인 사회주의자로 이탈리아 사회당의 기관지 『전진』의 편집장으로 명성을 날렸다. 1차 대전 후에 무솔리니는 "사회주의 이론은 죽었다. 남은 것은 원한뿐이다."라는 말을 내뱉고는 변절하였다. 1919년에 그는 밀라노에서 파시스트당을 설립하였다. 이 당은 찬란했던 로마 제국의 부흥을 내세우며 이탈리아 민족주의자들의 지지를 받았다. 그리고 1922년 10월에 검은 셔츠단의 로마진군으로 무솔리니는 정권을 잡았고 독재자가 되었다. 히틀러는 이 활달하고 개방적인 이탈리아인에게 순수한 호의를 느꼈을 뿐만 아니라 아예 그를

히틀러와 무솔리니의 카퍼레이드(Wikipedia)

우상화하였다. 뮌헨에 있는 나치 당사의 히틀러 집무실에는 무솔리니의 흉상이 놓여있었다. 팔을 앞으로 뻗는 나치 인사도 사실은 파시스트당을 흉내 낸 것이었다. 히틀러는 무척이나 무솔리니를 만나고 싶었고, 그래서 그의 독일 방문 중에는 정성을 다해 영접했다. 베를린시 외곽의 기차역에서 만난 두 사람은 함께 오픈카를 타고서 시내에서 퍼레이드했다.

다음 날들에 두 사람은 함께 시찰, 집회, 연회를 이어나갔다. 본시 히틀러에게 호감이 없었던 무솔리니는 히틀러의 극진한 영접과 화려한 행사에 감명받아서 히틀러를 친구로 생각하게 되었다. 어차피 그들은 이념적으로 동질적이었을 뿐만 아니라, 나아가서 자국에서 독재자라는 것까지 유사했다.

1937년부터 히틀러는 기회가 있을 때마다 정복 전쟁을 해서 독일의 영토를 넓히겠다는 의지를 측근들과 각료들에게 피력했다. 당시 유럽의 국가들은 영토 확장을 유럽 대륙 밖에 식민지를 건설하여 실현하고 있었다. 그러나 히틀러는 독일의 영토를 유럽 대륙에서 확장해야 하고, 이를 위해 전쟁을 불사해야 한다는 신념을 갖고 있었다. 몇몇 각료들이 히틀러의 전쟁 노선에 반대하자, 히틀러는 이들을 해임하고 전쟁 노선에 찬성하는 자들로 자리를 채웠다. 이때 히틀러는 런던 주재 독일 대사로 나가 있던 자신의 충복 리벤트로프를 신임 외무장관으로 임명하였다. 리벤트로프는 히틀러보다 4살 아래로 라인 지역에서 태어났다. 그는 학교 교육을 많이 받지는 못했지만, 프랑스, 영국, 캐나다에서 다년간 체류한 데다 언어적인 재능도 있어서 영어와 불어를 유창하게 구사했다. 리벤트로프는 17살 때부터 캐나다에서 포도주 무역업에 종사하면 나름대로 사업적인 성공을 거두었는데, 1차 대전이 터지면서 갑자기 독일로 돌아왔다. 전후에 그는 독일 최고의 샴페인 판매상의 딸과 결혼하였고, 처가 덕으로 베를린에서 주류 무역업을 시작하여 크게 성공하였다. 고등학교도 못 나왔지만 뛰어난 외국어 실력에다가 사교적이고 세련된 언행 그리고 훤칠한 외모가 그의 출세를 받쳐주었다. 1932년 8월에 그는 히틀러와 운명의 첫 만남을 했다. 그해에 나치가 총선에서 38%의 지지를 얻어 최대 정당이 되었음에도 히틀러가 수상이 되지 못했던 상황에서 리벤트로프가 팔을 걷고 나섰다. 그는 자신의 정계 인맥을 총동원하여 히틀러와 그 반대 세력 사이의 중재를 시도했다. 히틀러와 대통령의 아들인 오스카 폰 힌덴부르크의 회동을 주선한 사람이 바로 그였고, 회동 장소는 그가 소유한 주택이었다. 그는 1935년에 히틀러의 특사로 런던에 파견되어 영국과의 해군협정 체결에서 결정적인 역할을 했다. 이어서 그는 런던 주재 독일 대사를 거치더니 마침내 1938년에 외무장관 자리를 꿰차게 되었다. 그는 히틀러의 정복과 팽창 의지를 적극적으로 떠받치는 외교정책을 수행하였다.

> "히틀러의 정복 사업은 어디에서 어떻게 시작되었나요?"
> "히틀러와 그의 측근들은 첫걸음으로 오스트리아를 먹어 치울 과업에 착수했고, 온갖 정치 공작을 동원하여 뜻을 이루었지."

마침내 1938년 3월 12일 히틀러는 자신의 고향인 린츠의 시청 건물 발코니에서 수천 명의 군중을 향해 연설하게 되었다.

> "신이 나에게 나의 소중한 고향을 독일 제국과 합치라는 과제를 주었고, 나는 이제 그것을 이루었습니다."

다음 날 저녁에 린츠의 한 호텔에서 '독일 제국과 오스트리아의 재통일에 관한 법'에 양국 대표의 서명이 이루어졌다. 이로써 해체된 합스부르크 제국의 독일어권 지역이 독일에 합병되었다. 그날 히틀러는 감격의 눈물을 흘렸다. 대부분의 오스트리아인은 독일 국민이 된 것을 기뻐했다. 다음 날 히틀러는 빈에 입성하여 카퍼레이드를 하였다. 수만 명의 빈 시민들이 연도에 나와서 그를 열렬히 환호하였다. 그가 탄 차가 지나가는 거리마다 감격에 겨워서 외치는 소리가 들렸다.

그의 인생에서 가장 비참했던 기억을 안겨준 도시 빈이 이제는

빈에 입성하는 히틀러(Wikipedia)

그의 통치하에 놓였다. 히틀러는 호프부르크 왕궁의 발코니에서 영웅광장을 내려다보며 수십만의 인파를 향해 외쳤다.

> "독일 민족과 제국의 지도자로서 나는 역사 앞에서 이제 내 고향이 독일 제국에 편입되었음을 알립니다."

군중들은 환호했고 눈물을 흘리는 사람도 많았다. 이 일은 1871년 독일 통일을 뛰어넘는 대업이라는 평가가 쏟아졌다.

> "그럼 오스트리아 다음으로 히틀러의 먹이가 된 곳은 어디인가요?"
> "이제 히틀러는 체코슬로바키아로 눈을 돌렸어. 슬라브족이 주류인 이 나라는 오랫동안 합스부르크 제국에 속해있었는데, 1차대전이 끝나고 합스부르크 제국이 해체되면서 승전국들에 의해 신생 공화국으로 탄생하였지."

당시에 체코슬로바키아는 여러 민족으로 구성되어 있었는데, 독일계는 총인구의 약 35%를 차지했다. 이들은 슬라브족에게 지배당하는 것을 치욕스럽게 생각하고 있었다. 1936년에 독일계 한 주민이 히틀러에게 보낸 편지에는 "그를 메시아처럼 기다리고 있다."라고 적혀있었다. 1938년 9월에 뮌헨에서 영국, 프랑스, 독일, 이탈리아의 정상들이 회담하고는 뮌헨 협정이 서명되었다. 내용은 체코슬로바키아에서 독일계 주민들이 정착한 수데텐 지역을 독일에 넘긴다는 것이었다. 이로써 체코슬로바키아와 독일의 갈등을 해결하여 유럽의 평화를 유지하려 하였다. 영국 수상 체임벌린은 독일의 정치적 원한을 해소해주는 방법으로 독일을 회유하려 하였다. 그는 독일이 소련 공산주의를 막아내는 장벽이 될 수 있다고 보고 있었다.

결국에 뮌헨에서 히틀러는 체코슬로바키아에 속한 커다란 지역을 피를 흘리지 않고 얻어낸 성과를 이루기는 했지만, 프라하를 정복하고 싶은 영웅심을 채우지는 못하였다.

1939년 3월 12일 독일의 압박과 조종을 받은 슬로바키아의 수상은 체코슬로바키아에서부터 분리를 선포하였다. 히틀러는 그에게 독일이 슬로바키아를 합병하지 않을 것을 약속했다. 명목상으로는 독립 국가이면서 사실상으로 독일의 속국인 슬로바키아 공화국이 탄생했다. 다음 날 저녁에 체코 대통령은 딸과 외무장관을 대동하고 프라하에서 베를린행 열차에 올랐다. 그는 심장병에 걸려있었다. 그날 밤 11시가 넘어서 그들은 히틀러의 응접실에 들어갔다. 체코 대통령은 히틀러에게 자국의 독립을 보장해 달라고 애원했다. 마침내 히틀러가 무겁게 입을 열었다.

"체코 정부는 수데텐에 있는 독일인들에게 테러를 가했고 수데텐 지역 국경에 군대를 투입했습니다. 이것은 독일에 대한 도전입니다. 우리는 체코를 응징할 수밖에는 없습니다."

체코 대통령이 정색하고 대답했다.

"수데텐 지역이 뮌헨협정으로 독일로 넘어간 뒤에 우리는 그 지역의 독일인들에게 그 어떤 가해를 하지 않았고, 국경에 군대를 보낸 적이 없습니다."

히틀러는 이 말에 대꾸하지 않았다. 이번에는 그 자리에 배석한 괴링과 리벤트로프가 체코 대통령에게 합병 문서에 서명하지 않으면 어떤 일이 발생할지를 노골적으로 설명했다.

"프라하는 두 시간 이내에 잿더미로 변할 것입니다. 독일의 폭격기들이 출격 명령을 기다리고 있습니다. 새벽 6시에 출격 명령이 떨어질 겁니다."

체코 대통령은 잠깐 졸도했다가 깨어났다. 이번에는 히틀러가 회유에 나섰다.

"간단한 결정만 내리시면 대통령과 국민 모두 평안해집니다. 나는 체코인에게 적의가 없습니다."

마침내 체코 대통령은 절망적인 표정으로 히틀러를 보면서 고개를 위아래로 끄덕거렸다. 결국에 그는 '자국의 국민과 국가의 운명을 독일 제국 총통의 손에 넘긴다'는 내용의 문서에 서명하였다. 마침내 히틀러는 피 한 방울 흘리지 않고 체코의 전 영토를 먹어 치웠다. 불과 몇 시간이 지난 오전 9시경에 독일군은 연도에서 눈물을 흘리는 체코 사람들 옆을 지나서 프라하에 입성하였다. 그날 밤에 히틀러는 프라하에 있는 호텔에서 정복의 밤을 보내면서 신성로마제국의 황제가 된듯한 기분을 느꼈다.

슈페어가 설계하고 건축한 신정부청사가 마침내 완성되었다. 화려함과 웅장함에서 베르사유 궁전과 비교되었던 이곳은 직사각형의 길쭉한 대지에 몇 개의 중정들을 둘러싸고 2층, 3층의 건물들이 연결되었다. 총통과 장관들의 집무실, 회의실, 리셉션 홀, 서재 등 많은 방이 갤러리와 복도로 연결된 총 길이 220m의 건물이었다. 무엇보다도 베르사유 궁전 '거울의 방'보다 두 배나 긴 이 건물의 갤러리는 특히 아름답고 웅장해서 히틀러의 마음에 꼭 들었다.

신정부청사 갤러리(Wikipedia)

총통 관저 히틀러의 침실 옆에 에바의 방이 있었다. 뮌헨에 주로 거주하였던 그녀는 한동안 이곳에 머무르며 가급적 사람들의 눈에 띄지 않게 생활을 했다. 그들은 실제로는 부부처럼 생활하면서도 남들 눈에는 친구 사이인 것처럼 위장하였다. 밤이면 두 사람은 동침했다. 세간에는 히틀러가 성불구자라느니 동성애자라느니 하는 소문이 떠돌아다녔지만, 실제로 그는 50세의 나이에도 성적으로 건강한 남성이었다. 때때로 에바와 히틀러는 그들의 가까운 지인들과 함께 관저의 식당에서 온갖 사소한 대화를 나누며 만찬을 했고, 이어서 응접실로 이동해서 주로 새벽까지 영화를 보고 포도주를 마시며 놀았다. 히틀러는 선전 영상에 비치는 이미지만 봤을 때는 상상할 수 없을 만큼 게으른 공직자였다. 그는 자신이 좋아하는 건축이나 전쟁 등에만 열정적으로 매달렸을 뿐, 그 밖의 업무에는 태만했고 매일 늦잠을 자고는 했다. 각료회의는 매우 불규칙하게 소집되었다가 점차 없어졌다. 게다가 보헤미안적 인간이었던 그는 가고 싶으면 언제든 여행을 떠났고 서류를 읽는 것도 하고 싶으면 하고 아니면 말았다. 평화로운 세상에서 권태로웠던 그는 자신이 열광하는 전쟁과 함께 열정적이고 긴장되는 삶으로 뛰어들고 싶었다.

"체코 다음에 히틀러는 어디를 노렸나요?"

"히틀러는 매의 눈으로 폴란드를 노려 보고 있었지. 베르사유 조약에 의해서 폴란드로 넘어간 서프로이센 지역이 명분을 제공했거든. 이 지역은 18세기 폴란드 분할 이후로 오랜 세월 독일의 영토였고, 주민의 대부분이 독일계였어."

독일이 이 지역을 잃어버리는 바람에 동프로이센은 독일 본토와 영토적으로 분리되었다. 이 일로 애국적인 독일인들은 분노하고 있었다. 독일은 동프로이센과 독일 본토를 연결하는 통로를 갖고자 했다. 그 통로는 '폴란드 회랑'이라 불리는 지역으로 비스와강이 발트해와 만나는 곳이고 항구도시 단치히가 그 끝에 있었다.

처음에 독일은 이 문제를 외교적으로 해결하기 위해 외무장관 리벤트로프를 앞세워 폴란드 정부 측과 몇 번의 대화를 나누면서 당근을 제시하였다. 하지만 폴란드 측의 태도는 완강하였다. 폴란드는 자신의 힘을 과신했고, 영국과 프랑스가 자신들을 지원하리라 확신했다. 히틀러 역시 독일이 폴란드를 침공하면 영국, 프랑스와의 전쟁을 피할 수 없으리라고 보았다. 이런 상황에서 소련이 대 독일전에 뛰어들면 독일은 동서 양면에서 강대국들을 상대해야 한다. 히틀러는 양면 전쟁을 피하려고 조속히 소련과 불가침 조약을 맺으려고 했다. 한편 소련의 독재자 스탈린은 내란 중이었던 1921년에 폴란드와의 전쟁에서 빼앗긴 영토를 이 판에 되찾을 구상과 함께 히틀러에게 불가침 조약의 대가를 듬뿍 받아낼 생각을 하고 있었다. 소련은 독일과 경제 협정을 맺고 독일로부터 차관을 받아서 수입되는 기계와 산업 설비 대금 결제에 사용하려고 했다.

히틀러와 스탈린은 불가침 조약을 위한 서신을 주고받았다. 얼마 후에는 마침내 리벤트로프가 모스크바로 가서 스탈린과 함께 1939년 8월 23

**독소불가침 조약 체결, 스탈린과 리벤트로프
(Wikipedia)**

일에 독소불가침 조약을 체결하였다. 그날 전 세계가 이 조약에 경악하고 있는 동안 크렘린에서는 호화로운 만찬이 벌어졌다. 그들은 샴페인으로 축배를 들었다.

독소불가침 조약은 동맹조약이 아니었고, 단지 10년 동안 상호 불가침과 중립을 약속한 것이었다. 실제로는 독일과 소련이 폴란드 영토를 나누어 먹고 당분간은 다투지 말고 지내자는 의미를 담고 있었다. 이로써 독일은 폴란드 전체를 삼켜버릴 수는 없게 되었지만, 폴란드 침공에 따르는 부담을 덜었다.

"폴란드도 그냥 지켜만 보지는 않았을 텐데요."
"폴란드는 영국과 즉각 군사 원조 조약을 체결했기 때문에, 독일의 폴란드 침공은 자동으로 영국의 전쟁 개입을 초래하게 되었지."

폴란드 침공과 함께 히틀러는 큰 전쟁판에 뛰어들려고 하였다. 운명의 여신은 과욕을 용서하지 않는다는 것을 과대망상증 환자인 히틀러는 믿지 않았다. 피 한 방울도 흘리지 않고 오스트리아와 체코를 합병하면서 독일은 유럽의 최고 강대국 지위를 되찾았고, 총통 히틀러의 권위와 인기는 하늘로 치솟았다. 이 상태에서 그가 멈출 수만 있었다면 자신과 독일에 해피엔딩이었다. 하지만 그는 과거의 모든 성공을 판돈으로 걸고는 더 큰 도박판에 배팅한 무모한 인간이었다.

5.2 나치 정권의 종말

1939년 9월 1일 4시 45분 독일 폴란드 국경에서 대치 상태에 있던 독일군이 일제히 폴란드군을 향해 포격을 개시했고, 한 시간 뒤에는 천 대가 넘는 독일 공군기들이 바르샤바를 폭격해서 폴란드 공군기의 절반 이상을 파괴하였다.

독일군 전차 부대는 빠른 속도로 진격하면서 폴란드군의 방어선을 뚫고 후방을 휘저었다. 독일군 전차 부대를 막으려고 출동한 폴란드 기병대는 상대가 되지 않았다. 독일군의 진격 속도는 온 세상을 놀라게 했다. 전쟁 개시 1주일 만에 폴란드 육군 35개 사단이 괴멸되었다. 폴란드 패잔병들이 바르샤바에 집결하여 저항을 계속했지만 9월 28일에 바르샤바는 독일군에 함락되었다. 독일의 폴란드 침공 2주 뒤에는 소련군이 폴란드의 동쪽 땅을 점령하였다. 9월 29일에 모스크바에서 '독소 국경 및 친선 협정'이 체결되어 폴란드 분할이 결정되었다. 스탈린은 새로운 국경에 만족하였고, 히틀러를 신뢰하게 되었다.

독일이 폴란드 침공에서 예상보다 쉽고 빠른 승리를 거머쥐었고 소련과는 불가침 조약을 맺었기에 동부 지역은 평온해졌다. 이제는 전쟁에서 벗어나 한숨 돌리자는 주변의 의견이 많았다. 독일 국민도 평화를 원하고 있었다. 하지만 히틀러는 서유럽 침공 준비에 매달렸다. 히틀러는 육군 수뇌부 장군들에게 자신의 전략을 주장했다.

"나는 26년 전에 참전한 병사로서 감히 말할 수 있소. 1918년에 우리가 패전한 원인은 진지전이었소. 진지전을 하면 물자의 소모가 많고 병사들의 피해가 극심하게 되오. 이제 우리는 전차 부대를 최대로 활용한 기동전을 해야 하오. 폭풍처럼 순식간에 적진을 휩쓸어버리는 것이지."

전차 군단의 창설은 군사 분야에서 히틀러의 가장 큰 업적이었다. 독일군 전차 군단은 영국과 프랑스에는 없는 독립적인 기동부대로 독일 육군을 유럽 최강으로 만들었다.

독일군 전차 군단(Wikipedia)

영국과 프랑스는 전시 상황에 돌입했다. 프랑스는 독일과의 경계선을 따라서 거대하고 견고한 방어벽인 마지노선을 오래전에 구축했다.

마지노선(Wikipedia)

하지만 프랑스와 벨기에 사이의 국경 지역에서 프랑스의 방어력은 형편없이 약했다. 이 허점을 메우기 위하여 영국은 10개 사단을 프랑스 벨기에 국경으로 급파하였다. 마침내 1940년 5월 10일 새벽에 독일이 2백만 명의 병력을 동원하여 육상과 공중에서 서유럽을 침공했다. 첫 번째 표적은 네덜란드와 벨기에였다. 독일의 침공을 받은 네덜란드는 바로 무너져서 왕가와 정부는 영국으로 망명했다. 벨기에군은 영국군 프랑스군과 함께 방어 작전에 돌입했지만, 독일군의 공세는 파죽지세였다. 독일군 전차 군단들은 뫼즈강을 건너 빠른 속도로 벨기에로 진격하였다. 독일군은 벨기에 서부로 진격해서 결정적인 승리를 거두었고, 얼마 후에 벨기에군은 항복하였다. 마침내 영국에서는 패전투수 체임벌린이 마운드
를 내려오고 전쟁용 구원투수 처칠이 올라갔
다. 이제 그라운드 위에서는 히틀러와 처칠
이 마주 보고 있었다. 두 사람 모두 틀에 얽
매이지 않고 대담한 작전을 좋아했다. 하지
만 그들의 성장 과정은 몹시 달랐다. 처칠은
말버러 공작가에서 태어나 미국 최고의 부자
밴더빌트를 외조부로 둔 행운아였지만 지성
과는 거리가 멀었다. 하지만 최초로 말버러

처칠(위키백과)

공작이 된 그의 조상 존 처칠처럼 그도 전쟁에 관한 감각과 용기에
서는 타의 추종을 불허하는 사람이었다.

치칠은 수상 취임 며칠 후에 하원에서 연설했다.

**"제가 드릴 수 있는 것은 피와 수고와 눈물 그리고 땀밖에 없습니다. 여러분들
께서 우리의 목표가 무엇이냐고 물으신다면 저는 승리라는 한마디로 대답할
것입니다."**

독일군의 침공이 시작되고 불과 5일이 지난 아침에 처칠은 프랑
스 수상 르노의 전화를 받았다.

"우리가 패전했습니다."

담대한 처칠도 가슴이 덜컹 내려앉았다. 믿어지지 않았다. 그는
다음 날 파리로 날아가서 직접 상황을 파악했다. 그의 눈에 비치는

덩케르크 철수(Wikipedia)

파리는 오직 탈출 준비에만 빠진 모습이었다.

영국군은 프랑스 북단에 있는 북해에 면한 항구도시 덩케르크에서 본국으로의 철수 작전에 돌입하였다. 영국 전투기들이 독일 폭격기들의 공격을 그리고 프랑스 육군이 독일 육군의 공격을 막아내는 사이에 각종 선박 860척의 도움을 받아 영국군 20만 명과 프랑스군 14만 명이 영국으로 철수하였다. 약 일주일간의 작전이었다. 독일군이 덩케르크 해변에 도착했을 때 눈에 보이는 것은 사방에 너부러진 영국군이 남기고 간 장비들밖에는 없었다.[*]

영국인들은 승리하지 못하고 돌아온 자국 군대를 뜨겁게 환영하였다. 마치 대승을 하고 귀환한 군대의 모습이었다. 그날 처칠은 카퍼레이드를 마치고 거리에서 연설하였다.

"우리는 어떤 대가를 치르더라도 우리 나라를 지킬 것입니다. 우리는 끝까지 갈 겁니다. 우리는 절대로 항복하지 않습니다."

연설이 끝나고 그는 시가를 입에 물고 손가락으로 V를 표시했다.

덩케르크에서 적군을 놓치기는 했지만, 독일군은 마지노선을 우

---

[*]   A. 테일러, 『제2차 세계대전』, 페이퍼로드

회하여 프랑스로 들이닥쳤다. 프랑스의 방어 전략 핵심이었던 마지노선은 전투도 없이 독일군에게 뒤쪽에서부터 파괴되었다. 마침내 6월 14일에 독일군이 파리에 입성하였다. 프랑스의 페텡 원수로부터 휴전하자는 요청을 받은 히틀러는 자신의 사령부에서 장군들과 함께 춤을 추었다. 당시 독일 국방군 총사령관 카이텔은 주변에서 모두 들을 수 있게 크고 장엄하게 외쳤다.

"총통 각하! 당신은 역사상 최고의 야전 지휘관입니다."

지금까지의 전쟁은 대성공이었다. 이것이 히틀러의 전쟁에 대한 안목에 기인한 것도 사실이었다. 그는 오랫동안 군사학 전문 서적을 탐독하였고, 군사 기술적인 세부 사항에 대해 깊은 지식을 갖고 있었다. 게다가 히틀러의 직관이라는 것도 제대로 작동한 듯하였다. 어쨌든 1차 대전에서 4년 동안이나 필사적으로 싸웠던 프랑스가 독일군에게 6주 만에 사실상 항복한 것은 놀라운 사건임이 확실했다. 이로써 히틀러는 '기적을 행하는 사람' 또는 '군사적 천재'라는 명성을 얻었다. 1940년 6월 21일 파리 북동쪽에 있는 콩피에뉴 숲길은 가로수 잎이 강한 햇살을 반사한 푸르름으로 그늘이 덮였다. 그 길 위를 히틀러가 감격한 표정으로 걷고 있었다. 그는 무한한 영광을 느끼고 있었다. 설욕의 영광, 정복자의 영광. 그날 이곳에서는 1918년의 치욕을 해소하는 조약이 체결되면서 정전이 이루어졌다. 전쟁 발발 시에 두려움과 근심에 눌렸던 독일인들은 이 조약의 체결 장면을 보면서 깊이 감동받았다. 이날 독일의 거리에는 가능한 모든 곳에 깃발이 게양되었고, 사람들은 경축 집회에 참여하기 위해 광장으로 쏟아져 나왔다.

파리에서의 히틀러(Wikipedia)

조약 체결 사흘 후에 히틀러는 파리로 갔다. 그는 개선문에서 출발하여 샹젤리제를 거쳐서 에펠탑으로 카퍼레이드했고 이어서 앵발리드 기념관에서 나폴레옹의 관 앞에 오래 멈추어 서 있었다. 히틀러는 파리의 아름다움과 위용에 감탄했다. 그는 몽마르트 언덕에 올라 사크레쾨르 대성당을 구경하고 나서 테르트르 광장에서 화가 지망생이었던 자신의 어린 시절을 회상하며 감회에 빠졌다. 며칠 후에 히틀러는 기차를 타고 파리에서 베를린으로 돌아왔다. 베를린 역 광장은 독일의 영웅을 보려는 사람들로 인산인해를 이루었고, 밀려드는 군중들로 경찰의 통제선이 뚫리기도 하였다. 히틀러는 신정부청사까지 카퍼레이드하면서 연도의 시민들에게 열광적인 환영을 받았다. 신정부청사 건물 앞에 몰려든 군중들의 열광적인 환호에 화답하려고 그는 2층 발코니에 잠시 나와서 손을 들어 주었다. 그의 옆에는 뚱보 괴링이 서서 함께 손을 흔들며 "총통 각하는 역사를 창조한 영웅이십니다." 하면서 아첨을 떨었다. 히틀러의 후계자가 바로 자신이라는 것을 군중에게 각인시키려는 그의 의도가 비쳤다.

히틀러는 1차 대전의 패배를 설욕하여 독일의 영웅이 되었고 자신의 생애에서 최고의 영광을 누렸다. 그해 여름 독일은 축제 분위기였다. 해수욕장과 휴가지는 인파로 붐벼서 마치 전쟁이 끝난 듯하였다. 히틀러는 축제 분위기를 부추겼다. 독일인은 히틀러와 나치 정권을 사랑했고 자신들의 나라를 자랑스럽게 생각했다. 이와 함께 무엇이든지 히틀러가 손만 대면 성공한다는 이른바 '총통 신화'가 출현하였고, 독일 국민의 약 90%가 이 신화를 믿었다. 경제 기적, 영토 확장, 승전 등이 그렇게 만들었다. 카페나 공원 등 사람들이 모이는 곳이면 어디서나 히틀러 이야기가 꽃을 피웠다. 그의 모든 것이 전설로 변했다.

"독일은 프랑스를 어떻게 처리했나요?"
"프랑스는 사실상 독일의 지배를 받았지. 독일군이 점령한 북부 프랑스 지역에는 군정청이 설치되어 독일이 직접 통치하였고, 비점령 지역이었던 남부 프랑스에서 탄생한 비시 정부는 독일과의 협력이라는 미명으로 사실상 괴뢰 정권이 되었고."

이제 독일에 대항하는 적국은 오로지 영국뿐이었다. 사실 히틀러는 영국과의 강화를 원하고 있었다. 그래야 서부전선을 안정시키고 소련을 침공할 수 있기 때문이었다. 히틀러는 공식, 비공식 외교 채널을 통해 영국에 평화조약을 제안하면서, 다른 한편으로는 영국

내에서 강화 여론이 처칠을 압박하도록 유도하였다. 히틀러는 영국의 언론을 움직이기 위한 연설을 하였다.

"처칠은 자국민을 고통으로 몰아가고 있습니다. 영국이 강화하지 않는다면 영국인은 끝없는 고난과 화를 당할 것입니다."

이에 대해 영국 BBC의 독일어 방송은 히틀러를 향해 그들의 메시지를 담은 전파를 송신했다.

"우리의 이성과 상식에 호소하고 있는 히틀러 총통에게 영국인의 생각을 알려드리려고 합니다. 우리는 히틀러 당신의 제안을 바로 당신에게 걷어차서 악의 냄새를 풍기는 당신의 입안에 처넣을 것입니다."

영국에서 강화 제안이 날아올 것을 기대하고 있었던 히틀러는 실망했다.

이제 히틀러는 자신의 위협을 말로만이 아닌 행동으로 보여줄 때가 왔다고 생각했다. 그는 영국인에게 어떻게 고통을 줄 것인가에 골몰했다. 강력한 영국 해군이 지키는 영국 해협을 건너 브리튼 섬에 상륙을 시도하는 것은 무모한 일이었다. 오랜 숙고와 토론을 거쳐서 내린 결정은 독일 공군이 영국 상공에서 파상공격을 하는 것이었다.

히틀러의 명령이 공군 총사령관 괴링에게 내려졌다. 괴링은 공군의 힘으로 영국을 꺾을 수 있다고 생각하고 기쁨을 감추지 못했다. 자신이 영웅이 될 기회가 왔다고 생각했다. 하지만 이것은 오산이었다. 영국 공습에서는 영국 전투기들의 영공 사수를 고려해야만 했다. 영국 전투기는 자국 상공에서 작전하고 반면에 독일 전투기는 먼 곳에서 이륙했기 때문에 작전 반경이 제한되었다. 게다가 공중전에서 격추된 영국 조종사들은 자국 땅에서 구출받았지만, 격추된 독일 조종사는 적국에 포로가 될 수밖에 없었다. 그뿐만 아니라 영국 공군은 적기의 이동을 추적하고 예측할 수 있는 레이더라는 최신 장비를 보유하고 있었다. 생각할수록 영국 폭격은 독일 측에 불리한 게임이라는 것이 명확했다. 하지만 허황하고 자기 과시욕만 강했던 괴링은 이 사실을 간과했다. 그는 그저 히틀러 앞에서 과장되고 달콤한 혀 놀림으로 사랑을 받는 것에만 정신을 쏟았다. 중년에 들어서 비만과 모르핀 중독으로 인해 괴링의 업무 수행은 점차 어려워졌고, 게다가 군수업자들에게 뇌물을 받으면서 부패에 빠졌다. 그는 첫 번째 부인을 암으로 잃은 후에 배우 출신인 두 번째 부인과 성대한 결혼식을 올렸다. 괴링 부부는 숲과 호수로 둘러싸여 동화 속 풍경을 자아내는 베를린 북쪽의 쇼르프하이데에 나랏돈 수백만 마르크를 투입하여 호화판 저택을 짓고 살았다.

1940년 8월 15일 며칠 동안 궂었던 영국 날씨가 조금 갠 듯하더니 구름이 옅어진 동쪽 하늘이 다시 어두워졌다. 이번에는 구름이 아니고 독일군 항공기들이 하늘을 뒤덮었다. 공습경보가 울리고 얼마 후에 영국의 전투기들이 달려들었다. 하늘에서 양국의 전투기들이 공중전을 하고, 폭격기들은 지상에다 폭탄을 투하하면서 천지가 온통 아수라장이 되었다. 이날 독일 공군은 75대의 항공기를, 영국 공군은 34대의 전투기를 잃었고, 켄트 비행장이 파괴되었다.

9월 7일 도버 해협을 사이에 두고 영국의 도버와 마주 보고 있는

폭격당한 런던(Wikipedia)

프랑스의 블랑네즈 곶에서 이륙한 320대의 독일군 폭격기들이 전투기들의 호위를 받으며 도버 해협 위로 날아서 런던으로 향했다. 한 시간도 지나지 않아 런던 시가지 상공에서 폭탄이 떨어지기 시작했다. 지상에서는 "앵" 하는 경보음이 요란하게 울리면서 런던 시민들이 지하철로 뛰기 시작했다. 이날의 폭격으로 런던 시민 842명이 사망했다. 1940년 9월부터 1941년 5월까지 이른바 '런던 대공습' 시기에 런던에서 약 350만 호의 주택이 손상이나 파괴되었고 약 3만 명이 사망했다. 하지만 이 기간에 독일 공군은 총 1,733대의 항공기를, 영국 공군은 총 915대를 잃어서 공중전은 사실상 영국 공군의 승리였다.

두 적대국 사이의 전쟁은 점점 소강상태에 빠져들고 있었다. 어차피 독일의 영국 정복은 어려운 일이었고, 그렇다고 영국이 대륙으로 파병해서 독일과 싸울 여력도 없었기 때문이었다.

"본시 히틀러는 영국과의 전쟁에 큰 관심이 없었어."
"그럼 히틀러의 속마음은 무엇이었나요?"
"그의 속내는 영국과의 강화였어. 그가 진실로 노리고 있던 표적은 서쪽이 아니라 동쪽에 있었기 때문이었지. 바로 소련 정복이었거든."

온갖 자원이 널려있는 그 광활한 땅은 국가사회주의의 핵심 사업인 영토 확장에서 가장 군침이 도는 표적이었다. 히틀러는 자신이 통치하는 그 거대한 영토에서 게르만족이 슬라브족을 지배하며 사는 세상을 상상하며 황홀경에 빠지고는 했다. 하지만 소련 정복은 단순한 일이 아니었다. 인구와 천연자원이 많은 이 나라는 볼셰비키 정권의 주도하에 산업화에 성공하여 강대국이 되었다. 하지만 히틀러는 전쟁 분야에서 자신의 천재성을 믿었고 어떤 적이라도 정복하는 운명을 타고났다고 생각했다. 히틀러가 소련 침공을 결정했을 때는 1941년 1월이었고, 이때부터 독일은 본격적으로 소련과의 전쟁 준비에 들어갔다. 서부전선에서 동부전선으로 독일군이 은밀히 이동하기 시작했고, 군수품 생산에 전력을 기울였다. 소련 침공을 들키지 않기 위해 각별하게 보안에 신경 쓰면서, 동쪽은 쳐다보지도 않는 척하였다.

1941년 5월 10일 밤 10시경에 스코틀랜드의 최동단에 있는 한 레이더기지에 북해 상공 위로 빠르게 날아오고 있는 독일의 메서슈미트 전투기 한 대가 잡혔다. 곧 두 대의 영국 전투기가 이륙하여 그 비행기로 접근했다. 독일 조종사는 적기를 따돌리기 위해 초저공비행을 하다가 해밀턴 공작의 저택 남쪽에 있는 호수가 보이는 지점에서 낙하산을 메고 스코틀랜드의 밤하늘로 뛰어내렸다. 그는 발이 땅에 닿고 얼마 후에 출동한 영국군에게 체포되었는데, 자신이 루돌프 헤스라고 밝혔다. 히틀러의 충복이자 나치 수뇌부의 한 사람인 바로 그였다. 헤스는 영국군 정보국으로 이송되어 심문받았고, 자신은 영국과 독일 사이에서 평화 협정을 체결하려고 왔다고 밝혔다. 그가 영국으로 떠나기 직전에 히틀러에게 보낸 편지는 그가 영국에 도착하고 나서 약 10시간 후에 오버잘츠베르크에서 머무르고 있는 히틀러에게 도착했다. 히틀러는 이 편지를 읽고는 완전히 이성을 잃고 분노하였다. 편지에는 이렇게 쓰여 있었다.

"성공할 가능성이 작다고 생각되지만, 이 계획이 실패로 돌아가고 운명이 나의 뜻을 받아주지 않을 경우 총통이나 독일에 해로운 결과를 가져다주지는 않을 것입니다. 당신은 모든 책임을 부인하고 내가 미쳤다고 공포하십시오." *

히틀러에 대한 충성심이 투철했던 헤스는 눈앞에 다가온 히틀러의 소련 침공에 대비해 동서 양면 전쟁을 피하려고 했다. 그는 정직하고 검소한 성품으로 나치의 지도층 인사 중에서 권력을 이용하여 부를 축적하지 않은 유일한 사람이었다. 하지만 이 시절의 헤스는 점점 주술에 빠져들었고 유별난 행동이 잦아지면서 히틀러의 신뢰를 잃어버렸다. 그의 영국행이 정상적이지 않은 정신 상태에서 이루어진 듯했다. 히틀러는 헤스가 영국에서 심문을 받으면서 독일의 소련 침공 계획을 발설할지도 모른다고 좌불안석이었지만, 정작 헤스는 소련 침공과 관련된 소문은 근거가 전혀 없다고 딱 잡아뗐다.

헤스의 영국 도착 며칠 후에 영국 BBC 독일어 방송은 조롱하는 전파를 송신했다.

"오늘 더 이상의 나치 지도층 인사가 날아오지는 않았습니다."

헤스는 일을 이루지 못하고 런던타워의 수감자 신세가 되었다.

---

* 　　　존 톨랜드, 『아돌프 히틀러 결정판 2』, 페이퍼로드

그는 이곳에서 자신의 아내에게 보낸 편지에다가 "내가 정말 정상이 아니었는지도 모른다. 단지 나는 독일을 구하고 싶었지만 해내지 못했다."라고 썼다.

히틀러는 양면 전쟁의 위험성과 나폴레옹의 러시아 원정 실패를 잘 알고 있었기에 소련 정복의 핵심 전략을 '번개 작전'에 두었다. 기동력을 최대로 발휘하여 전쟁을 최고로 신속하게 끝낸다는 것이었다. 그렇게 되면 소련의 엄청난 자원을 차지하게 되어, 설사 미국이 참전한다고 해도 두려울 것이 없었다. 마침내 1941년 6월 22일 새벽 3시에 발트해에서 흑해에 이르는 소련의 서쪽 국경에서 일제히 독일군의 대포가 불을 뿜었다. 포탄과 총탄의 화염이 새벽을 환하게 밝혔고, 화약 냄새가 진동했다. 동시에 독일군 전투기들이 기습적으로 공습하여 소련 전투기 약 천 대를 파괴하였다. '바르바로사 작전'으로 불리는 소련 침공은 약 3백만 명의 독일군이 동시에 밀고 들어간 인류 전쟁사에서 최대 규모의 침공 작전이었다. 전쟁 초기에 독일군은 빠르게 진격했고, 소련군은 전 지역에서 후퇴했다. 다급해진 스탈린은 휘하 부대를 후퇴시킨 지휘관들은 가차 없이 총살했다.

본시 교활하고 의심 많은 소련의 독재자 스탈린은 어이없게도 방심한 상태에서 첫 펀치를 맞고 비틀거리는 꼬락서니가 되었다. 독일이 소련 침공을 준비하고 있다는 정보와 소문이 소련 정보국에 포착되었고 그에 관한 보고서가 제출되었다. 하지만 스탈린은 독일이 영국과 강화에 이르지 못한 상태에서는 소련 침공을 할 수 없다고 확신했다. 상식적으로는 그의 사고가 합리적이었다. 영국과 강화하지 않은 상태에서 독일이 소련을 침공하면 영국과 소련이 군사동맹을 맺고 독일을 동서 양면에서 협공할 가능성이 컸다. 스탈린은 히틀러의 합리적인 사고를 믿었지만, 그의 비합리적인 과대망상을 보지 못했다.

독소전쟁 초기에 소련군은 패전하면서 계속해서 후퇴하고 있었다. 당시에 소련군의 어려움은 물자 부족에만 있었던 것은 아니었다. 스탈린이 독재자가 되는 과정에서 그를 추종하지 않았던 유능한 장군들이 대부분 제거되어서, 전장에서는 무능한 자들이 지휘하고 있었다. 군대의 수뇌부를 신뢰할 수 없었던 스탈린은 자신이 총사령관이 되어 직접 전쟁을 지휘했다. 그리고 마침내 그가 극약 처방을 시도했는데, 독일군의 진격을 막지 못한 지역의 주민들은 주택과 모든 물자를 소각하고 후퇴하라고 명령했다. 1812년 나폴레옹의 침공 시에 러시아가 써먹었던 '소각 후 후퇴' 작전이 부활한 것이었다. 독일군이 철도를 사용하여 물자 보급을 할 수 없도록 소련군은 중간 역들을 모두 파괴하였다. 멀쩡한 물탱크도 전혀 없었다.

시간이 지나면서 독소 전선의 상황은 조금씩 바뀌고 있었다. 독일군은 소련군의 저항과 넓은 작전 공간 그리고 보급의 어려움으로 인해 점차 지쳐갔다. 발트해 방면으로 진출했던 독일군은 3개월만에 레닌그라드 주변에 도달했다. 하지만 이곳에서 독일군은 당시에 소련에서 가장 유능했던 주코프 장군이 지휘하는 레닌그라드 수비군을 뚫지 못했다. 그러나 독일군이 레닌그라드를 포위한 바람에 물자 공급이 되지 않아서 이 도시 주민의 약 1/3인 백만 명이 굶어죽었다. 그래도 레닌그라드는 끝내 함락되지 않았다. 레닌그라드의 전설은 소련 전역으로 퍼져나가 국민의 마음에 용기를 심어주었다.

한편 우크라이나 방향으로 진격한 독일군은 승승장구하였다. 소련의 산업과 식량 생산의 중심지이자 원자재의 보고였던 우크라이나는 개전 후 반년이 지날 즈음에는 독일군에게 거의 점령되었다. 그러나 독일군의 침공이 시작되기 전에 이미 우크라이나에 있었던 생산 설비와 노동자들은 대부분 동쪽의 우랄 지역에 새로 건설된 공업지대로 이전되었다. 게다가 조금 남아 있던 생산 설비와 식량 등은 소련군에 의해 초토화되었다. 독일군은 점령한 이 지역에서 경제적 이익을 전혀 얻을 수가 없었다. 반면에 생산 설비가 집결된 우랄 지역에서는 개전 반년이 지나면서 총력 생산이 빛을 발해 한 달에 2천 대의 탱크와 3천 대의 항공기를 생산했다. 소련군의 전력은 갈수록 강해지고 있었다.

모스크바 방향으로 향했던 독일군은 약 3개월 만에 모스크바 코앞까지 진격했다. 이제 모스크바는 완전히 혼란에 빠졌다. 정부 부처와 2백만의 주민들이 동쪽으로 피난길을 떠났다. 하지만 스탈린은 피난을 가기는커녕 크렘린궁에 모습을 드러냈다. 그는 국민에게 결전 의지를 보이면서 계엄령을 선포했다. 법과 질서를 위반하거나 선동하는 사람은 즉석에서 사살된다고 포고하였다. 그는 혁명가 시절에 '수류탄을 온몸에 감고서 코카서스를 넘어 다니는 사람'이라고 불렸던 용감한 사람이었고, 사람을 많이 죽인 것으로도 히틀러와 필적하는 잔인한 독재자였다. 어쨌든 위기의 시기에 빛을 발한 독재자의 용기와 의지로 인해 모스크바를 지키겠다는 군대와 주민들의 사기는 올라갔다.

모스크바 전방 64km까지 진격
했던 독일군의 공세는 거기서 끝
났고, 모스크바를 함락하지 못했
다. 가을로 들어서면서 줄기차게
내린 비로 진창이 된 도로는 독일
군의 진격을 막고 있었다.

진창에 빠진 독일군(위키백과)

　초겨울로 접어들면서는 폭설이 내려서 철도와 도로는 완전히 마
비되었다. 이어서 영하 30도의 추위가 몰아쳐서 겨울 복장을 갖추
지 못한 독일군 병사들이 동사하고 있었다. 전쟁이 서너 달 안에 끝
날 것이라고 예상하고 겨울 장비를 준비하지 않은 것이 문제였다.
히틀러의 몽상은 러시아의 악천후로 단박에 깨져버렸다.

　12월 초에 소련군 전선 지휘관 주코프 장군은 모스크바 전선에
서 총공격을 명령했고, 독일군은 모스크바 외곽에서 퇴각을 시작하
였다. 1812년 나폴레옹의 모스크바 철수가 그대로 재현되는 듯하였
다. 히틀러는 실패한 나폴레옹의 이미지가 자신에게 씌워지는 것이
두려워서 결사 항전을 명령했지만, 그로 인해 독일군의 피해는 더
욱 커지고 말았다. 이때까지 소련에서 사망한 독일군은 약 20만 명,
부상자는 약 70만 명이나 되었다.
　'불패 신화'는 이것으로 깨졌다. 1942년 2월부터 독소전쟁은 소
강상태로 빠져들었다. 독일군과 소련군 양쪽 모두 힘이 소진되었기
때문이다.

　히틀러는 동프로이센의 라스텐부르크 숲에 있는 '늑대 소굴'로 불

리는 동부전선 총통 사령부에서 침울하게 지내고 있었다. 이곳은 독일이 소련을 침공하기 직전에 만든 전쟁 지휘 본부로 40동의 크고 작은 건물들과 지휘 본부인 거대한 콘크리트 벙커 그리고 경비행기 활주로가 갖추어져 있었다. 게다가 베를린 및 전선의 모든 곳

늑대 소굴 지휘 본부(Wikipedia)

과 무선 및 유선 연락을 할 수 있는 거대한 통신망이 설치되어 있었다. 여기서 히틀러는 독일군의 모스크바 철수 이후로 침체한 전황을 타개할 새로운 작전을 기획하고 있었다. 그것은 독일 야전군을 남쪽으로 집결시켜 코카서스 산맥의 위쪽 볼가강 변에 있는 스탈린그라드를 공략하는 작전이었다. 유럽에서 가장 긴 하천인 볼가강은 러시아의 북서부 지역에서 발원하여 동남 방향으로 흐르면서 습한 삼림 지대를 통과한 후에 카잔에서 남쪽으로 방향을 바꾸어 서서히 건조한 지역을 통과하다가 마침내 카스피해에 도달한다. 카스피해 하구까지 400km를 남겨놓은 볼가강 서안에 있는 스탈린그라드는 운송의 핵심 거점으로 남부 볼가강 유역의 중심 도시였다.

"대체 히틀러는 스탈린그라드를 차지하면 어떤 이득이 있다고 생각한 것일까요?"

"독일군이 이 도시를 점령하면 우선 코카서스 유전에서 생산된 석유가 소련군과 소련의 공장에 공급되는 것을 차단할 수가 있었고, 북으로 진격하여 모스크바를 포위할 수도 있었지. 게다가 독일군이 '스탈린의 도시'를 점령하면 스탈린의 패배가 떠오르기 때문에 심리전의 효과도 있을 것으로 보았다고 하더군."

스탈린그라드 전투(Wikipedia)

1942년 6월에 독일군이 남부 러시아 지역으로 이동을 시작하여 치열한 전투를 치르면서 약 한 달 만에 스탈린그라드 외곽에 도착하였다. 그리고 8월 말부터 스탈린그라드 북쪽 외곽에서 본격적인 공세가 시작되었다. 스탈린그라드는 볼가강 서안에 길게 산발적으로 형성된 도시라서, 독일군은 포위 공격을 포기하고 오직 전면 공격에 매달렸다. 초기의 전력은 독일군의 병력이 3배, 탱크는 6배 많았다. 그러나 독일군은 군수 물자를 먼 곳에서 보급받는 약점을 갖고 있었고, 반면에 소련군은 상대적으로 가까운 우랄 지역에서 군수 물자 보급을 받고 있었다. 독일 공군기들은 도시 뒤편에 있는 볼가강 부두와 병사 및 군수품을 나르는 선박들을 공격하고 있었다.

스탈린그라드에서 소련군과 주민들의 저항은 필사적이었다. 모든 거리, 모든 건물, 온갖 폐허의 더미에서 총탄이 날아왔다. 눈에 보이는 적군보다 더 무서운 것은 보이지 않는 적들에게서 날아오는 총탄이었다. 폐허의 도시는 밤이 되면 유령의 도시로 변했다. 적막의 늪에서도 사람들은 살아갔고 내일의 싸움을 준비하고 있었다. 내일의 삶을 기약할 수 없는 상황에서 사람들은 잠시의 휴식과 약간의 식사에서 최고의 행복을 맛보려 하였고, 때로는 남녀의 사랑이 싹트기도 하였다. 내일이 없는 이들에게 오늘은 무한한 가치를 갖는 것이었다.

독일군은 공격을 퍼부었지만, 점점 지쳐가고 있었다. 매일같이 거듭되는 포격에도 불구하고 달라지는 것은 아무것도 없었다. 전투는 일상화되었고 시간이 지날수록 소모전이 되어갔다. 겨울이 되면서 독일군의 보급이 더욱 어려워졌다. 엎친 데 덮친 격으로 스탈린그라드의 서쪽 편에서 흑해 방향으로 흘러내리는 돈강의 위쪽에서부터 소련군 50만이 내려오면서 스탈린그라드의 독일군을 등 뒤에서 포위하는 형세였다. 육군참모총장 차이츨러는 히틀러에게 독일 병사들이 겪고 있는 어려움과 고통을 설명했고, 그의 휘하 장군들이 스탈린그라드를 포기하고 철군하자고 수차례 히틀러에게 제안했지만, 히틀러는 완강히 거부하고 결사 항전을 주장하였다. 그는 스탈린그라드로 '항복 금지' 명령을 보냈다.

히틀러는 공군 사령관 괴링에게 군용기를 동원하여 스탈린그라드의 독일군에게 공중 보급을 하라고 명령하였다. 하지만 독일 공군의 공중 보급은 극히 일부만 성공하였다. 병사들에게는 하루에 빵 한 조각이 배급되었다. 보병의 실탄이 떨어져 갔고, 포병에게는 대포 한 문당 하루에 한 발의 포탄이 공급되었다. 부상병을 치료할 의약품도 거의 소진되었다. 이제 히틀러는 눈 덮인 벌판의 시체 더미에서 뒹구는 독일군을 결코 구할 수 없었다. 포위된 스탈린그라드의 독일군은 절망적인 상황에 빠졌다. 1943년 1월 20일부터 독일군이 본격적으로 무너지더니 마침내 2월 2일에는 항복했다. 포위된 채 스탈린그라드에 남아 있었던 독일군 20만 명 가운데 약 9만 명이 포로가 되었다. 많은 독일군이 항복을 거부하고 끝까지 저항하다가 죽었고, 일부는 소단위로 포위망을 뚫고 탈출하였다. 결과적으로 약 반년 동안 이 도시에서 전사한 독일군은 총 40만 명이었다.

스탈린그라드 전투의 결과는 양쪽 모두에게 심리적으로 큰 영향을 주었다. 소련군은 독일군을 이길 수 있다는 자신감을 얻었고, 독일군은 독소전쟁에서 패배할지도 모른다는 불길한 조짐을 느꼈다. 독일 국민은 점차 전쟁에 회의적으로 변했고, 종전을 소망하는 사람들이 늘어났다. 이와 함께 평범한 독일인의 마음속에 자리 잡고 있었던 '총통 신화'는 무너졌다. 이제야 독일인은 히틀러에 대한 망상에서 깨어났다.

> "서부 유럽에서의 전황은 어땠나요?"
> "미군이 서부 유럽 전선에 투입되면서 새로운 국면으로 들어섰어."
> "미군은 전쟁 초기에는 태평양 전쟁에만 몰두했지요?"
> "그렇지. 진주만에서 일본군에게 기습을 당하고 초반에 고전했던 미국은 1942년 6월에 미군 함대가 미드웨이 해전에서 일본 함대를 격퇴하면서 태평양에서 전세를 뒤집었어. 이제 위기를 극복한 미국은 점차 대서양으로 눈을 돌렸지."

마침내 미군이 유럽 땅에 발을 내디뎠다. 1943년 7월에 약 50만 명의 영미 연합군이 이탈리아의 시칠리아섬에 상륙하였다. 이제 연합군의 침공으로 무솔리니의 몰락이 시작되었다. 의회는 무솔리니의 불신임을 의결하였고, 국왕은 무솔리니를 해임하였다. 마침내 9월에는 이탈리아가 연합군에 협력하는 조건으로 항복 협정이 이루어졌다. 몇 달 후에 독일군 공수부대는 이탈리아 중부 아펜니노 산맥의 험한 지역에 유배되어 있던 무솔리니를 구출하여 뮌헨으로 데려갔다. 무솔리니는 뮌헨에서 가족과 재회하고는 다음 날 동프로이센의 '늑대 소굴'에 있는 히틀러를 만나기 위해 날아갔다. 오랜 친구이자 동지였던 히틀러와 무솔리니는 눈물의 재회를 했다. 이후 무솔리니는 히틀러의 도움을 받아서 이탈리아 북부 가르다호수 가에 망명정부를 세우고 '이탈리아 사회공화국'을 선포하였다. 이 정부는 독일의 괴뢰정권으로 독일의 북부 이탈리아 통치 수단이었다.

이른바 '노르망디 상륙 작전'이라고 불리는 역사적인 작전이 연합군 총사령관 아이젠하워에 의해서 직접 기획되었다. 마침내 1944년 6월 6일에 노르망디 해안에 연합군 16만 명이 상륙했다.

노르망디 상륙 작전(위키백과)

독일군은 노르망디 전투에서 패배하였다. 이로써 독일군의 전력이 약할 뿐만 아니라, 독일군 수뇌부의 판단 능력도 떨어진다는 사실이 입증되었다. 그들은 연합군의 상륙 지점을 잘못 예상하여 다른 곳에 주력부대를 집결시켰다. 노르망디를 거점으로 하여 연합군이 물밀 듯이 진격하였고, 결국에 11월까지 약 2백만 명의 연합군이 프랑스 전역과 벨기에를 해방하였다.

동부전선에서는 1944년 6월에 소련군이 하계 대공세를 시작하여 독일군 28개 사단을 격파하고 7월에는 폴란드 평원을 지나 서쪽으로 전진하여 바르샤바 외곽에 도착했다. 이제 독일군은 유럽 대륙의 동서 양면 모든 전선에서 무너지고 있었다. 전쟁의 승부는 사실상 결정되었고, 오직 종말이 남았을 뿐이었다.

"이제 잠시 인류 역사상 가장 악랄한 인권유린 행위에 관해 이야기해보지요."
"아마도 유대인 학살(홀로코스트)을 의미하는 듯한데, 한마디로 인간의 잔악
성이 정점에 이른 사건이었어."

독일군이 소련을 침공하여 승전고를 울리고 있던 1941년 어느
여름날 히틀러는 인종 말살을 수행하는 과제를 힘러에게 맡겼다.
힘러는 유대인을 증오했을 뿐만 아니라 비인간적이며 잔인한 성품
을 가진 자로서, 유대인 학살은 그에게 쾌감을 주었다. 힘러는 친위
대원과 게슈타포 대원으로 구성된 인종 말살을 위한 특수부대를 만
들었다. 약 3천 명의 병력으로 구성된 이 특수부대는 독일군 진격
부대의 뒤를 따라가며 소련 땅에 사는 유대인을 체포하고 총살하는
과업을 떠맡았다. 독일군이 점령한 소련의 영토에서 붙잡힌 유대인
들이 자신들이 묻히게 될 구덩이를 파고 그 안에 서면 독일군이 총
을 쐈다. 컨베이어 벨트에 실려 온 과자들이 연달아 아래로 떨어지
듯이 유대인들은 그렇게 연속해서 쓰러졌다. 총살된 유대인은 총
50만 명에 이르렀다.

1942년 1월 20일 베를린에서 남쪽으로 조금 떨어진 작은 마을로
고급 승용차들이 연이어 들어오고 있었다. 조금 한적한 곳에 있는
한 고급 빌라 앞에서 하차한 사람들은 그 집으로 들어섰다. 맨 앞에
히틀러가 있었고 그 뒤를 14명의 나치 수뇌부들이 따랐다. 그들은
곧장 회의실처럼 생긴 공간에서 자리를 잡았다. 그날 이곳에서는
비밀회의가 열렸다. 테이블 위에는 유럽의 유대인 수를 나라별로
분류한 보고서가 놓여있었는데, 총 1,100만 명이라는 숫자가 명확
하게 찍혀있었다. 그날 작성된 기획서는 '유럽 내 모든 유대인을 제

거하기 위한 방안'이었다.
유럽의 모든 지역에서 유대
인을 체포하여 끌어모은 다
음에 수용소들로 끌고 가서
독가스로 처형하고 나서 시
체를 처리하고 유품을 정리
하는 과정들이 기획서에 구
체적으로 제시되었다. 그들

아우슈비츠 수용소(Wikipedia)

이 여기서 실제적인 목표로 삼은 수는 4백만 명이었다. 이를 위해
친위대는 몇 달 이내에 아우슈비츠 외 5개의 학살 센터를 폴란드
에 세웠다. 폴란드 남부 아우슈비츠에 건설된 수용소는 인류 역사
상 가장 규모가 큰 학살 센터로 1942년 3월부터 운영되기 시작하였
다. 이후로 시체 소각장의 굴뚝에서 치솟아 오르는 화염, 검은 연기
와 함께 시체 소각할 때 나는 악취로 이 도시는 '지상의 지옥'이 되
어버렸다.

유럽 전역에 집단 수용된 유대인들이 한 번에 약 1,500명씩 아우
슈비츠로 가는 열차에 태워져서 끌려갔다. 열차의 한 칸에는 약 80
명이 짐짝처럼 실렸는데, 소지품 꾸러미까지 들어있어서 꼼짝달싹
할 수 없는 꽉 찬 상태가 되었다. 열차가 움직이는 동안 많은 사람
은 자신들이 군수공장으로 가는 것으로 생각했다. 그러다가 종착역
이 가까워지면 밖을 보고 있던 누군가가 울부짖었다.

"우리가 아우슈비츠로 가고 있어. 내가 팻말을 보았어."

그 소리와 함께 그 칸에 타고 있던 사람들은 심장이 멈추는 것을 느꼈다. 열차가 수용소 정문을 통과해서 화물 플랫폼에 정차하여 차량의 문이 열리면 죽음의 냄새가 그들을 사로잡았다. 아우슈비츠의 화물 플랫폼에서는 친위대 군의관들이 노역을 시킬 사람과 바로 독가스실로 보낼 사람을 분류하고 있었다. 친위대 군의관들이 집게손가락으로 오른쪽을 가리키면 작업장으로 끌려가서 일단은 목숨을 건지지만, 왼쪽을 가리키면 바로 독가스실로 끌려가는 것이었다. 사람의 목숨이 손가락 하나의 움직임으로 결판났다. 울고 있는 어머니들, 공포에 떨며 절규하는 아이들과 사람을 구타하는 친위대원들로 아수라장이었다. 독가스실로 끌려간 사람들은 '목욕실'이라고 쓰인 방으로 들어가기 전에 비누를 한 조각씩 받았고, 옷을 벗었다. 맹독성 살충제 치클로네 B가 가스실로 투입되면 15분 이내에 모든 사람이 죽었다. 잠시 후에 시체 처리 일꾼들이 들어와서 갈고리로 죽은 사람의 입을 벌리고 금니를 뽑거나, 항문이나 생식기를 뒤져 귀금속을 찾아냈다. 이것들은 녹여져서 이른바 '나치 골드'가 되어 외국으로부터 전쟁 물자 조달에 사용되었다. 이어서 시체는 바로 옆에 있는 소각장으로 운반되었다. 얼마 후에 굴뚝은 하늘로 불기둥을 내뿜더니, 곧 연기 구름으로 바뀌었다. 당시 이곳에서는 약 13만 명이 수용되어 있었고, 하루에 약 9천 명이 재가 되어 하늘로 사라졌다.

작업장으로 갈 사람들이 끌려간 방에서는 친위대원들이 그들 앞에 담요를 펼쳤고, 그들은 거기에다가 시계, 패물 등과 같은 소지품들을 모두 던졌다. 이어서 목욕탕 대기실로 끌려간 그들 앞에 나타난 친위대원 한 명이 호통쳤다.

"앞으로 2분간 여유를 주겠다. 그 시간 동안에 입고 있는 옷을 모조리 벗어서 자기 앞에 내려놓아라!"

그 시간 동안에 옷을 다 벗지 못한 사람들의 몸뚱이 위로 채찍이 사정없이 떨어졌다. 이어서 다른 방으로 끌려간 사람들은 몸에 난 털이 모두 깎였다. 그 뒤로 그들의 벌거벗은 몸 위로 샤워기의 물이 쏟아져 나왔다. 목욕 후에 수용자들은 줄무늬가 있는 수의를 입었 는데, 옷이라기보다는 넝마에 가까웠다.[*]

수용소 안에는 병원처럼 보이는 내부 시설이 갖추어진 막사가 있었는데, 이곳에는 앙상하게 마른 아이들 몇 명이 침대에 누워있 었다. 친위대 군의관들이 치료제의 효능을 테스트하기 위해 아이들 에게 전염병을 유발하는 주사를 놓았다. 다른 편의 침대에서는 죽 은 듯이 누워있는 아이들을 대상으로 신체를 냉각한 후에 다시 소 생될 수 있는지를 실험하고 있었다.

아우슈비츠에서 생체 실험으로 단연코 돋보였던 인간은 '멩겔 레'였다. 그는 1911년에 독일 바이에른 도나우강 변의 소도시에서 부유한 기술자 집안에 태어나서 대학에서 의학을 공부했고 인류학 과 유전학에서 박사 학위를 받았다. 1942년에 초에 그는 친위대 소 속의 군의관으로 동부전선에 투입되었고, 의약품이 부족해지자 부 상자 중에서 살릴 사람과 죽게 놔둘 사람을 결정하는 '선별 작업'을 하게 되었다. 이어서 그는 아우슈비츠 수용소에서의 업무를 자원하 였는데, 그곳에서 돈 한 푼 들이지 않고 싱싱한 실험 재료를 마음껏

---

[*]   빅터 프랭클, 『죽음의 수용소에서』, 청아출판사

사용할 수 있었기 때문이다. 빽빽이 기록된 그의 실험 일지는 그에게 출세의 문짝을 열어줄 열쇠였기에 단 한순간도 그의 손을 떠나지 않았다.

그가 가장 선호하는 실험 대상자는 쌍둥이였다. 쌍둥이 연구에 대한 그의 집착은 유전 질환에 관한 관심 때문이었다. 쌍둥이는 유전적으로 가장 가까운 개체이기에 실험 대상이 된 것이었다. 그는 수용소에서 쌍둥이 아이들에게 초콜릿과 사탕을 주고 그들과 놀아주면서 환심을 샀다. 아무것도 모르는 아이들은 그를 따랐고 '아저씨'라고 부르기도 하였다. 하지만 얼마 후에 아이들은 대리석으로 만들어진 그의 해부용 탁자 위에서 해체되었다. 그는 아이들의 시신에서 내장을 들어내어 실험용으로 사용하였다.*

1945년 1월 17일 소련군의 대포 소리가 아우슈비츠 수감자들의 귀에 들렸다. 수용소 경비대는 급속히 철수 준비를 했다. 그들은 수감자 중에서 걸을 수 있는 사람들 약 6만 명을 이끌고 서쪽으로 행진했다. 만약의 경우 그들을 인질로 쓰려고 했던 것이었다. 1월 27일 수용소에 남아 있던 약 5천 명의 허약자들은 누운 채로 소련 해방군을 맞았다. 그들은 환호성을 지를 힘도 없었다. 경비대가 철수하면서 가스실과 시체 소각 시설을 폭파하였지만, 남아 있던 인간 도살장의 처참한 모습이 온 세상에 드러났다. 연합군에 의해 유대인 수용소들이 해방되었을 때 학살된 유대인의 매장지가 곳곳에서 발견되어 나치의 잔혹성을 고발했다.

*   귀도 크놉, 『나는 히틀러를 믿었다』, 울력

유대인 집단 매장지(Wikipedia)

"이제 나치 정권의 종말을 이야기할 때가 된 것 같아요."

"그렇지. 인권을 짓밟았으니 천벌을 받아야겠지."

"인간이 주는 처벌이 아니라 천벌이라는 말이 우습네요."

"하하. 벌이 하늘에서 시작되었거든."

1942년 5월 30일 밤, "앵" 하는 공습경보가 쾰른의 밤하늘에 울려 퍼졌다. 하늘은 마치 먹구름에 가려진 듯 영국 폭격기들로 뒤덮였고, 잠시 후에는 서치라이트와 대공포의 포탄이 뿜어내는 불빛이 폭죽놀이처럼 밤하늘을 밝혔다. 이날 영국 폭격기 146대가 쾰른에 대대적인 폭격을 하면서 울려 퍼졌던 굉음은 독일 패망의 서곡이었다. 그날 영국 공군이 떨어트린 1,500톤의 폭탄은 쾰른을 폐허로 만들면서 독일 공군의 무능을 조롱했다. 1943년 7월에 연합국 폭격기들이 일주일 동안 함부르크를 폭격하여 도시를 폐허로 만들었다. 이 공습으로 주민 7만 명이 죽으면서 평범한 국민뿐만 아니라 나치 추종자들도 심리적으로 큰 충격을 받았다. 그들은 독일의 패망이라는 대재앙이 다가오고 있음을 느꼈다.

  몇 년 전에 독일 공군이 런던을 집중적으로 폭격했던 것에 대한
보복으로 1943년 11월부터 1944년 3월까지 약 500대의 영국 폭격
기들이 베를린을 무차별 폭격했다. 결과는 참혹했다. 이 기간에 베
를린 전체 주민의 절반에 해당하는 약 150만 명이 노숙자가 되었으
며, 부상자 18,000명과 사망자 6,100명이 발생하였다. 먹을 것과
잠잘 곳을 찾아서 떠돌아다니는 여자와 아이들, 무너진 건물의 잔
해를 치우는 삽을 든 초췌한 남자들 그리고 도로 한복판에 부서진
채 널브러져 있는 전차의 잔해. 이 모든 광경이 최후의 심판을 예고
하고 있었다.

폭격당한 함부르크(Wikipedia)

비관적인 상황에 빠진 히틀러는 종종 자기 연민에 빠졌고 그럴 때면 현실에서 도피하면서 자신을 위로했다. 그는 자신의 고향 린츠에 엄청나게 큰 미술관을 만들 계획을 세우고 그 준비를 보어만에게 지시하였다.

"이 전쟁이 승리로 끝나면 나는 정치에서 물러나서 도나우강 건너편에 있는 린츠의 옛집으로 돌아가야겠다."

그러나 돌아갈 다리는 불타버렸다. 유대인 학살로 전 세계인으로부터 지탄받아, 최악의 상황에서도 연합국에 휴전이나 평화협상을 제안할 수가 없게 되었다. 연합국 측 지도자들은 독일과 어떤 외교적 협상도 불가하다고 선언하였다. 오직 독일의 패망과 나치의 처벌만이 남아 있을 뿐이었다. 히틀러는 이런 현실을 파악했고 그래서 독일군 최고 지휘관들을 모아 놓고 선언했다.

"연합국과의 협상은 없다. 우리는 끝까지 간다."

1945년 1월 16일 히틀러는 베를린으로 돌아왔다. 계속되는 연합군의 공습 때문에 그는 구 정부청사의 마당 지하에 건설된 총통 벙커에서 생활하였다.

이 벙커는 지하에 만들어진 두 단의 계단 같은 구조였다. 윗단에는 직원들을 위한 12개의 방과 취사실 등의 공용 공간들이 있었고, 나선형 계단으로 내려오면 도달하는 아랫단에는 나치 지도자들이 생활, 사무 및 회의하는 공간들이 있었다. 아랫단은 4.8m 두께의 콘크리트 지붕 위에 1.8m의 흙이 덮여있고, 1.6m 두께의 튼튼한 콘

총통 벙커 입구(Wikipedia)

크리트 벽으로 보호되는, 베를린에서 가장 안전한 공간이었다. 사각형 형태의 넓지 않은 이 공간에는 20개의 방과 공용 공간이 촘촘히 붙어있었는데, 히틀러와 에바, 괴벨스와 그의 가족, 보어만 등 히틀러의 핵심 측근 약 30명이 생활하고 있었다. 춥고 습진 이 공간에는 기계적인 환풍 시설이 작동하고 있었는데, 모든 것이 건강에 해로운 환경이었다.

　총통 벙커에서는 히틀러가 아직도 직접 전쟁 지휘를 하고 있었다. 지난 3년간 그가 지휘한 대부분의 작전이 실패했음에도, 여전히 그는 자신이 뛰어난 전략가라는 과대망상에 매몰되어 참모들의 의견에 귀를 기울이지 않았다. 그의 판단은 합리적이지 못했고, 감정적이며 주술적이었다. 대낮에 히틀러가 머물렀던 소박한 거실에는 프리드리히 대왕의 초상화가 걸려있었다. 그곳에서 그는 굽은 몸에 잿빛의 그늘진 얼굴을 하고는 탈진한 눈빛으로 생각에 빠져 있었고 말을 거의 하지 않았다. 그는 무엇인가를 집을 때마다 심하게 손을 떨었고, 입 가장자리에서는 자주 침이 흘러내렸다. 때때로 회의실로 나올 때는 다리를 질질 끌었고, 잠깐 걷고 나면 의자에 쓰러질 듯 주저앉았다. 그는 파킨슨병을 앓고 있었다. 그의 유일한 기쁨은 케이크를 먹는 것이었는데, 한 번에 무려 세 접시를 비우고는 하였다.

가끔 그는 회의실에서 참모들의 의견이 자신과 다르면 엄청난 분노를 폭발했다. 그는 노여움으로 빨개진 뺨을 하고 주먹을 쳐들고 전신을 떨었고, 분노로 정신이 나가서 완전히 통제력을 잃은 듯했다. 미친 듯한 변덕이 분출하여 오랫동안 그의 곁을 지켰던 사람들을 특별한 이유 없이 갑자기 해고하고 다른 사람들을 불러들였다. 그나마 괴벨스는 그와 마지막까지 함께 하면서 위로와 용기를 주었던 사람이었다. 히틀러의 건축가이자 당시에는 군수 장관이었던 슈페어가 상황 보고를 위해 총통 벙커로 왔다. 급박히 돌아가는 전황으로 인해 두 사람은 오랜만에 마주하였다. 슈페어의 눈에 비친 히틀러는 종말을 눈앞에 두고 절망에 빠진 사람이었다. 히틀러는 평소에 그를 대할 때의 따뜻함에서 완전히 돌변해서 얼음장 같은 음성으로 말했다.

"만약 전쟁에 진다면, 독일 국민 역시 패배자가 되는 거야. 그들의 생존을 위해 무엇이 필요한지 생각할 필요도 없어. 이제는 우리가 모든 것을 파괴하는 것이 최선인지도 몰라."

그는 독일 전역의 초토화를 생각하고 있었다. 그의 인종론에 의하면 패배한 열등한 종족은 살아남을 가치가 없었다. 며칠 후에 슈페어에게 도달한 히틀러의 명령서에는 이렇게 쓰여있었다.

"제국 내 모든 군사시설과 교통, 통신, 산업 시설, 물자 공급 시설뿐만 아니라 자원들도 파괴되어야 한다."[*]

슈페어는 이 명령을 수행하지 않았다. 총통의 명령에 대한 처음이자 마지막 거역이었다. 그는 살아남고 싶었다. 당시 그는 40세에 불과했고, 뛰어난 건축가였다. 패전 후에도 그에게는 다시 기회가 올 수 있었다. 그가 히틀러의 파괴 명령을 거역한 행위는 훗날의 전범 재판장에서 그를 구원할 면죄부로 사용될 수 있기 때문이었다.

4월 20일에 히틀러는 56회 생일을 맞았다. 히틀러는 행사를 거행하려고 벙커에서 나와 구 정부청사의 마당으로 올라갔다. 이곳에서 히틀러 청소년단의 사열이 있었다. 히틀러는 낮은 음성으로 짧은 연설을 하고는 청소년 한두 명의 어깨를 두드려주었다. 이것으로 행사는 시시하게 끝났다. 대신에 이날 연합군 폭격기들이 베를린에 대량의 폭탄을 투하하여 히틀러의 생일을 축하해주었다. 상황회의에서 측근들은 히틀러에게 오버잘츠베르크로 피신하여 알프스를 무대로 저항하자는 제안을 했다. 하지만 히틀러는 정색하며 단박에 거부했다.

"나는 은신처로 몸을 피하면서 어떻게 병사들에게 결전을 치르라고 요구할 수 있겠나?"

이것이 히틀러의 마지막 날들에서 가장 멋진 모습이었다. 그는

[*]   알베르트 슈페어, 『알베르트 슈페어의 기억』, 마티

소련군을 베를린으로 끌어들이고는 그 배후에서 독일군이 공격하면 승리할 것이라고 주장했다. 그는 스스로가 적군의 미끼가 되겠다고 선언하면서 여전히 자신의 운명과 천재성을 믿고 있었다. 그날 회의가 끝난 후에 괴링은 난감한 표정을 지으며 히틀러에게 말했다.

"총통 각하! 저는 남부 지역에 긴급한 용무가 있어서 베를린을 떠납니다."

히틀러는 아무 말도 없이 공허한 눈길로 괴링을 보면서 손을 내밀었다. 20여 년의 인연이 끝나는 순간이었다. 다음 날 괴링은 오버잘츠베르크에서 히틀러에게 전보를 보냈다. 만약 히틀러가 베를린에 남는다면 자신이 대리인으로 제국의 통치권을 행사해도 되는지 묻는 내용이었다. 괴링의 오랜 경쟁자였던 보어만은 히틀러에게 "괴링이 반역을 하려고 합니다."라고 말했고, 히틀러는 벌건 얼굴로 분노를 쏟아냈다.

"괴링은 게으른 인간으로서 공군을 말아먹었어. 그는 제국 내에서 가장 부패한 공직자고 마약중독자였어."

히틀러는 전보로 괴링에게 메시지를 보내라고 보어만에게 명령했다.

"나는 괴링에게 총통과 국가사회주의에 대한 반역죄를 묻겠다. 그러나 만약 괴링이 스스로 건강상의 이유를 들어 공직에서 물러난다면 처벌은 하지 않겠다."

잠시 후에 히틀러는 기진맥진하여 쓰러졌다. 괴링은 독일을 대표하여 연합군과 항복 협상을 하면서 자신의 목숨을 구명하려고 하였다. 그러나 히틀러의 메시지를 받은 괴링은 건강상의 이유로 모든 공직에서 물러나겠다고 답장을 보냈다. 마침내 괴링은 제거되었다. 보어만은 최후의 순간이 임박해서야 자신의 숙원을 이루었다.

4월 28일 런던 라디오 독일어 방송에서 삑삑대며 뉴스를 보내고 있었다.

"친위대장 힘러는 히틀러가 이미 죽었으며 자신이 후계자라고 주장했습니다."

힘러가 연합군 측에 평화 협상을 제안한 것이었다. 베를린에서 이 방송을 들은 히틀러는 힘러의 배신 행위에 몸을 떨며 광분하였다. 그때 힘러의 연락 장교로 총통 벙커에 머무르고 있던 페겔라인이 도망가다가 체포되었다. 그가 힘러의 배신 행위를 사전에 알고 있었고, 그래서 도주를 시도했다고 추정되었다. 사실 그는 에바의 언니의 남편이었지만 분노한 히틀러는 그를 사형시켰다.

소련군이 발사한 포탄이 구 정부청사의 마당으로 날아 들어와 폭발하였고, 이어진 포격으로 총통 벙커가 흔들렸다. 소련군의 베를린 진격 작전이 시작되었다. 스탈린은 영미 연합군보다 먼저 베를린을 점령하여 유럽 전쟁의 최종 승자는 자신이라는 것을 보여주고 싶었다. 소련군은 밀물처럼 들이닥쳐서 며칠 만에 베를린 중심부에 접근하였다. 이 상황에서도 히틀러는 소련군을 포위해서 격퇴하고는 반격할 수 있다는 비현실적인 생각에 빠져 있었다. 그러나 베를린을 방어하거나 소련군의 배후에서 공격하는 독일군은 없었다. 모두 도망가버렸다. 마침내 히틀러의 과대망상은 물거품처럼 꺼져버렸다.

4월 29일 히틀러는 종말이 다가왔음을 깨닫고 오랫동안 동거했 던 에바 브라운과 결혼했다. 그들은 베를린 관구 지도자인 바그너 라는 사람을 불러서 결혼식을 주재하도록 했고, 괴벨스와 보어만이 증인이 되어 벙커의 소회의실에서 결혼식을 거행했다. 결혼 증명서 에 그녀는 '에바 히틀러'라고 서명했다. 동반 자살을 위한 결혼식은 히틀러의 인생에서 마지막으로 연극적 효과를 창조했다. 영웅의 출 현을 연기했던 광대는 이제 영웅의 비극적인 종말을 연기하고 있었 다. 히틀러는 결혼식이 끝난 후에 유언장을 만들고는 몇몇 부하들 에게 작별 인사를 하였다. 그는 근위병들에게 자신들의 시신을 불 태우라고 명령했다. 그날은 1945년 4월 30일로 히틀러의 56번째 생일파티 이후 열흘 지난 날이었다. 둘은 히틀러의 거실로 들어가 문을 닫았다. 잠시 후에 방에서 '탕' 하는 소리가 울렸다. 에바는 독 약을 마셨고 히틀러는 권총으로 자살했다. 총 42번의 암살 기도에 서도 살아남았던 히틀러의 생명은 유럽을 폐허로 만들고 수천만 명 의 목숨을 앗아간 후에야 비로소 꺼졌다. 히틀러는 유언장에서조차 도 자신의 잘못을 인정하지 않았다. 그는 모든 것을 유대인 탓으로 돌렸다. 이 세상 모든 악인처럼 그의 죄악도 '양심 부재'에 기인하 였다.

근위병들이 그들의 시신을 정원으로 옮기고 그 위에 석유를 뿌 렸다. 시체가 불길에 휩싸이자 그들은 경례하고는 사라졌다. 다음 날에는 괴벨스와 그의 부인이 6명의 자녀에게 독약을 먹이고 이어 서 자살했다. 선전용 영상에 출연하였던 독일 최고의 모범 가정이 결국에 가장 비참한 가정으로 추락하였다.

　5월 2일 소련군이 베를린에서 독일군의 마지막 저항을 분쇄했
다. 이후로 베를린에서 총소리는 들리지 않았다. 5월 7일 모든 전선
에서 독일군은 무조건 항복했다.

"다른 악인들은 어찌 되었나요?"

"괴링은 뉘른베르크 전범 재판에서 사형선고를 받고는 감방에서 청산가리 캡
　슐을 삼키고 자살했어. 힘러는 변장을 한 채 독일을 탈출하려다가 영국군에
　체포되어 신원이 밝혀지자 청산가리 캡슐을 삼키고 자살했고. 보어만은 베
　를린을 탈출하려다가 시내의 한 전차 정류장 근처에서 죽어서 훗날에 시체
　로 발견되었어. 슈페어는 전범 재판에서 20년 징역형을 선고받고는 만기 출
　소했지. 리벤트로프는 전범 재판에서 사형선고를 받고 교수형 되었어."

"독일에서 나치 독재 정권이 출현한 가장 중요한 원인은 무엇이었나요?"

"흔히 1차 대전에서의 패배와 대공황을 들고 있지만, 가장 중요한 원인은 독
　일인에게 민주주의 의식이 부족했기 때문이었어."

"구체적으로 어떤 면에서 독일인의 민주주의 의식이 부족했나요?"

"독일인들은 바이마르 공화국을 혐오하면서 사라진 황제 대신에 민족을 이끌
　고 갈 초인이 출현하기를 바랐지. 나치의 뛰어난 선동술 때문에 히틀러가 그
　에 부합하는 인물로 포장된 것이었고."

"독일인은 왜 바이마르 공화국을 싫어했나요?"

"독일인은 나약한 민주 공화국보다는 강력하고 권위적인 국가가 출현하여 혼
　란을 제거하고 질서를 세우기 바랐는데, 그들의 문화에서는 혼란을 끔찍하
　게 두려워했고 질서를 유달리 중시했기 때문이었어."

"전후 독일 사회는 어떻게 변했나요?"

"독일은 나치 정권과 2차 대전에서 패전의 참화를 겪은 뒤에야 진정한 민주주의 사회로 태어났지. 민주주의 발전은 '아픈 만큼 성장'하는 것이거든."

"그러면 일보 전진 일보 후퇴할 때 아프게 후퇴해야겠군요?"

"하하, 일부러 아플 필요야 없겠지만, 결과적으로 볼 때 많이 아픈 다음에야 큰 발전이 시작된 것이 사실이야."

"나치 독재 정권이 준 교훈은 무엇인가요?"

"히틀러는 쿠데타가 아니라 선거를 통해 민주적인 방식으로 집권해서 독재자의 길을 갔어. 이런 식의 독재 정권 출현은 오늘날에는 민주주의가 무너지는 가장 흔한 방식이 되었거든. 결국에 국민이 투표를 제대로 해야 민주주의를 지킬 수 있다는 이야기지. 유권자들이 잠재적인 독재자나 그 정당에 표를 주지 말아야지."

"유권자들이 잠재적인 독재자를 어떻게 구별할 수 있나요?"

"평소의 언행에서 민주주의 규범을 조롱 또는 비난하고, 폭력을 부추기거나 폭력 조직과 연관된 정치인을 의심해야 하지. 히틀러는 민주주의를 경멸했고 공화국을 전복하기 위해 쿠데타를 시도했으며, 돌격대라는 폭력 조직을 보유했잖아. 그러니까 그가 잠재적 독재자라고 판단될 수 있었지."

"선거로 출현한 정권이 어떻게 독재 정권으로 변모하나요?"

"일단 언론을 길들여서 정권을 찬양하도록 하고, 입법부와 사법부를 자신들의 사람들로 채워서 자신들의 독재적 통치에 법적인 정당성을 부여하도록 하는 것이지. 그러면 대중들은 독재 정권에 통치받으면서도, 마치 민주적인 통치행위라고 착각하게 되거든."

"만약에 독재 정권에 대한 비판이나 저항이 거세지면 어떻게 하나요?"

"독재 정권은 자신들이 손아귀에 쥐고 있는 검찰, 정보기관, 비밀경찰, 세무 기관 등을 동원하여 반정부적 세력에게 온갖 핍박을 가해서 그들을 무너트리는 것이지."

독재 정권은 때로는 국가 비상사태를 명분으로 긴급조치를 발동하여 폭력적으로 반대 세력을 제거하고 독재를 강화한다. 나치가 제국의사당 방화 사건을 빌미로 긴급명령을 선포하고는 반대 세력을 폭력적으로 때려잡고 언론과 집회 결사의 자유를 제한하면서 공포정치를 시작한 것이 대표적인 사례이다.

"그러면 삼권 분립이라는 제도만으로는 독재 정권의 출현을 막지 못하는군요?"
"맞아. 민주주의를 지키려면 삼권 분립이라는 제도 외에도 사회 전체적으로 다양한 견제 장치와 강력한 민주 세력이 존재해야 해."

그리고 무엇보다도 중요한 것은 민주주의를 지켜야 한다는 의식이 국민의 마음속에 깊이 자리를 잡고, 민주적인 규범이 사회 전 분야에 정착되어야 한다. 나치 정권의 출현과 종말은 민주주의가 무너지면 얼마나 큰 재앙이 닥치는지를 생생하게 보여준 역사적 사례로 현대 민주주의에 가장 큰 교훈을 준 사건이었다.

6.
미국의
민주주의

6. 미국의 민주주의

"미국으로 이주한 사람들은 유럽에서 혼란을 겪었던 이론들 중에서 비교적 순수한 원리들만 골라내어 그곳에 가져다 심었다. 그 원리들은 여러 사람에 의해 무럭무럭 잘 자라서 평등과 민주주의로 무사히 정착하였다."[*]

1773년 12월 15일 미국 북동부 매사추세츠의 보스턴 주민들이 우르르 항구로 몰려가고 있었다. 얼마 후에 아메리카 원주민 차림을 한 사람들이 그곳에 정박해 있던 영국 동인도회사의 선박으로 올라갔다. 그들은 선원들의 제지를 뚫고 중국산 홍차가 들어있는 나무 상자들을 갑판으로 나른 뒤에 바닷물에 던지기 시작했다. 수많은 홍차 상자가 항구 주변에서 떠다녔고, 부두에서 그 모습을 쳐다보고 있던 주민들이 환호하고 있었다.

역사책에 흔히 '보스턴 차 사건'이라고 기록되어 있는 이 사건의 배경은 이렇다. 영국은 7년 전쟁(1756~1763)에서 프랑스에 승리를 거두며 북아메리카와 인도에서 프랑스 세력을 몰아냈다. 하지만 이

[*]   A.토크빌, 『미국의 민주주의』, 신원문화사

보스턴 차 사건(위키백과)

것은 상처뿐인 영광이었다. 이 전쟁으로 인해 영국 정부는 1년 예산
의 절반이 넘는 부채를 떠안게 되었다. 영국 의회는 7년 전쟁의 전
비와 식민지 통치에 들어가는 비용을 충당하기 위해 북아메리카 식
민지에 새로운 세금을 부과하기로 하고 1765년에 '인지세법'* 그리
고 1767년에는 '타운센드법'**을 제정하였다. 반면에 7년 전쟁 시에
영국 편에 서서 목숨을 걸고 싸웠던 북아메리카 식민지인이 영국의
이러한 처사에 대해 배반감을 느끼며 분개했다. 그들은 자신들의

---

*   법적 문서, 매매 계약서 등 신문, 카드에 이르기까지 식민지에서 발행되는
            모든 인쇄물에 인지를 붙이는 것을 정한 법률
**   납, 종이, 페인트, 유리, 차 등 식민지로 수입되는 일상 용품에 대해 관세를
            정한 일련의 법률

대표가 영국 의회에 참가하지 않았기 때문에 자신들의 의사와 상관없이 영국 의회가 식민지인에게 세금을 부과할 권한이 없다고 주장했다. 이른바 "대표 없는 과세 없다"가 그들의 구호였다. 상기 법률들은 식민지인의 영국 상품 불매운동 등과 같은 거센 반발로 인해 얼마 후에 철폐되었다. 하지만 이 일은 더 큰 사건의 도화선이 되었다. 타운센드법의 시행을 돕기 위해 보스턴으로 파견된 영국군 4천 명이 마치 점령군인 것처럼 오만하게 행동하다가 보스턴 주민들과 충돌하더니 마침내 1770년 3월에 식민지 노동자 다섯 명을 사살했다. 이 사건은 '보스턴 대학살'이라는 과장된 표현으로 식민지인의 영국에 대한 저항심과 복수심을 자극하였다. 어쨌든 이로 인해 영국 군대는 보스턴에서 철수했고, 타운센드법은 사실상 폐지되었지만, 예외적으로 차에 대한 관세를 남겨 두었다.[*] 차에 대한 관세를 남겨 둔 이유는 영국계 이주민이었던 뉴잉글랜드의 주민들에게 홍차는 가장 사랑받는 음료로 매우 큰 시장을 형성하고 있었기 때문이었다. 한마디로 차에 대한 관세는 영국 정부에게는 황금알을 낳는 거위였다. 이제 식민지 상인은 차에 부과되는 관세를 물지 않기 위해 중국산 홍차를 밀수하여 판매했다. 관세가 부과되지 않은 밀수품 홍차는 가격이 저렴해서 날개가 돋친 듯이 팔렸고, 동인도회사가 판매하는 관세 물린 홍차는 시장에서 밀려났다.

당시에 여러 가지 이유로 경영상의 어려움을 겪던 동인도회사는 설상가상으로 북아메리카에 홍차 수출이 어려워지자 파산 위기에 처했다. 하지만 영국 왕가와 귀족 및 대자본가들이 동인도회사의

[*]   김형곤, 『미국 독립전쟁』, 살림

대주주였기에, 그들의 입김으로 영국 의회는 동인도회사 구제에 나섰다. 영국 의회는 동인도회사가 동양에서 가져온 홍차를 식민지에서 독점적으로 팔 수 있는 권한을 부여하면서, 밀수품에 비교해서 가격 경쟁력을 높여주기 위해 관세를 부과하지 않은 채 홍차를 파는 것을 허용하는 '차 법(Tea Act)'*을 1773년에 제정했다. 이로써 동인도회사는 식민지 상인들이 취급하는 밀수된 홍차보다 싼 가격으로 공급하는 것이 가능하게 되었고, 식민지 상인들은 큰 피해를 보았다. 바로 이때 매사추세츠 의회의 서기관이었던 사무엘 애덤스(1722~1803)가 총대를 메고 나섰다. 그는 일찍이 식민지에서 영국의 세금 징수권을 비판했듯이 정치적 쟁점에 불붙이기를 잘했으며 훗날에는 저돌적이고 헌신적인 독립주의자가 되었다. 게다가 애덤스는 '자유의 아들들'이라는 지하조직을 결성하여 이미 여러 차례에 걸쳐 영국의 식민 통치에 저항하는 폭력적 시위를 주도했던 경력이 있었다. 그는 이번에는 '보스턴 차 사건'을 기획했다. 마치 아메리카 원주민의 소행처럼 보이게 하기 위해 그는 자유의 아들들 조직원 150명을 아메리카 원주민으로 변장시키고는 이들을 이끌고 보스턴 항구에 정박한 동인도회사 화물선에 올라가서 홍차를 바다에 쏟아부었다. 이 사건으로 인해 영국 의회는 북아메리카 식민지 통치를 강화하기 위한 몇 개의 법률을 제정하였고, 영국 정부는 장군 출신으로 강경파인 게이지를 매사추세츠의 새로운 총독으로 임명하였다. 영국의 이런 처사는 북아메리카 식민지인 전체의 반감을 샀고 저항심을 자극했다. 버지니아의 조지 워싱턴과 조지 메이슨은

---

* 영국령 아메리카 식민지 또는 농장 모두에 대한 차 수출에 대한 관세 인하를 허용하고, 동인도회사가 무관세로 차를 수출하는 것에 대해 재정위원회가 면허를 부여할 권한을 주는 법

버지니아 의회에서 영국 상품의 수입 금지를 결의하고는 대륙회의를 제안했다. 마침내 1774년 9~10월에 조지아를 제외한 북아메리카의 12개 식민지 대표 56명이 자신들의 불만 사항과 관련해서 영국 정부와 협상하기 위해 필라델피아의 카펜더스 홀에서 대륙회의를 열었다. '보스턴 차 사건'의 주모자 애덤스도 매사추세츠 대표로 여기에 참석했다.

카펜더스 홀(위키백과)

여기서 식민지 대표들은 영국 정부를 협상 테이블로 끌고 오기 위해 이렇게 결의했다.

> "그해 12월 1일부터 영국 상품 불매운동을 추진하고 또한 영국으로의 수출도 중지한다."

그리고 영국 상품에 대한 보이콧이 실제로 시행되어 1775년에는 영국으로부터의 수입액이 전년도의 3%까지 떨어졌다. 이때까지 식민지인들은 독립을 위한 전쟁을 생각하지는 않았고, 영국 정부와 타협을 모색했다. 하지만 그사이에 확고한 독립 의지를 가진 애덤스가 지휘하는 자유의 아들들은 매사추세츠를 돌아다니면서 1,800명의 민병대를 모집하여 영국군과의 전쟁을 준비했다. 이를 눈치챈 매사추세츠 총독은 민병대의 무기 창고를 습격하고 민병대의 주도자들을 체포하려고 했다. 그 와중인 1775년 4월에 민병대가 영국군을 상대로 게릴라전을 펼쳐서 영국군에게 큰 피해를 주었다. 이제 전쟁은 피할 수 없게 되었다.

1775년 여름에 제2차 대륙회의는 군대를 모으고 영국에 대항하는 공공연한 반란을 시작하면서 조지 워싱턴(1732~1799)을 만장일치로 독립군 총사령관으로 선출했다. 당시에 그는 장군으로서의 능력보다는 뛰어난 인격으로 좋은 평가를 받았다.

조지 워싱턴(위키백과)

그는 본시 용감하며 독립적인 사람으로 1774년에 버지니아 애국 회의에 참석해서 이런 연설을 했다.

"천 명의 남자를 모집하여 내 돈으로 부양하며 그들의 본거지로 쳐들어가 보스턴을 구하겠다."*

1775년 여름부터 영국군과 식민지 독립군은 대치만 하고 있었고, 본격적인 전투는 하지 않고 시간을 보냈다. 그러다가 영국 정부로부터 '식민지의 대표들이 잘못을 빌지 않으면 영국군을 파견하여 반역자들을 처단하겠다'는 최후통첩이 도착했다. 이에 대응해 마침내 1776년 7월 4일에 13개 식민지는 연합하여 독립선언서를 발표하면서 공식적으로 영국으로부터의 독립을 선포했다.

---

*   빈센트 윌슨, 『미합중국 건국의 아버지들』, 좋은 땅

독립선언(Wikipedia)

　독립선언서에 담긴 사상은 존 로크의 사회계약론에 기반을 둔 저항권이었다.

　　"모든 사람은 평등하게 태어났으며, 조물주는 양도할 수 없는 권리를 부여했는데, 그중에는 생명과 자유와 행복의 추구에 있다. 이 권리를 확보하기 위해 인민은 정부를 조직하며, 정부의 정당한 권력은 피통치자의 동의로부터 나온다. 어떠한 형태의 정부라도 이 목적을 파기할 때는, 인민은 언제든지 정부를 바꾸거나 폐지할 권리가 있으며, 가장 효과적으로 인민의 안전과 행복을 가져다줄 수 있는 원칙에 기초를 두고, 그 형태의 권력 기구를 갖춘 새로운 정부를 조직할 권리를 가진다."[*]

[*]　　주디스 코핀, 『새로운 서양문명의 역사 下권』, 소나무

뉴욕 전투(위키백과)

　이제 독립 전쟁은 공식적으로 시작되었다. 워싱턴은 세계 최강
의 해군을 보유한 영국군이 바닷길을 통해 뉴욕으로 쳐들어올 것이
라고 예상하고 뉴욕으로 가서 롱아일랜드와 맨해튼 섬 등에 방어
기지를 구축했다. 예상대로 8월에 영국 함대가 4백 척이 넘는 함선
에 3만이 넘는 병력을 이끌고 뉴욕으로 쳐들어왔다. 워싱턴은 해안
의 언덕으로 올라가서 영국 함대가 정박하는 광경을 지켜보고 있었
다. 항구는 배들로 가득 차서 마치 런던항을 보고 있는 듯했다. 불
현듯 승리의 가능성이 희박하다는 느낌이 스쳤지만, 용기와 애국심
이 분출하면 승산이 있다고 생각하며 마음을 다잡았다. 그가 지휘
하는 독립군은 총병력이 2만도 되지 않았고, 제대로 된 훈련도 받지
못한 상태인 데다 무기와 장비도 형편없었다. 해군은 아예 존재하
지도 않았다. 워싱턴은 영국군이 쳐들어오리라고 예상되었던 지점

들에 방어선을 구축했지만, 해안선이 거대해서 사방에 허점이 노출되었다.

롱아일랜드의 방어선에서 패전한 독립군은 맨해튼으로 철수해서 다시 방어선을 구축했지만, 여기서도 대패하였다. 독립군이 뉴욕 전투에서 영국군에게 연속적으로 패하면서 총병력은 3천여 명으로 줄어들었다. 패전한 독립군이 뉴저지로 후퇴할 때 이를 지켜본 어느 마을의 주민 한 사람이 이런 글을 적었다.

> **"그들은 도로 양쪽에서 두 줄로 걸어갔는데 마치 넝마 조각을 걸치고 가는 거지 모습 그대로였다."***

뉴욕 전투에서 쓰라린 패배를 맛본 워싱턴은 막강한 영국군과 맞서서 정면으로 방어전을 펼치는 전술이 무모하다는 것을 깨달았다.

이제 그는 소규모 병력으로 영국군을 기습적으로 공격하고 빠지는 게릴라전을 펴기로 했다. 이런 전술은 훈련을 제대로 받지 못한 독립군 병사들에게 실전 경험의 기회를 제공하고, 작은 승리로 병사들의 사기를 끌어올릴 수 있기 때문이었다. 기습 공격으로 인한 최초의 승리는 1776년 크리스마스에 감행되었던 뉴저지주의 트렌턴시 공격이었다. 이날 워싱턴이 직접 지휘하는 독립군은 악천후를 무릅쓰고 델라웨어강을 건너서 적군을 기습 공격하여 승리를 거두었다. 뉴욕 전투에서의 패배로 인해 독립군의 사기가 추락한 뒤에 맛본 값진 승리는 독립군과 식민지인에게 희망을 안겨주었다. 이후에 그는 몇 번의 전투에서 패배하고 강한 비난을 받기도 했지만, 불

---

*   김형곤, 『미국 독립전쟁』, 살림

굴의 의지로 끝까지 군대를 유지하며 고통스러웠던 여러 해를 버티
었다.

"북아메리카 독립군이 전세를 전환하는 결정적인 계기가 된 사건은 무엇이었
   나요?"
"프랑스가 북아메리카의 독립을 돕기 위해 참전한 사건이었어."

  1776년에 필라델피아의 제2차 대륙회의는 벤자민 프랭클린(17
06~1790)을 프랑스 공사로 임명하여 파리로 보냈다. 과학자이자 철
학자로 명성이 높았지만 외교술에서도 천부적인 재능을 타고난 그
가 파리에서 특별한 성과를 이루어주기를 바라는 마음에서였다. 당
시 프랑스는 7년 전쟁에서 영국에게 패하고 북아메리카의 영토를
모두 빼앗긴 바람에 영국에 대해 강한 복수심을 품고 있었다. 프랭
클린은 프랑스인의 이런 마음을 이용하여 프랑스가 북아메리카를
독립 국가로 인정한 후에 양국 사이의 동맹 조약을 체결하도록 이
끌었다.* 이로써 프랑스는 7년 전쟁 이후 체결한 영국과의 휴전 협
정을 파기하고 마침내 1778년에 북아메리카 독립군을 돕기 위해 영
국과의 전쟁에 돌입했다. 이제 독립 전쟁은 국제전으로 비화 되었
다. 1780년에 영국의 군사 전문가들은 전쟁에서 승리하기 위해서
는 그때까지 독립 전쟁에 적극적으로 가담하지 않았던 남부 지역
을 점령해야 한다고 생각하고, 영국군 주력부대를 뉴욕에서 사우스
캐롤라이나로 이동시켰다. 하지만 영국군은 사우스캐롤라이나에서
독립군의 기습 공격으로 타격을 입고는 다시 버지니아로 이동했다.

*   빈센트 윌슨, 『미합중국 건국의 아버지들』, 좋은 땅

항복하는 영국군(위키백과)

마침내 영국군은 요크강과 제임스강 사이에 있는 해안 도시 요크타운에 도착하여 진지를 구축했다. 독립군 총사령관 워싱턴은 프랑스군 사령관과 함께 작전 계획을 수립하면서, 영국군 사령부가 있는 뉴욕이 아닌 요크타운에 있는 주력부대를 공격하기로 합의했다. 한편으로는 자신들이 뉴욕을 공격할 것이라는 소문을 퍼트려서 영국군 사령부를 속이면서 자신들의 병력을 신속하게 요크타운으로 이동시켰다. 1781년 10월에 프랑스군과 독립군이 연합하여 요크타운의 영국군을 육지와 바다에서 양면 공격하여 마침내 항복을 받아냈다.

1782년에 영국 의회는 북아메리카에서 모든 작전을 중단하기로 의결했다. 이어서 파리에서 평화 회담이 시작되었고, 1783년 1월 20일 평화조약이 체결되었다. 결국에 영국은 북아메리카의 독립을 인정하고 종전에 합의했다.

"조지 워싱턴이 미국인에게 최고의 존경을 받는 것은 그가 독립 전쟁을 승리로 이끌었기 때문인가요?"

"당연히 그렇지만, 진짜로 중요한 사건이 또 있었어."

사연인즉 이렇다. 독립 전쟁이 끝난 후에 각 주 정부는 재정 파탄에 빠졌고, 그 바람에 독립 전쟁에서 목숨을 걸고 싸웠던 군인들은 아무런 보상도 없이 고향으로 돌아갈 처지에 놓였다. 이에 군인들이 불만을 폭발하면서 워싱턴을 국왕으로 옹립하려는 움직임을 보였다. 워싱턴의 부하 장교였던 니콜라 대령이 이런 편지를 워싱턴에게 보냈다.

"……총사령관님이 미국 최초의 군주가 되어주시기를 간청합니다."

하지만 워싱턴은 이런 답변을 던지고 귀향했다.

"……만약 귀관이 이 나라와 그대 자신과 그리고 후손들을 위하는 마음이 있다면 또는 나에 대한 존경이 조금이라도 있다면 이와 같은 성격의 말은 물론 생각조차 하지 말기 바랍니다."*

결국에 미국인은 워싱턴을 국왕이 아닌 민주 공화국의 대통령으로 선택했고, 그는 8년간 새로운 공화국의 기틀을 세우고는 세 번째 임기는 사양했다. 그는 권력을 스스로 포기해서 다시 한번 미국인의 마음에 영원히 남는 위인이 되었고, 후계자들에게 최고의 모

---

*   김형곤, 『미국 독립전쟁』, 살림

범을 제시했다. 그래서 결국 그는 '전쟁에서 최초, 평화에서 최초, 국민의 마음에서도 최초'라 칭송되는 건국의 아버지 서열 1위의 인물이 되었다.[*]

> "독립선언서에 가장 큰 영향을 존 로크는 입헌군주제를 바람직한 정체로 생각했는데, 실제로는 미국이 공화국이 된 이유가 무엇인가요?"
> "미국 건국의 아버지들에게 가장 큰 영향을 준 토머스 페인이 군주제를 날카롭게 비난했고 공화제를 강력하게 지지했기 때문이었지."

영국인이었던 페인은 북아메리카에 건너와서 독립을 적극적으로 도왔다. 1776년에 미국에서 출간된 그의 저서 『상식(Common Sense)』이 베스트셀러가 되면서 북아메리카 식민지인의 독립 정신을 최고로 끌어올렸다. 더불어서 그는 군주제를 비난하면서 그 대안으로 공화국을 내세웠다. 공화국은 인치가 아니라 법치로 작동되는 정체이기 때문이었다.[**]

> "북아메리카 독립 혁명의 역사적 의미는 무엇인가요?"
> "독립 혁명은 당대에 세계에서 가장 자유스럽고 민주적이며 근대적인 국가인 미국을 탄생시킨 사건이라고 할 수 있어."

독립과 함께 13개 주에서는 각각 보통선거제가 시행되었고, 주 정부, 주 의회, 주 법원이 존재하는 삼권 분립의 민주 공화국이 이루어졌다. 그리고 모든 주 공화국이 모여서 하나의 연방 공화국을

---

[*]   빈센트 윌슨, 『미합중국 건국의 아버지들』, 좋은 땅
[**]   조국, 『법고전 산책』, 오마이북

형성했다. 13개 주는 종교, 언어, 관습, 법률에서 거의 같았기에 하나의 연방으로 합치는 데 아무런 문제가 없었다. 단지 연방 공화국이 작동하기 위해서는 연방의 주권을 명시한 헌법이 필요했다. 이런 연유로 1787년에 필라델피아 제헌의회에서 헌법제정이 시작되어 2년의 작업 끝에 미합중국 헌법이 선포되었다.

> "우리 미합중국 국민은 더욱 완벽한 연방을 결성하고 정의를 확립하여 국내의 안녕을 확보하고 공동의 방위를 제공하며 총체적 복지를 증진하고 우리와 우리 후손에게 자유의 축복을 담보하고자 이와 같이 미합중국의 헌법을 제정하는 바이다."*

이와 함께 개별 주의 고유한 자치권을 인정하면서 동시에 개별 주들을 결속할 수 있는 연방이 출현했다. 1789년부터 연방 정부는 헌법을 토대로 활동을 시작했다. 연방 정부는 대체로 국익 전반에 관한 대외적인 업무를 수행했는데, 예를 들어 전쟁과 선전포고, 통상조약 및 군사, 외교적인 사안이 여기에 속했다.**

임기 4년인 미국 대통령은 연방 정부의 수반이고 국가 원수이면서 선거로 선출된다. 대통령의 고유 권한은 법률 승인권, 내각의 장차관 임명권, 행정명령권, 사면권, 대법관 임명권 등이다. 입법부가 행정부나 공직자의 권한을 제한하는 법률을 제정할 수 있기에, 이것에 대한 견제의 의미로 대통령은 입법부의 결정에 대해 거부권을 행사할 수 있다. 대통령에 의해 거부된 안건이 다시 의회로 되돌

---

*   빈센트 윌슨, 『미합중국 건국의 아버지들』, 좋은 땅
**   A.토크빌, 『미국의 민주주의』, 신원문화사

아와서 상, 하원 전체 2/3의 찬성으로 가결될 수 있다. 미국 대통령 선출은 기본적으로 간접선거를 통해 이루어진다. 모든 미국 국민은 자신이 속한 각 주에서 1차 투표로 선거인단을 선출하고 선거인단이 모여서 2차 투표로 미국 대통령을 선출한다. 선거인단의 구성원들이 자신의 정당을 배신하고 다른 정당의 후보를 찍는 일명 배신표를 행사할 수도 있다. 선거인단의

백악관(위키백과)

수는 각 주의 연방 하원 의원과 상원 의원을 모두 합친 수인데, 선거인단 선출에서는 단 1표만 이겨도 해당 지역구의 선거인단을 모두 독차지하는 이른바 승자 독식 구조로 되어있다. 이 때문에 전체 유권자의 직접투표 득표에서는 앞서면서도, 선거인단 수에서는 뒤져서 대통령에 선출되지 못하는 경우가 발생할 수 있다. 건국의 아버지 중 한 명으로 재무장관을 지내던 해밀턴은 미국 대통령이 간접선거로 선출되는 이유는 대중의 무지를 이용해서 선거에 이기고 난 뒤에 본색을 드러내는 독재자의 출현을 막기 위해서라고 설명했다.[*] 선거인단을 통한 후보의 검증이 필요하다는 의미이다.

연방 의회는 미국의 입법부로 상하원의 양원제로 구성되어 있으며, 둘 다 국민의 직접선거로 선출된다. 건국의 아버지 중 한 사람

---

[*]   스티븐 레비츠키, 『어떻게 민주주의는 무너지는가』, 어크로스

연방 의회 의사당, 위키백과

이자 미국의 제4대 대통령인 제임스 매디슨(1751~1836)이 권력의
견제를 위해 입법권을 분산할 필요가 있다고 주장하여 양원제 의
회가 만들어졌다. 매디슨은 흔히 '헌법의 아버지'라 불리는 사람으
로 필라델피아 제헌의회를 이끌면서 지성과 합리성으로 모든 사람
에게 존경을 받았다.[*] 임기 6년의 연방 상원 의원은 인구와 상관없
이 각 주당 2명이고, 2년마다 의원의 1/3만 다시 선출되어 정치적
인 연속성이 이루어지도록 했다. 임기 2년의 연방 하원 의원은 주의
인구에 비례해서 수가 많아진다. 하원 의원의 임기가 짧은 것은 대
중들의 변화하는 요구를 빨리 반영하기 위해서였다. 입법권 분산의
원칙에 의해서 연방법은 양원의 동의 없이는 제정되지 않는다. 즉
하원과 상원은 입법 과정에 있어 대등한 파트너이다. 하원은 공직
자에 대한 탄핵을 결의할 수 있고, 상원은 하원에서 탄핵된 사건에

---

[*]   빈센트 윌슨, 『미합중국 건국의 아버지들』, 좋은 땅

대한 재판을 수행한다. 대통령은 상원의 동의를 거쳐서 조약을 체결하거나 고위 공직자를 임명할 수 있다.

연방 정부 권한의 영역에서 발생한 법률적 문제를 판단하기 위해서 연방 법원이 창설되었고, 연방 법원은 미국의 여러 지역에 분산되어 있다. 예를 들어서 연방 정부의 권한 행사에 대해 이의를 제기

연방 대법원(Wikipedia)

한 국민이 행정소송을 하면 연방 법원이 판결한다. 연방 법원의 목적은 국가 전체적으로 관련된 문제에 대해서 각 주의 법원들이 스스로 해석하지 못하게 하여, 전국적으로 사법적 동질성을 확보하는 것이다. 연방 대법원은 전국적인 차원에서 발생하는 정치적, 사회적, 문화적 충돌을 최종적으로 판결한다. 더불어서 연방 대법원은 위헌 여부를 판단하는 헌법재판소의 역할을 하기도 한다.

"건국 초창기에 연방 정부와 주 정부 중에서 어느 것이 실제로 미국인의 삶에 더 큰 영향을 주었나요?"

"당시에 연방 정부의 권한은 전국적이지만 실제로 국민의 일상적인 삶에 미치는 영향은 미미했고, 주 정부 권한은 주민들의 실제 삶과 구체적으로 관련되는 것이었어."

"그러면 건국 초창기에 미국에서 입법부와 행정부 중 어느 쪽의 권력이 더 강했나요?"

"당시에는 입법부가 행정부의 권한을 좌지우지했어. 그래서 행정부의 대표들은 독립성과 안정성을 갖지 못하였지. 특히 주 정부가 주 의회에 휘둘렸고,

연방 정부는 헌법 덕분에 연방 의회에 대해 상대적으로 조금 더 독립적이었
고."

행정부에 대한 입법부의 우위는 '시민 입법이 주권'이라는 사회
계약론에 접근한 정체였다. 건국 초기 미국의 지도층 인사들에게
사회계약론의 영향이 컸다고 볼 수 있다.

"결론적으로 미국 정치체제의 근본적인 특징은 연방제라는 것이네요?"
"물론 그렇기는 하지만, 최하층의 자치단체인 타운의 마을 회의와 지방의회에
   서 출현한 민주적 의식이 연방 전체의 시민 정신으로 정착한 점이 가장 중요
   했어. 결국에 풀뿌리 민주주의가 미국 민주주의의 토양이 된 것이지."
"미국 연방제의 가장 큰 약점은 무엇인가요?"
"연방 정부의 권한과 주 정부의 권한이 충돌할 가능성이 있다고 할 수 있어."

연방 정부는 주 정부에 일방적인 명령을 내릴 수가 없었다. 만약
에 이런 일이 발생하면 주 정부는 헌법에 명시된 권한을 들먹이며
논쟁을 제기할 것이 뻔하다. 주 정부의 권한은 자신의 영역에 있어
서 독립적이기 때문에 연방 정부는 주 정부를 설득하거나 국가의
이익을 내세우면서 호소하는 방식을 택했다.*

"미국 민주주의의 문화적 뿌리는 무엇이었나요?"
"17세기에 영국에서 미국의 뉴잉글랜드 지방으로 이민 온 청교도의 정신이었
   어."

*   A.토크빌, 『미국의 민주주의』, 신원문화사

메이플라워호(Wikipedia)

　　1620년에 메이플라워호를 타고 영국에서 건너와 뉴잉글랜드에
정착한 청교도들은 모국인 잉글랜드에서 독립적이고 교육 수준과
지적 수준이 높았던 중산층 출신이었다. 그들은 자신들의 종교적
신념과 맞지 않았던 모국을 떠나서 자신들의 이상을 펼칠 수 있는
새로운 세상으로 이주한 사람들이었다. 영국계 청교도는 북아메리
카에서 귀족과 평민, 부자와 가난한 자의 차별이 없는 민주적인 공
동체를 지향하면서 청교도 윤리에 입각한 근면한 사회를 만들었다.
본시 청교도주의는 정치사상은 아니지만 실제로는 미국인의 정치
적 이념 및 세계관의 토양이 되었다.* 미국인의 마음속에서 청교도
윤리와 시민적 자유가 융합되어 이로부터 훗날 '아메리칸 드림'이
라고 불렸던 미국인의 신조가 유래되었다. 미국의 한 어머니는 밤
이 되면 어린 아들을 침대에 누이고는 이런 말을 했다.

---

*　　　　A.토크빌, 『미국의 민주주의』, 신원문화사

"미국에서는 말이야 어떤 것이든 네가 택하면 할 수 있고 네가 원하는 어떤 사람도 될 수 있어. 그걸 정말 간절히 원한다면 말이야. 하지만 이 세상에 공짜란 없어. 아무도 거저 성공을 네게 주지 않아. 너 자신이 이루어야 해."[*]

"미국인은 개인 재산의 보장에 관해 전 세계에서 가장 열렬한 국민인데요, 그 이유가 무엇인가요."
"기본적으로 미국인은 대부분이 개인 재산을 보유하고 있기 때문이지."

독립 직후인 1796년에 '공유지 불하법'이 발효되면서 미국으로 오는 이주민은 거의 공짜로 엄청난 면적의 토지를 소유할 수 있게 되었다. 19세기에는 '자작농법'이 만들어져서 정부의 공유지 매각이 이루어지면서 가구당 약 20만 평의 공유지가 헐값으로 농민에게 넘어갔다.[**] 국민의 대부분이 개인 재산을 보유하고 있기에 미국인의 사회의식이 근본적으로 보수적인 성향을 띄는 것이 사실이다.

"미국 사회의 주류 사상이 점차 공화주의와 자유주의로 갈라졌다고 들었어요."
"맞아. 독립 직후에는 공화주의가 우세했지만, 나중에는 자유주의가 우위를 차지했지."

고대 그리스·로마에서 유래된 공화주의는 정치 도덕적 규범으로서 17~18세기에는 유럽에서 절대군주제를 비판했고, 독립 전쟁 전후에 미국으로 건너와서는 공공의 이익이 개인의 이익에 우선하고 정치의 목적은 시민의 덕성을 보존하고 타락을 방지하는 것이라고

[*]   제러미 리프킨, 『유러피언 드림』, 민음사
[**]   제러미 리프킨, 『유러피언 드림』, 민음사

가르쳤다. 이와 함께 공화주의는 미국이 정치적으로 부패한 영국으로부터 독립하는 것이 도덕적으로 정당하다고 주장했다. 그래서 건국 초기에 미국의 지배적 사상은 공화주의였다.[*] 미국 공화주의를 대표하는 사람은 건국의 아버지 중 한 사람으로 3대 대통령이 된 토머스 제퍼슨(1773~1826)이었다.

제퍼슨(위키백과)

　그는 버지니아에서 출생하여 변호사가 된 후에 정계에 진출하여 버지니아 의원이 되었고, 미국 독립 후에는 국무장관, 부통령을 거쳐서 대통령이 되었다. 그는 많은 저작을 남겼는데, 특히 그가 초안을 작성한 독립선언문은 미국 독립의 사상적 기반과 정당성을 온 세상에 알린 명문이다. 제퍼슨은 공동체에 중심을 두면서 공공선을 추구하는 시민적 덕성을 강조하였고, 시민의식 함양을 위해 공립학교와 도서관의 설립에 앞장서기도 했다. 그는 자유롭고 독립적인 자작농만이 시민적 덕성을 갖추고 공공선을 실현할 수 있다고 생각했다.

> **"땅에서 일하는 사람들은 신의 선택을 받은 사람들이다. 이 사람들이 진정한 미덕을 구현한다."[**]**

---

[*]　　권용립, 『미국의 정치 문명』, 삼인
[**]　마이클 샌델, 『당신이 모르는 민주주의』, 와이즈베리

자유 노동만이 자치를 수행할 수 있는 바람직한 시민적 덕목을 갖춘 독립적 시민을 길러내는 것으로 여겨졌기 때문이다. 이로부터 공화주의의 전통은 공동체와 자치가 되었다. 제퍼슨의 제자이면서 '헌법의 아버지'로 불렸던 메디슨은 공화주의의 시민적 덕성을 헌법의 정신에 불어 넣으면서, 연방 정부에게는 시민적 덕성을 개선하면서 동시에 공공선을 추구할 책무가 있음을 명확히 했다.

공화주의와 대조되는 미국의 자유주의는 본시 로크의 자유주의에서 유래되었다고 한다. 하지만 시장에서 자유롭게 사익을 추구하는 기업의 투자와 혁신으로 미국경제가 발전하면서 건국 초의 정치적 자유주의는 경제적 자유주의로 전환되었다. 이런 점에서 7대 대통령인 앤드루 잭슨(1767~1845)이 내세운 이른바 '잭슨 민주주의'가 미국 자유주의를 상징하고 있다.

> "상식적으로 볼 때, 강력하고 적극적인 역할을 하는 민주주의 정부는 강력한 전제정과 운영 방식만 다를 뿐 근본적으로는 사악하다는 점에서 동일하다. 정부는 시민이 추구하는 일반적 사업 및 이익에 대해 가능한 한 적게 관여해야 한다. 정부가 국내에서 하는 활동은 시민의 천부적인 평등권을 보호하고 사회 질서를 유지하는 사법적인 행정에 국한되어야 한다."*

사실 '잭슨 민주주의'는 애덤 스미스의 경제적 자유주의가 미국판 버전으로 출현한 것으로, 19세기 중반 이후로 미국 사회에서 찬양받았다. 그래서 마치 미국이란 나라가 자유주의의 화신으로 보

---

* 마이클 샌델, 『당신이 모르는 민주주의』, 와이즈베리

이기도 했다. 하지만 자유주의가 미국 사회에서 부상하고 범람하는 와중에도, 정부가 공공의 이익을 추구하고 시민적 덕목을 배양해야 한다는 공화주의의 전통이 여전히 살아서 숨 쉬고 있었다. 즉 자유주의의 무절제한 사적 이익 추구에 대해 견제의 역할을 한 것이 공화주의였다. 단지 공익을 위해 사익을 희생하라는 공화주의의 덕성은 시민들의 일상생활에서는 과도한 이상이었을 뿐이다. 실제로 미국 사회에서 공화주의와 자유주의는 섞이고 동반하면서 청교도주의와 융합하여, 미국인의 이념적인 정체성을 형성했다. * 미국인은 자유롭게 사적인 이익을 추구하면서도 한편으로는 자선활동이나 재산의 사회 환원도 활발하게 한다. 이것이 이기적인 인간과 덕성의 인간이 융합된 모습이고 바로 자유주의와 공화주의가 뒤섞인 모습이다.

"미국 사회에서는 평등을 어떻게 보았나요?"
"정치적, 법적으로 기회의 균등을 평등이라고 받아들이면서 결과의 불평등은 개인적 책임으로 돌렸지."

미국인은 경쟁의 결과가 불평등한 것은 개인들 간의 근면성과 재능에서의 차이에서 발생하는 것이라고 받아들였고, 그것이 청교도 윤리인 근면성의 가치와 맞아 떨어지는 것이었다. 미국인의 이런 평등관은 지금까지도 변함없이 유지되고 있다.

"서유럽의 사민주의에서 말하는 평등도 기회의 균등이지요?"

*   권용립, 『미국의 정치 문명』, 삼인

"기회의 균등이라는 말이 서유럽과 미국에서 다른 의미로 사용되고 있어."

미국에서는 기회의 균등을 단순히 경쟁의 장에 참가할 기회를 똑같이 준다는 의미로 받아들이고 있고, 서유럽에서는 이에 덧붙여서 능력을 배양할 기회조차도 균등하게 제공된다는 의미가 포함되어 있다. 예를 들면 가정 형편과 상관없이 동질의 교육을 받을 기회가 제공되어야 한다는 것이다.

미국 목화 농장의 흑인 노예(Wikipedia)

자유와 평등을 내세우는 미국 민주주의에서 흑인 노예는 커다란 자기 모순이었다. 그래서 노예제 옹호자들은 흑인 노예는 백인보다 열등하기에 노예제도가 존속되는 것이 인류의 진보를 돕는다는 논리를 내세우면서 현실의 모순을 은폐하려고 했다. 결국에 노예제를 둘러싼 미국 사회의 갈등으로 남북전쟁(1861~1865)이 발생했고 결과적으로 흑인 노예의 해방이 이루어졌다. 하지만 노예에서 해방된 흑인들의 삶이 근본적으로 달라진 것은 훨씬 훗날의 일이었다. 20세기 초까지도 미국 흑인의 90% 이상이 남부에서 목화 재배를 하면서 살고 있었다. 그들은 노예에서 석방되었지만, 목화 농장에서 백인 지주들에게 가혹하게 착취를 당하면서 소작인으로 살고 있었다. 이 소작제도는 단지 이름만 바뀐 노예제도였다.

"추수 때 목화를 따는 것은 힘든 일이었다. 노동자들은 일할 때 무릎으로 기

거나 구부려야 했다. 목화의 부드러운 솜 부분은 계속해서 손을 찌르는 질긴 줄기로 둘러싸여 있었다. 어깨 주위에 가죽끈으로 된 75파운드의 주머니에 목화를 따서 집어넣었다. 목화 따기는 해 뜰 무렵부터 해 질 녘까지 계속되었다."[*]

"노예에서 해방된 흑인들에게 선거권을 주었나요?"
"'인종을 기준으로 선거권 제한을 둘 수는 없다'는 헌법 조항 덕분에 흑인들이 1867년부터 선거권을 받았어."
"그러면 흑인들이 정치적인 영향력을 행사할 수 있었겠네요?"
"그것을 막기 위해 잔꾀가 동원되었지."

남북전쟁 중 노예제를 지지했던 남부 연합 지역의 11개 주는 흑인들의 선거 참여를 막기 위해서 납세 실적, 재산 요건, 읽고 쓰기 능력을 기준으로 하는 선거권 제한을 도입하여 가난하고 무지한 흑인 대부분의 투표권을 박탈했다. 그로 인해 그 지역에서 1898년에 투표권을 가진 흑인은 전체 성인 흑인 중에 약 11%에 불과했다.[**]

"그러면 흑인들의 삶에서 본질적인 변화는 언제 시작이 되었나요?"
"1944년 10월 2일 미시시피주의 한 목화 농장에서 시작되었지."

"목화 따는 기계는 목화의 하얀 줄을 따라 움직였다. 각각의 기계는 앞에 물 렛가락 줄을 설치했는데, 그것은 금속 이빨로 가득한 커다란 입으로 보였고 수직으로 뻗어있었다. 대략 인간의 손만 한 물렛가락들은 회전해서 목화를

---

[*]   제러미 리프킨, 『노동의 종말』, 민음사
[**]   스티븐 레비츠키, 『어떻게 민주주의는 무너지는가』, 어크로스

따냈고, 이를 튜브를 통해 끌어들여 기계의 윗부분에 설치된 커다란 철사로 된 바구니에 담았다."*

목화 따는 기계(Wikipedia)

목화 따는 기계의 출현으로 남부의 목화농장에서 흑인들이 쫓겨나서 북부의 공업지대로 이주하게 되었다. 1940년에서 1970년 사이에 5백만이 넘는 흑인들이 일자리를 찾아 북쪽으로 이동했다. 이와 함께 흑인들은 도시의 산업 노동자로 바뀌었다.

"미국이 독립한 뒤로 200년 이상의 세월이 흐르면서 미국의 민주주의가 변했나요?"
"세상사는 늘 변화하는 것이잖아. 미국의 민주주의도 건국 초창기와 비교하면 많이 변했지."

가장 먼저 눈에 띄는 변화로서 19세기까지 강력한 권한을 행사하지 못했던 연방 정부가 20세기에 대공황과 2차 대전 등 국가의 긴급사태를 겪으면서 강력한 행위자로 떠올랐다. 특히 1930년대 대공황기의 뉴딜 정책은 경제난을 구실로 연방 정부가 미국 사회에 대해 대대적으로 개입하고 규제하는 계기가 되었다.** 연방 정부는 법률, 관리, 예산, 정보, 전쟁의 차원에서 막강한 힘을 확보했고, 때로는 행정명령을 사용하여 의회의 반대를 우회해서 정책을 추진하

---

* 제러미 리프킨, 『노동의 종말』, 민음사
** 권용립, 『미국의 정치 문명』, 삼인

기도 했다.* 결국에 건국 초창기에 비교해서 행정부에 대한 의회의 우위가 손상되었다.

"건국 초창기에 미국 민주주의 토대가 된 풀뿌리 민주주의는 어떻게 되었나요?"

"미국인에게서 지역 공동체 의식이 약해지면서 의미가 거의 없어졌어."

건국 초창기에 미국인은 강력한 정체성을 유지하는 지역 공동체에 속해있었고, 주민들은 공동체 내에서 실질적 주권을 행사하면서 모든 일을 처리했다. 전통적으로 작은 마을들을 토대로 진정한 공동체적 삶을 발전시켜는 과정에서 미국의 민주주의는 발전한 것이다.

"미국이 모두 작은 마을이었던 시절, 아름다운 골짜기 어디에서나 미국을 볼 수 있었던 시절, 드넓은 초원에서 미국이 위대한 힘을 펼쳐 보이던 시절, 산이면 산마다 들이면 들마다 기업의 뜨거운 불길이 내달리던 시절, 열의에 가득 찬 사람들이 모든 곳에서 피고용인이 아니라 독립적인 존재로 산업의 불을 지피던 시절, 자기가 하고 싶은 일을 굳이 멀리 떨어진 도시에서 찾지 않고 그저 이웃을 둘러보기만 하면 찾을 수 있었던 시절, 자본주의적 연결성이 아니라 개인의 인격과 덕목에 따라 신용이 평가되던 시절."**

---

*   스티븐 레비츠키, 『어떻게 민주주의는 무너지는가』, 어크로스
**   마이클 샌델, 『당신이 모르는 민주주의』, 와이즈베리

소규모 독립적인 생산자 중심의 미국 산업이 독과점화와 대기업의 발전이라는 길을 걸으면서 오늘날에는 미국인 대부분이 대기업에 고용되어 대도시에서 일하게 되었다. 그리고 미국의 대도시에서 약 100km까지 떨어진 먼 지역에 걸쳐서 넓은 대지를 가진 주택들이 들어섰다. 미국인의 약 1/4은 이런 지역에서 이른바 전원주택에 살고 있다. 이곳에서는 주택들이 떨어져 있을 뿐만 아니라 주택단지를 이어주는 인도와 대중교통 수단이 거의 없다. 이른바 '베드타운'에 불과한 이곳에서 살아가는 사람들은 지역 공동체와 격리되어 자신이 소유한 대지와 주택에서 홀로 살아가고 있다. 이웃 사람들의 이름도 모르는 채 살아가는 그들에게 지역 공동체 의식은 희미하다.*

　　그 옛날의 마을 공동체에서는 자신들의 경제적 활동이 그 안에서 이루어졌기 때문에 정치적인 참여와 의사 표현이 자신의 경제적 이익과 직접 연관되었다. 반면에 오늘날처럼 대기업에 고용되어 시키는 일이나 하고, 집에 가면 휴식을 취하기만 하는 세상에서는 투표하거나 정치적인 지식을 얻어봐야 자신의 삶에 아무런 쓸모가 없는 것이다. 그러다 보니 공공 정책의 계획이나 시행에서 국민의 참여는 주변적인 수준을 벗어나지 못하고 있다. 실제로 미국은 기업이 중심이 되어있는 사회이고 정당들은 기업의 이익을 대변하고 있다. 결국에는 기업이 미국의 민주주의를 유린하고 있다는 평이 설득력을 얻고 있다.**

*　　　제러미 리프킨, 『유러피언 드림』, 민음사
**　　노암 촘스키, 『세상의 권력을 말하다』, 시대의 창

"공화당과 민주당이 모두 친기업적 정당이라는 말인가요?"
"공화당은 규모를 불문하고 기업을 위한 정당이고, 반면에 민주당은 소기업보
다 대기업을 위한 정당이라는 평가되고 있어."

제퍼슨은 "금융기관과 돈을 추구하는 법인 기업을 경계하라."라
고 말하면서, 그런 집단의 힘이 강대해지면 귀족 집단이 결국 승리
해서 미국 혁명의 열매가 물거품처럼 사라질 것이라고 했다.* 이미
2백 년 전에 미국 사회의 현재 모습을 정확히 내다보았던 그의 예
언력에 소름이 돋는다.

"오늘날 미국에서 친기업적 성향이라는 공통점을 보이는 공화당과 민주당은
이념적으로는 어떻게 다른가요?"
"오늘날 양대 정당의 이념은 뉴딜 시대를 거치며 확립된 것인데, 공화당이 보
수주의를 그리고 민주당은 진보적 자유주의를 표방하고 있어."

오늘날 미국에서 보수주의란 시장에 대한 국가의 개입에 반대하
는 경제적 자유주의를 의미하는데, 뉴딜 정책에 대한 반발에서 출
발했다. 반면에 뉴딜 정책을 지지했던 이념이 진보적 자유주의로
불리게 되었다.

*   노암 촘스키, 『세상의 권력을 말하다』, 시대의 창

뉴딜 시대의 공공 건설 사업(위키백과)

실제로 양대 정당의 차이점은 이념보다는 주된 이슈의 분야에서 찾는 것이 더욱 명백할 듯하다. 공화당의 이슈는 주로 범죄, 세금, 국방, 이민, 도덕성 등이고, 반면에 민주당은 교육, 노인 문제, 빈곤, 의료, 환경, 육아 등에 관심을 두고 있다.* 이로써 민주당이 공화당보다는 상대적으로 사회복지에 관심이 큰 진보성을 보인다고 할 수 있다.

1960년대는 미국에서 격동의 시대였다. 킹 목사의 암살로 민권운동이 절정에 올랐고, 베트남전쟁에 반대하는 반전운동이 격렬했으며 반체제 문화가 출현했다. 반체제 문화 집단의 구성원을 히피(hippie)라고 한다.

*   딕 모리스, 『파워 게임의 법칙』, 세종서적

"대체 반체제 문화가 무엇인가요?"
"기업에 고용되어 살아가는 예속적인 일상을 거부하고 자율적인 개인으로의
삶을 추구하면서 동시에 공동체의 구성원으로 연대성을 향유하는 문화이지."

반체제 문화는 낭만적이고, 민주적이고, 반
자본주의적인 문화 혁명으로써 사랑과 범신
론을 이념으로 삼았다. 히피들은 새로운 인간
의 삶을 창조하려 했는데, 이를테면 돈과 출
세를 거부하고 자유로 충만한 삶을 추구했다.
이들의 행위는 미국 사회의 보편적 가치인 물
질 추구와 기독교에 대한 반항이자 거부였다.

히피(위키백과)

"히피와 음악은 어떤 관계인가요?"
"음악은 히피의 생활에 가장 큰 동력을 제공했어."

"음악은 사람들에게 때 묻지 않은 원초적인 감각들을 되찾아 주고, 좋은 기분
을 느끼도록 만든다. 그리하여 사람들은 퀴퀴한 장례식장 같은 서구 문명의
한가운데서 다시 생생하게 살아난다."[*]

1960년대 반체제 문화는 대중들의 관심을 끌어서 정치적 행사
에도 큰 영향을 미쳤다. 하지만 1975년 이후로 반체제 문화는 점차
쇠락해서 사회적 정치적 영향력을 잃어버렸다.

---

[*]   앨런 케이건, 『지식인과 자본주의』, 부글

촘스키는 오늘날 미국의 민주주의를 '국민이 당사자가 아니라 방관자로 머무르는 체제'라고 표현했다.* 선거 때가 되면 국민은 투표하지만, 그 뒤로는 정치에 관심을 끊고 일상에만 몰두한다는 의미이다. 게다가 유권자들의 투표율은 눈에 띄게 낮아지고 있다. 19세기에 미국 유권자의 70~80%가 주요 선거에서 투표했지만, 오늘날에는 대통령 선거에서 최대 60%, 중간선거와 주의 선거에서 최대 40%가 투표한다. 한편으로 유권자의 최소 35%는 정치적으로 완전히 무지한 상태이다. 예를 들면 선거 기간에 유권자들 절반 이상이 자신의 지역구 의원 후보를 모르거나, 어느 정당이 다수당인지를 모를 정도이다. 심지어 미국 유권자의 절반 이상이 진보적이라는 단어가 정치적으로 무엇을 의미하는지 몰랐으며, 더욱 충격적인 것은 미국인의 약 40%가 2차 대전에서 미국이 어느 나라와 싸웠는지를, 미국인의 25% 이상이 미국이 독립 전쟁에서 어느 나라와 싸웠는지를 모르고 있다.**

"유권자들이 이렇게 정치적으로 무관심하고 무지한 이유가 무엇인가요?"
"투표하거나 정치적 지식을 얻는 것이 자신의 실제 생활과는 아무런 관련이 없다고 생각하기 때문이지."
"유권자들이 정치적으로 무지하면 어떤 일이 발생하나요?"
"이성적인 판단력을 갖지 못한 유권자들이 감정에 의존해서 편향적 집단을 형성하고, 그들을 선동하는 정치인들로 인해 정치가 난장판이 되는 것이지."

*   노암 촘스키, 『누가 무엇으로 세상을 지배하는가』, 시대의 창
**   제이슨 브레넌, 『민주주의에 반대한다』, 아라크네

1950년대 초에 공화당 소속 상원 의원 메카시가 소련의 핵무장으로 발생한 미국인의 불안감을 빌미로 유권자들을 선동하며 경쟁자를 공산주의자로 몰아세우는 선거 전략을 시도했다. 1952년 대통령 선거에서 공화당은 메카시의 반공주의 선동을 선거 전략으로 채택했고, 그것이 약발이 들어서 선거에서 승리했다. 1972년에는 인종 분리를 선동하는 월리스가 민주당 대선 후보 1위를 달리다가 정신질환자가 쏜 총에 맞고 후보직에서 사퇴하는 사건이 발생하기도 했다.* 21세기에 들어서는 선동성이 강한 정치인 트럼프가 대통령에 당선되었다. 경제적으로 불평등한 미국 사회에서 불만이나 원한을 품고 있던 사람들과 세계화의 급속한 진행으로 일자리를 잃어버린 제조업 노동자들이 트럼프라는 선동가에게 표를 몰아준 사건이었다.

촘스키는 특히 기독교 근본주의와 결탁한 극우파가 선동으로 세력을 확장하고 있는 것이 크게 우려된다고 한다.** '기독교 근본주의'는 성경의 어떤 한 구절에도 이견을 제시할 수 없다는 맹신과 독선의 성향을 의미한다.

"과학 정신이 강하다고 알려진 미국인이 중세 유럽인의 종교관을 갖게 된 이유가 무엇인가요?"
"미국인이 20세기 후반부터 점차로 기독교 근본주의로 귀의하고 있는 것은 지나친 개인주의와 공동체 의식의 결여 때문이라고 추정되고 있어. 외로움과 두려움이 그렇게 만든 것이지."

---

*　마이클 샌델, 『당신이 모르는 민주주의』, 와이즈베리
**　노암 촘스키, 『누가 무엇으로 세상을 지배하는가』, 시대의 창

이와 더불어 미국은 점차 기독교 맹신의 사회로 변화하고 있다. 그래서 국민의 약 75%가 악마의 존재를 그리고 약 50%가 성경에 나오는 천지창조설을 믿고 있는 상황이 되었다. 문제는 기독교 근본주의의 확장과 함께 미국 사회의 극우화 현상이 나타나고 있다는 사실이다. 기본적으로 종교적 맹신과 독선은 다양한 사고와 이념의 발전을 가로막아 사회를 보수화하기 때문이다. 1980년대 레이건 집권 시절부터 공화당이 기독교 근본주의자 집단을 대변하면서 2016년에 백인 개신교도의 76%가 공화당을 지지하였고, 이와 함께 공화당은 점점 더 보수화되고 있다.* 미국의 극우 세력은 백인 우월주의와 청교도적 도덕주의 그리고 반공주의가 결합한 감성적 의식을 지닌 집단으로 이민, 가톨릭, 유색인을 배격하는 경향을 보인다. 이들은 다인종, 다문화로 구성된 이민 국가 미국의 특성을 부정하고 미국 사회를 차별과 갈등으로 이끌고 가면서 미국 민주주의를 흔들고 있다. 경제와 기술 분야에선 진취적인 미국인이 사회 문화적으로는 보수적이고 아예 퇴행적이기까지 한 사실이 놀랍기만 하다. 게다가 다윈의 진화론은 부정하면서도 사회적 진화론이 주장하는 적자생존의 논리에는 귀 기울이며 극도의 경제적 불평등 앞에서 눈을 감는 미국 사회는 참으로 불가사의하다.

---

*   스티븐 레비츠키, 『어떻게 민주주의는 무너지는가』, 어크로스

7.
중국의
민주주의

7. 중국의 민주주의

신해혁명과 중화민국의 등장은 중국 문명 5천 년의 이정표이며, 중국이 사상적으로 참신한 시대에 들어섰음을 의미한다.[*]

"자금성은 세계에서 가장 큰 궁전이지요?"

"그렇지. 하지만 나는 자금성을 다른 의미로 보고 있어."

"어떤 의미인가요?"

"중국 전제왕권의 상징."

"중국은 민주주의 하고는 거리가 먼 나라였지요?"

자금성(위키백과)

"맞아. 중국은 동양을 대표하는 나라로 중세 시대에 세계 최고의 문명국가였지만 민주주의에 관해서는 할 말이 없는 역사를 가졌지. 게다가 서구 사회가 경험했던 근대화가 중국에서는 발생하지 않아서 사회가 낡고 병들어 있었어."

---

[*] 탄종, 『중국문명사』, 경지출판사

19세기에 들어 중국에서는 만주족 청 왕조의 무능한 통치, 부패하고 잔혹한 봉건 사회에 대한 민중의 불만 그리고 외세의 중국 침략에 대한 위기감이 혼합되어 변화를 향한 몸부림이 나타났다.

"중국에서 변화의 시발점이 된 사건이 무엇이었나요?"
"아편전쟁이라고 할 수 있어."

영국의 동인도회사는 18세기 중반부터 중국으로부터 차, 비단, 도자기 등을 수입하였는데, 특히 차의 수입량은 점차 급증하였다. 당시 동인도회사는 중국 상품을 구매할 때 은으로 결제했기에 다량의 은이 영국에서 중국으로 흘러 들어갔다. 동인도회사는 교역으로 인한 은의 흐름을 거꾸로 돌리기 위하여 인도의 농민에게 양귀비의 씨에서 추출한 마약인 아편을 생산시키고 그것을 중국으로 수출하였다. 동인도회사가 인도의 상인들에게 후결제 조건으로 아편을 넘겨주고, 이 물건이 인도 선박에 실려서 광주 부두에 도착하면 중국의 아편 밀수업자들이 은화를 주고 아편을 가져갔다. 그리고 그 은화의 대부분이 인도인 아편 상인들 손을 거쳐 동인도회사로 넘어가서(후결제) 차 구매에 사용되었다.

아편을 흡연하는 중국인(위키백과)

청나라 조정의 아편 금지령에도 불구하고 아편은 중국에서 크게 유행하여, 아편 밀수로 인한 중국의 은 유출량은 차 수출로 인한 은의 유입량을 크게 넘어섰다. 중국에서 은이 부족해지자 은의 가격이 천정부지로 오르고, 기존 통화인 동전의 가격은 급락하였다. 이로 인해 은화로 세금을 내야 하는 중국 민중들의 부담은 엄청나게 커졌고 사회는 혼란에 빠졌다.

"정부가 강력하게 '아편과의 전쟁'을 하면 해결될 일이 아니었나요?"
"당시 관리들의 부패가 극에 달해서, 아편 상인들에게 뇌물을 받으면서 눈감
　아 주는 것이 일상화되어 있었어. 사실은 관리들도 아편 중독자가 되었거든."
"그럼, 청나라 정부는 보고만 있었나요?"
"당시의 황제 도광제는 아편 밀매를 엄금하기 위하여 혁신적인 관리 임칙서를
　흠차대신(欽差大臣)으로 삼아서 광주에 파견했어."
"왜 광주로 보냈나요?"
"당시 동인도회사의 중국 지점이 있던 광주에서 아편의 밀매가 집중적으로
　이루어지고 있었거든."

1839년 3월에 임칙서는 광주에서 아편의 판매와 흡연을 엄금하는 포고를 내렸다. 동시에 그는 동인도회사 지점을 봉쇄하고 상무 감독관을 감금하였으며 2만 상자의 아편을 몰수하여 불태워서 바다에 버렸다. 이제 영국은 이 사건을 빌미로 하여 청나라를 무력으로 굴복시키고, 중국의 전 영토를 영국의 시장으로 만들려고 시도했다. 그래서 1840년 6월에 해군 소장 엘리어트가 지휘하는 영국 함대가 군함 16척, 수송선 20척, 무장 기선 4척에 4천 명의 병력을 이끌고 광주 앞바다에 도착하여 마침내 아편전쟁이 시작되었다.

광주의 강고한 방위 체제를 잘 알고 있는 영국 함대는 북상하여 천진을 공격하였다. 천진은 북경과 인접한 항구도시였기에 겁먹은

아편전쟁(위키백과)

청나라 정부는 임칙서를 파면하고 타협파인 기선을 파견하여 영국
과 교섭하였다. 그러나 기선이 영국에 너무 많이 양보하자, 도광제
는 그를 파면하고 다시 전쟁을 치르겠다는 의지를 보였다. 이제 영
국 함대는 남하하여 1841년 5월에 광주를 함락하고, 다시 북상하여
상해와 남경에 들어왔다.

"대국인 청나라가 홈그라운드에서 영국의 일개 함대에 어떻게 그렇게 어이없
이 패전했나요?"
"하하, 개인도 몸집만 크다고 싸움을 잘하는 것은 아니잖아. 영국은 산업혁명
을 거치면서 증기기관으로 움직이는 철제 군함을 보유하였고, 청나라는 구
식 목선을 가지고 거기에 대응했으니, 중세와 근대의 싸움이 된 것이었지."

"중세 시대에 세계에서 가장 찬란한 문명이었던 중국 문명이 이토록 쇠락한 근본적인 이유가 무엇인가요?"

"명나라 시대부터 중국의 지배 사상이 된 성리학의 영향이 컸다고 보여."

종교윤리와 경제 발전과의 연관을 연구했던 독일의 사회학자 베버는 유교(성리학)에 관해 이런 말을 했다.

"유교(성리학)의 윤리는 불가피하게 주어져 있는 질서에 대한 개인의 조화로운 적응을 그 중심으로 하고 있었다."[*]

남송의 주자가 집대성하여 유교의 주류가 된 성리학은 보수성이 강해서 변화를 거부했고, 실용주의와는 거리가 먼 사상이었다.

"그런데 중국이 해전에서 특히 무능했던 어떤 특별한 이유는 없었나요?"

"사실 해전에서의 무능은 중국 문명의 특성과 연관되어 있어. 중국은 1만 8천 km에 달하는 거대한 해안선을 갖고 있으면서도 해양과는 거리가 먼 내륙 문명을 발전시켰거든."

15세기 초 명나라 영락제 시절에 정화가 거대한 함대를 이끌고 일곱 차례 대원정을 해상으로 떠났지만, 이후에 중국은 바다를 향해 다시 빗장을 걸었다. 아편전쟁은 바로 이런 중국 문명의 취약점을 여실히 드러낸 사건이었으며, 바다가 안겨준 시련이었다.

[*]   A. 기든스, 『자본주의와 현대사회이론』, 한길사

마침내 중국 정부가 영국에 강화를 요청하고 1942년 8월에 양국이 남경조약을 맺으면서 아편전쟁은 끝났다.

남경조약의 주요 내용은 홍콩의 할양, 5개 항구의 개항, 배상금 2,100만 달러의 지불 등이었지만, 문제의 핵심인 아편에 대해서는 일언반구도 없었다.* 이후로 아편 무역은 실제로 합법적인 무역이 되어버렸고, 영국은 아편 무역으로 이전보다 더 많은 이익을 챙기게 되었다. 그래서 훗날에 인도의 문호 타고르는 "영국이 총과 대포로 독극물을 중국의 목구멍에 쑤셔 넣었다."라는 유명한 말을 남겼다.**

남경조약 체결(위키백과)

"아편전쟁에서의 패배가 중국의 안팎에 어떤 영향을 주었나요?"
"중국이 병든 코끼리라는 것이 입증되자, 영국 외에도 프랑스, 미국, 러시아 등의 서양 국가들이 하이에나처럼 덤벼들었고, 중국의 민중들은 무능한 청 왕조를 비난하였어."

*   윤영만, 『중국혁명사』, 세계
**   탄종, 『중국문명사』, 경지출판사

한편 이 사건으로 인해 중국 민중들은 각성하였다.

"대체 중국 민중들이 무엇을 각성했다는 것이죠?"
"중국이라는 나라가 형편없이 허약하다는 것을 깨달았으며, 그 원인이 낡고
썩은 봉건적 사회 질서 때문이었다고 생각하게 되었어."
"당시 중국 사회에서 최고의 모순은 무엇이었나요?"
"경작자인 농민이 토지를 소유하지 못하고 지주에게 악랄한 착취를 당하면서
소작인으로 비참하게 살아가는 것이었어."

마침내 잘못된 세상을 바꾸려는 거대한 움직임이 해일처럼 밀려
와서 온 세상을 휩쓸었다. 1850년에 청나라 타도를 기치로 내건 '태
평천국의 난'이 발생했고, 농민 반란군과 청나라 군대 사이에 벌어
진 내전에서 2천만 명 이상이 사망했다. 태평천국을 세운 홍수전은
1814년에 광동성에서 태어났다. 전해오는 이야기에 의하면 그는 과
거시험에 여러 번 낙방하여 절망 상태에 빠졌지만, 기독교에 감화

남경을 공격하는 태평천국 군대(위키백과)

되어 새로운 인생을 시작했다고 한다. 그는 1847년에 광동성에서 기독교에 뿌리를 둔 신흥종교 교단인 배상제회(拜上帝會)를 설립하였고, 이어서 1851년에는 광서성에서 태평천국을 세우고 자신을 천왕이라고 칭했다. 홍수전을 추종하는 농민으로 구성된 태평천국 군대는 초창기에는 청나라 군대에 쫓겨 다녔지만, 마침내 1853년에는 남경을 점령하여 수도로 삼고 양자강 이남 지역을 통치했다.

> "태평천국의 난에 어떤 의미를 부여할 수 있을까요?"
> "중국 역사상 최초로 민중이 반봉건 혁명의 깃발을 올린 사건으로 큰 의미를 부여할 수 있어."
> "태평천국의 난이 실제로는 농민 봉기였던 이유는 무엇인가요?"
> "그만큼 중국 농촌에서 착취가 가혹했기 때문이지. 그래서 태평천국 혁명운동의 칼끝은 잘못된 농지 제도를 가장 먼저 겨누었어."

중국의 남부 지방을 차지한 태평천국은 내부 규율이 엄격했고 높은 도덕성을 보였다. 특히 홍수전이 토지제도를 개혁하면서 태평천국은 중국 민중에게 열렬히 지지받았다. 태평천국의 치국 강령은 이러했다.

> "모두가 함께 밭을 똑같이 나누어 경작하고, 밥을 똑같이 나누어 먹고, 옷을 똑같이 나누어 입으며, 돈을 똑같이 나누어 쓰면서 평균 분배를 하지 않는 곳이 없고, 배불리 먹지 못하는 사람이 없는 사회를 건설한다."[*]

---

[*] 탄종, 『중국문명사』, 경지출판사

이로써 중국 역사상 전대미문의 평등사상을 기반으로 한 가장 진보적인 정권이 출현하였다. 그러나 태평천국은 지도부의 내분으로 서서히 무너졌고, 이 틈을 노려서 청나라 군대가 1858년에 본격적인 공격을 시작하였다. 이후 점차로 태평천국은 모든 영토를 잃었고, 마침내 1863년에는 수도 남경이 청나라 군대에 포위당했다. 1864년 6월에 홍수전이 자살하였고, 이어서 남경이 함락되면서 태평천국은 막을 내렸다. 태평천국은 한편으로는 낡은 봉건 사회를 부수고 새로운 세상을 만들려고 했던 혁명운동이었으며, 동시에 한족이 만주족의 통치에서 해방되려고 했던 민족 해방운동으로도 볼 수 있다.

"태평천국 사건이 중국 사회에 끼친 영향은 무엇이었나요?"
"중국의 빈곤한 소작인들에게 태평천국은 전설이 되었고, 홍수전을 비롯한 태평천국의 지도자들은 그들의 마음에 영웅으로 각인되었어. 훗날 중국 공산군 원수가 된 주덕은 사천성의 몹시 빈곤한 소작인 가정에서 배를 주렸던 어린 시절에 태평천국의 이야기를 가슴에 새기고 훗날을 기약했다고 하더군."

아편전쟁에서의 패배는 민중을 각성시켰을 뿐만 아니라 썩어빠진 청나라 정부도 잠시 정신을 차린 계기가 되었다. 이른바 '양무운동'이 청나라 정부에 의해서 시행되었는데, 최신식의 무기 공장을 세우고 신식 군대를 양성하여 국방력을 강화하려는 목적으로 추진되었다.

"당시 자금성의 상황은 어땠나요?"
"함풍제가 일찍 죽는 바람에 어린 나이에 황제가 된 동치제가 1873년에 18

세가 되면서 친정을 선포했고, 그의 생모 자희태후(서태후)는 수렴청정을 끝내면서 대궐 밖에 있는 원명원에서 지내겠다고 선포했지."

원명원은 북경 근교에 있는 이궁으로 청나라의 네 번째 황제 강희제가 1707년에 아들인 윤진에게 하사한 정원에서 유래했다. 윤진이 옹정제로 즉위한 이후 여러 건물이 증축되었고, 정원도 확장되었다. 프랑스의 문호 빅토르 위고는 이곳을 둘러보고 이런 글을 남겼다 한다.

"이곳은 대리석, 비취, 청동, 자기를 사용해 꿈을 빚어놓은 곳이오. 고귀한 보석이 곳곳을 덮었고, 비단이 이곳저곳을 감싸고 있다오. … 아름다운 화원, 연

원명원(위키백과)

못과 분수로부터 나오는 물방울, 백조, 따오기, 공작새가 함께 노니는 이곳이 야말로 신전과 궁전의 얼굴을 함께 가진 환상의 세계가 아니고 무엇이겠소."*

그러나 1860년에 프랑스와 영국의 연합군이 북경을 함락하면서 이곳에 침입하여 철저하게 약탈하고 파괴하였다. 당시 영국군과 프랑스군은 원명원의 진귀한 문물을 약탈하고는 죄악을 감추기 위해 불을 질렀는데, 그 불길은 하늘로 치솟았고 수일 동안 꺼지지 않았다고 한다.

1874년에 동치제는 대신들의 반대를 무릅쓰고 원명원 복원을 명령했다. 당시에 대신들 10명이 '허황하고 사치스러운 것, 시급하지 않은 곳에 재정을 탕진해서는 안 된다.'라는 상소를 올렸지만 어리석은 동치제는 들으려 하지 않았고, 오히려 대신들을 벌주려고 하였다. 결과적으로 원명원 복원 계획은 대신들의 반대로 무산되고 말았다. 동치제는 공부를 끔찍이도 싫어해서 상소문도 제대로 읽지 못하는 무식쟁이 황제

서태후(위키백과)

였다. 부전자전이라고 함풍제와 동치제 부자는 못나고 어리석기로는 한치도 다르지 않았다. 게다가 사치스럽고 탐욕적이며 사악한 서태후까지 합쳐서 참으로 한심한 일가였다. 동치제는 불과 20살의 나이로 갑자기 죽었다. 여색에 빠져 살았던 그는 미복 차림으로 궁

---

*　마크 레너드, 『중국은 무엇을 생각하는가』, 돌베개

궐 밖에 있는 기생집을 전전하다가 매독 감염으로 죽었다고 추정되고 있다.[*]

> "서태후가 어디에다가 가장 많은 돈을 썼는지 알아?"
>
> "글쎄요. 옷과 패물?"
>
> "아니야. 서태후는 먹는 데다가 돈을 낭비했어."
>
> "그래요? 여자가 먹으면 얼마나 먹는다고?"
>
> "그녀의 한 끼 식사에는 보통 100가지의 요리가 차려졌어."
>
> "맙소사. 그걸 다 먹어요?"
>
> "물론 몇 가지만 주로 먹었는데, 가장 좋아한 것은 북경 오리구이 그리고 특히 오리 혀 찜 요리와 제비집을 넣고 삶은 오리고기 요리였다고 하더군."^{**}

세상이 날로 혼란에 빠지고 사람 사는 일이 날로 불안해지자 종교를 앞세운 농민 봉기가 다시 발생했다. 이른바 '의화단'이라고 불리는 비밀 결사가 산동성 서남부에서 출현하였는데, 이들은 손오공 등을 신으로 모시고 주문을 외면서 자신들은 죽지 않는다고 믿는 신비주의에 빠진 종교 단체였다. 의화단은 농민들 사이에서 점점 세력을 키워가더니 마침내 1899년 4월에 봉기하여 청나라를 무너트리자는 구호를 내걸고 청군과 싸워서 승리하였다.

---

[*]   옌 총니엔, 『청나라 제국의 황제들』, 산수야
^{**}   윤덕노, 『음식으로 읽는 중국사』, 더난출판

"주원장의 백련교도의 난, 홍수전의 태평천국의 난 그리고 의화단의 난 등 중국에서 대표적인 농민 봉기들이 종교와 결합한 이유가 무엇이죠?"
"농민들이 종교적 확신을 통해 구름처럼 몰려들어서 죽음을 두려워하지 않고 싸우는 바람에 강력한 세력을 형성할 수 있었어."

1900년 전반기에 의화단은 북경을 향해 북상하면서 관청을 습격하고 철도를 파괴했으며, 동시에 외국인 선교사, 교회, 외국인 상점 등을 습격하면서 반외세 투쟁의 성격을 드러냈다. 사태가 심각해지자 청나라 조정은 의화단을 회유하고 반외세 투쟁에 동참하였다. 이제 의화단의 구호는 '청나라를 도와서 서양인을 멸하자'로 바뀌었다. 실권자인 서태후는 "권민들은 충성스러운

의화단원들(위키백과)

자들이고 신기한 술법을 쓸 수 있다."라고 하면서 북경과 천진에서 의화단이 서양인과 중국의 기독교도들 및 서양 물건을 파는 상인들을 폭행하고 살인하는 것을 못 본 체하였다. 북경과 천진은 무정부 상태가 되었다. 마침내 서양 열강이 의화단과 결탁한 서태후의 퇴위를 요구했고, 청나라 조정은 서양 연합군에 선전포고했다. 연합군은 공격을 개시하여 1900년 7월에 천진을 이어서 8월에 북경을 함락하였다. 이때 서태후는 허수아비 황제 광서제와 함께 서안으로 도망가던 중에 이홍장을 전권 대신으로 삼고 연합군과 강화하려고 했다. 결국에 1901년 9월에 강화조약인 신축 조약이 체결되었다. 신축 조약에 의해 북경에는 외국 군대가 상주하고 수도 주변의 방위는 외국 군대에 맡겨지게 되었다.

"이제 중국은 주권 국가라고 할 수 없는 상황이 된 것이죠?"

"그렇지. 중국은 이제 정치, 경제, 군사의 모든 면에서 열강의 공동 관리에 놓이게 되었지. 반식민지가 되었다고 할 수 있어."

중국의 역사학자 탄종은 이 시기에 중국 문명이 막다른 골목에 들어섰지만, 동시에 새로운 시대가 열리고 있었다고 평하였다.[*]

"새로운 시대가 시작될 때는 선각자가 출현하는 것이 역사의 법칙이 아니던가요?"

"맞는 말이야. 당시 중국에서 출현한 선각자는 손문이었어."

학창 시절의 손문(위키백과)

손문은 1866년에 광동성의 빈곤한 농가에서 태어났다. 그는 6살 때부터 농사일을 도왔고, 9살 때부터는 마을 서당에서 전통적인 교육을 받았다. 그의 집안에 변화를 몰고 온 사람은 손문보다 12살 많은 큰 형이었다. 그는 1871년에 하와이로 가서 농장 일꾼을 하다가 그만두고 자기 사업을 시작했다가, 농장과 상점 경영으로 경제적인 여유가 생기자마자 그는 고향에 있는 가족들을 하와이로 불러들였다. 덕분에 손문은 12세 때인 1878년에 어머니와 함께 하와이 호놀룰루로 건너갔다. 그곳에서 손문은 형의 사업을 도우면서 영국 성공회에서 운영하는 학교에서 교육을 받았다. 그는 이 학교에서 영어를 배웠고, 서양 학문과

---

[*]   탄종, 『중국문명사』, 경지출판사

문화를 습득했으며 1882년에 2등으로 졸업했다. 다음 해에 그는 중국으로 건너가서 홍콩에 있는 서양인 학교에서 교육을 받았다. 이 시절에 그는 서양 열강의 압박 그리고 청나라의 무능과 부패에 큰 충격을 받았고, 청나라를 타파해야 한다는 생각을 최초로 품게 되었다. 1887년에 손문은 홍콩에 있는 영국인이 운영하는 병원 부속 의학교인 서의서원에 입학해서 5년간 서양의학을 공부했고 1892년에 의사 면허를 취득했다.

1893년에 손문은 광주에서 개업 의사로서의 삶을 시작하면서 지식인 8명과 함께 중국의 갈 길을 토론하는 모임을 만들었는데, 이 모임은 '만주족을 몰아내고 한족의 중국을 만들자'라는 구호를 내걸었다.

"이들이 내건 구호가 당시 중국 사회의 현실과 맞는 것이었나요?"
"그건 아닌 듯해. 만주족이 중국을 정복하고 200년 이상이 지나면서 만주족과 한족은 많이 융화되어서 지배계급이나 피지배계급 모두에서 두 종족은 섞여 버렸고 문화적으로 동질화되었어."

당시 손문과 그의 동지들은 한족의 세상을 만들자는 감성적인 종족주의에 머물렀고, 중국 사회가 가야 할 곳은 전제왕조와 봉건적 인습을 타파한 근대적인 민주 사회라는 것을 보지 못했다.

"그러면 훗날에는 손문의 생각이 달라졌나요?"
"그렇지. 1894년에 그가 하와이로 건너간 이후로 사고에 변화가 있었던 듯해."
"그가 하와이로 돌아간 이유가 무엇이었나요?"

"하와이에 거주하고 있던 중국인들에게 무장봉기에 쓰일 자금을 모으려고 했
다는군."

1894년 11월에 손문은 20명의 회원을 모아서 호놀룰루에서 '홍
중회'를 결성했다. 이때 회원들의 선서에서 첫째 항목은 '만주족을
몰아내고 중국을 회복한다'로, 이전의 사고가 반영되었다. 그다음
으로는 '여러 사람이 모여서 공화국을 세운다'는 항목이 들어가서
이전과는 다른 새로운 사고가 드러났다. 이 대목으로 인해 손문이
중국의 왕정을 분쇄하고 공화국을 세워야 한다는 생각을 품고 있었
음을 알 수 있다. 이 시기에 청나라가 청일전쟁에서 패배하는 등 갈
수록 그 무능함을 드러내자 손문과 홍중회 회원들은 무장봉기하여
광주를 점령하려고 계획했다. 이를 위해 손문은 홍콩 주재 일본 영
사를 찾아가서 무기 제공을 요청했지만, 거절당하였다.

"손문이 적국인 일본으로부터 무기를 받아서 무장봉기를 하려 했다니 믿을
수가 없네요."
"당시에 손문과 홍중회 회원들은 만주족 청 왕조의 타도를 일차적인 목표로
삼았던 것으로 보여. 일본이 청나라와 전쟁했으니 적의 적은 내 편이 된 것이
지."

무장봉기 계획은 청나라 관리들에게 들통나서 미수에 그쳤고,
관련자들은 도주하였다. 이때 손문은 몇 명의 동지들과 함께 생명
을 부지하기 위해 일본으로 탈출했다. 이빨 빠진 호랑이에게도 발
톱이 있듯이, 아무리 기울어졌다고 해도 당시의 청나라는 지식인
청년들 소수가 봉기해서 무너트릴 수 있는 나라는 아니었다.

이때의 실패를 계기로 손문은 견문을 넓히기 위해 영국으로 유학길을 떠났다.

영국에서 그는 선진 민주 사회를 체험하며 감명을 받았고, 중국의 민주화를 향한 신념을 굳게 하였다. 그는 런던의 한 신문사 편집장에게 보내는 서신에 이렇게 적었다.

"억압받는 조국에서 진보와 교육, 문명과 같은 이념을 실현하기 위해 더욱 적극적으로 임해야겠다고 다짐했습니다." [*]

1897년 8월에 손문은 다시 일본으로 돌아와 혁명 세력을 결집했다. 이 시기에 손문은 동경에서 자신의 혁명 이론을 발전시키면서 유학생들에게 혁명 사상을 전파하였다. 당시에 청나라는 제도를 개혁하고 새로운 정책을 펴서 중국을 근대화하려고 시도하였다. 그래서 정부는 과거제를 폐지하고 중국 청년들을 해외로 유학 보냈다. 유학생이 가장 많이 간 곳이 일본의 동경이었고, 그래서 동경이 혁명적 중국 지식인들의 해외 본거지가 되었다.

"손문이 친일파였다는 평이 있잖아요?"
"그런 면이 있는 것이 사실이야. 그는 일본의 도움을 받아 중국 강남 지방에서 봉기할 생각을 계속 품고 있었는데, 어이없게도 동아시아 황인종의 인종적 동질성을 기반으로 일본의 협력을 기대했다고 하는군."
"참으로 어리석은 생각이었군요."
"맞아. 이 시절에 그는 인종적인 동질성이 정치적인 협력을 끌어낼 수 있다고

---

[*] 후카마치 히데오, 『쑨원』, AK

생각할 만큼 정치적으로 성숙하지 못했어. 그는 일본에 살면서도 일본 지도
층의 국수주의와 제국주의 속성을 제대로 보지 못했던 것 같아."

당시에 동경에서 공부하고 있던 훗날의 문호 노신은 중국 혁명
의 필요성과 필연성을 제대로 보고 있었다. 그는 청 왕조를 몰아내
고 개인의 존엄과 자유가 보장되는 세상을 만들자고 주장하면서 자
신의 변발을 잘랐다. 그에게 변발이란 한족의 굴욕과 순종의 상징
이었기 때문이다. 이로 인하여 그는 온갖 시련을 겪었지만, 변발을
자른 것을 자신의 혁명 사상과 연계시켰다.

"누가 내게 혁명의 공덕을 노래하여 '가슴속에 맺힌 응어리를 풀라'고 한다면
'내가 가장 먼저 말할 수 있는 것은 변발을 자른 일이다'라 했다."*

당시 동경에서 공부하고 있던 중국 학생들은 근대적인 정치, 사
회사상을 흡수했기에 '중국에 한족의 공화국을 세우자'는 손문의
주장을 적극적으로 받아들이고 있었다. 이와 함께 손문은 동경의
유학생들 사이에서 중국 혁명의 지도자로 부상하고 있었다. 1905
년 8월에 손문은 동경에서 중국 학생 70명을 모아서 새로운 혁명
단체인 '중국동맹회'를 결성했다. 당시 39세였던 손문은 중국동맹
회의 회장으로 선출되어 마침내 중국 혁명의 지도자로 우뚝 섰다.

*   임현치, 『노신 평전』, 실천문학사

"손문을 생각하면 삼민주의가 떠오르잖아요."

"그렇지. 그는 민족, 민권, 민생을 내세우면서 중국 사회의 발전은 이것에 의
해 이루어져야 한다고 했지."

"민족, 민권은 알겠는데 대체 민생은 어떤 의미를 담고 있나요?"

"빈부격차에 의해 계급 갈등이 야기되지 않도록 경제적 평등을 달성하는 것
을 의미하는데, 토지 공유제 같은 제도들이 여기에 해당하지."

손문은 끊임없이 중국 강남 지방에서 무장봉기를 구상하고 있었
다. 마침내 그는 1907년 12월에 광동성의 남쪽 지방에서 무장봉기
하여 군사적인 교두보를 확보했다. 그는 최전방 전선에서 대포를
쏘고 부상자를 치료하며 전투에 참여하였지만, 결과적으로 실패하
였다. 외국의 지원이 없이 부실하게 무장된 민병대로 정규군을 상
대하기는 힘든 것이었다.

이후로 손문이 침체 상태에 빠져서 떠돌던 중에 예상하지 못했
던 사건이 터졌는데, 이것이 중국 근대사의 분기점이 될 줄은 당시
에는 아무도 몰랐다. 사연인즉, 1911년 9월에 사천성 성도에 있는
어떤 진보적 모임의 지도자가 이 지역 경찰에게 체포되었다. 많은
사람이 그의 석방을 요구하며 시위하던 중에 경찰이 시위 군중에
게 발포하여 수십 명이 사살되었다. 이로 인해 시위는 폭동으로 변
했고 이어서 중국동맹회 회원들이 조직한 이 지역의 무장 단체가
성도를 포위했다. 사태가 심각해지자 정부는 다른 성에 있는 군대
를 파견하여 진압하려고 했다. 진압을 위해 출동 명령을 받은 청나
라 신군대 중 하나가 호북성 무한의 한 구역인 무창에 주둔하고 있
었다. 그런데 혁명파가 많이 침투해 있던 이 부대는 출동 명령을

무창 봉기가 일어난 장소(위키백과)

받고는 10월 10일에 봉기했다. 그들은 호북성과 호남성을 다스리는 총독부를 공격했고, 총독은 도망쳤다. 흔히 '무창 봉기'라 불리는 이 사건이 바로 신해혁명의 신호탄이 되었다.

"그러면 그때 손문은 어디에 있었나요?"

"그때 그는 미국 로키산맥 기슭에 있는 덴버에 있었어."

"당시에 그가 봉기가 일어날 것을 알고 있었나요?"

"무창에 있는 부대에서 봉기 계획이 있다는 이야기를 들었다고 하더군. 하지만 실제로 봉기가 발생했다는 사실은 덴버의 호텔에서 미국 신문 기사를 보고 알았다고 했어."

손문은 봉기가 발생한 중국 무한으로 달려가지 않고 미국에 머물면서 열강의 정부들과 접촉을 시도했다. 그는 이번의 봉기는 의화단 사건과는 성격이 다르고, 중국동맹회가 이끌고 있음을 강조하면서 열강의 중립을 끌어냈다. 결국에 미국의 신문들은 '무창 봉기가 손문의 지도로 발생했고, 공화국을 수립할 것이다.'라는 기사를 냈다. 그 사이 중국에서는 혁명이 전국으로 퍼져나가면서 18개 성이 청 왕조로부터 독립을 선언했고, 단지 북부의 4개 성만이 청 왕조의 지배하에 남게 되었다. 1911년 12월 29일에 17개 성의 대표가 투표하여 손문을 중화민국 임시 대총통으로 선출했다. 이어서 1912년 1월 1일에 손문은 남경에서 중화민국 임시 대총통으로 취임했다.

"이제 중국에서 손문의 시대가 열린 것인가요?"

"아니, 원세개라는 강력한 경쟁자가 북쪽에서 웅크리고 있었어."

원세개(1859~1916)는 하남성의 부유한 한족 집안에서 태어나서 문과 과거시험에 두 번 낙방하고는 군인이 되었다. 그는 북양대신 이홍장의 총애를 받아 출세의 길을 걸었고, 훗날에는 이홍장의 뒤를 이어 북양군을 이끌었다. 신해혁명이 발발했을 때 원세개는 혁명군을 진압하라는 청 조정의 명령을 받았지만, 혁명군에 한 다리를 걸치고 기회주의적 행태를 보였다. 이때 손문은 원세개에게 청 황제를 퇴위

원세개(위키백과)

시키고 혁명에 동참하면 임시 대총통의 지위를 그에게 양보하겠다고 천명했다. 본시 교활하고 탐욕스러운 인간이었던 원세개는 어차

피 혁명을 되돌릴 수는 없다고 보았기에 자신이 혁명의 열차에 올
라타서 정권을 잡으려 했다. 그는 자신의 심복인 북양군 장군 47명
의 연명으로 청 조정에 공화국 체제의 도입을 주장했다. 사실상 군
사적인 협박이었다. 마침내 조정은 황족과 귀족의 권익을 보호하는
조건으로 하여 황제 퇴위를 남경의 임시정부와 타협했다.

"혁명군이 북경으로 쳐들어가서 청 왕조를 무너트리면 될 일이 아니었나요?
원세개 따위에게 대총통 자리를 준다는 것이 애석해요."
"남경의 임시정부가 혁명군을 동원해서 북경을 정복할 힘이 없었어. 북양군의
무력은 아직도 막강했거든."

마침내 6세 어린애였던 청나라 마지막 황
제 선통제는 퇴위를 선포하였다. 영화 <마지
막 황제>에 나오는 어린 황제 '부의'가 바로
그였다. 1908년에 2살의 어린 나이로 실권자
인 서태후에 의해 청나라 황제로 즉위한 그는
서태후 여동생의 손자이자 도광제의 증손자
였다.[*]

영화 <마지막 황제> 포스터
(위키백과)

청 왕조가 사라지면서 약조대로 손문은 임
시 대총통 자리를 원세개에게 넘겼다. 이로써
중화민국은 탄생하자마자 북양군벌 원세개에게 정권을 내주고 말
았다. 손문은 중화민국 임시 헌법에 주권재민, 인권 보장과 함께 의

---

[*]   옌 총니엔, 『청나라 제국의 황제들』, 산수야

회가 대총통과 각료를 탄핵할 수 있는 조항을 넣어서 원세개를 견제할 수 있도록 하였다. 1912년 4월 1일 중화민국의 출범이 공식적으로 선포되었다. 중국 역사에서 최초로 군주국에서 공화국으로의 전환이 발생한 것이다.

이후로 손문은 민생주의의 전도사가 되어 전국을 돌아다녔다. 그는 민생주의의 실현을 위한 첫 번째 과제를 주요 산업을 국유화하여 대자본의 출현을 막는 것으로 설정했다.

"손문이 사회주의자였나요?"
"그것은 아니고. 그는 국가가 경제를 관리하여 빈부차를 줄이고 민중들의 생활이 안정되어야 민주주의가 제대로 꽃을 피운다고 생각했어."

1912년 8월에 손문은 북경으로 가서 원세개와 회담했다. 그는 이 자리에서 특히 농업 개혁안을 밝혔다. 손문은 '논밭을 일구는 자가 논밭을 가져야 한다.'라고 하며 중국의 전통적인 소작제를 없애는 농지 개혁을 주장했다. 손문은 원세개와 권력 투쟁을 할 의지가 없음을 보이면서 자신은 경제 분야에만 전념하겠다는 의사를 표현했다. 그에 대한 답변으로 원세개는 손문에게 10년간 10만 km의 철도를 중국에 건설하는 사업의 전권을 주었다.

1912년 5월에 중국동맹회는 북경으로 본부를 옮기고 몇 개의 군소 정당을 흡수하여 국민당을 결성했고, 9월에 손문은 국민당의 총재로 추대되었다. 하지만 그는 송교인을 총재 대리로 임명하고는 자신은 철도 건설 부문에 전념했다. 1913년 초에 있었던 국회의원

선거에서 국민당은 참의원과 중의원 모두에서 제1당이 되었다.

> "이 선거 결과를 보고 화들짝 놀란 사람이 있었어."
> "그 사람이 누군가요?"
> "의회에서 대총통과 각료를 탄핵할 수 있는 조항이 임시 헌법에 명시되었던 것을 생각하면 누군지 알 수 있을 텐데."
> "아, 원세개."
> "맞아 국민당이 의회 제1당이 되었으니 원세개는 자신이 탄핵당할 수 있다고 생각했겠지."

　드디어 원세개가 행동에 나섰다. 그해 3월에 국민당의 총재 대리이자 차기 국무총리 최고 유력 후보였던 송교인이 북경으로 가는 열차를 타려다 상해역에서 원세개가 보낸 자객에게 암살당했다. 두 달 후에 원세개는 자신을 지지하는 여당인 진보당을 설립하고는 국민당 의원을 매수하거나 협박하면서 탈당을 유도해서 국민당을 점차 와해시켰다. 지금까지 임시 대총통이었던 원세개는 1913년 10월에 의회에서 정식으로 대총통으로 선출되었고, 각국은 연이어 중화민국을 정식으로 승인했다. 이어서 대총통의 권한을 강화하는 법안들이 공포되었다. 신해혁명의 이상은 무창 봉기로부터 약 2년 만에 물거품처럼 꺼져버렸고, 의회는 군인 독재자의 권력 장악을 정당화해주는 시종으로 전락했다.

> "어이없는 일이 발생했군요. '죽 쒀서 개 준다'라는 말이 생각나요."
> "맞아. 청 황제를 몰아냈더니, 그 졸개 놈이 황제 행세를 하는 것이었지."
> "프랑스 대혁명이 나폴레옹의 황제 등극으로 귀결된 것과 유사하네요."

"더 나쁜 결과지. 나폴레옹은 구체제 인사가 아니었지만, 원세개는 구체제 인사였으니까. 그는 중국을 전제적으로 통치하려는 욕망을 가진 반민주적 인사였어."

"인간의 탐욕 중에서 권력욕이 가장 강한 듯해요."

"맞아, '아비와 아들이 여자는 나눌 수가 있어도 권력은 나눌 수가 없다'라는 중국의 격언이 있잖아."

손문은 망명자 신세로 일본 동경으로 돌아왔다. 오랜 노력의 결실이 물거품처럼 꺼져버린 상황에서도 그는 절망하지 않았다. 이제 그는 원세개 정권을 타도하기 위한 새로운 투쟁을 기획했다. 먼저 그는 일본에서 망명한 국민당원들을 모아서 중화혁명당을 결성했다. 그리고 1916년 1월에 중화혁명당에 기회가 왔다. 욕심이 지나쳤던 원세개가 사고를 친 것이었다.

"어떤 사고였나요?"

"자신이 황제가 되겠다고 선포했어. 황제 호칭을 사용하지 않아도 독재자로 행세했는데, 그는 구시대의 유물답게 '황제 폐하' 소리를 듣고 싶었지."

"그는 삼국지에서 조조의 지략을 배우지 못했군요."

"그렇지. 조조는 허수아비 황제를 자신의 무릎에 앉히고 자신은 승상의 지위로 천하를 호령했지. 그까짓 황제 호칭 빼앗으려다가 온 세상에서 반란이 일어나고, 자신은 역적 소리를 듣게 되거든. 원세개는 조조의 발꿈치도 안 되는 인간이었지."

원세개가 황제 즉위를 선포하자 중국 남서부의 군대 지휘관들이 공화국을 지키자는 구호를 내걸고 군사적 행동을 시작했다. 이때 중화혁명당은 산동성에서 봉기하여 17개 현을 점령했다. 손문은 동경에서 상해로 건너와서 원세개 정권의 타도를 부르짖으며 전국을 순회하였다. 이런 와중에 1916년 6월 원세개가 급사했는데, 죽기 몇 달 전에 일본에 중국의 이권을 파는 조약을 체결하여 매국노라는 딱지를 붙이고는 무덤으로 들어갔다. 천벌을 받았다는 소리가 온 세상에 오르내렸다. 공식적인 그의 사인은 신부전증이었고, 천벌 소리가 나오기는 했지만 만 57세에 죽었으니까 그 시대 사람으로는 평균 수명 이상을 살았다.

이 시기에 중국은 북경 정부와 중화혁명당 그리고 군벌이 뒤엉켜서 정치적으로 혼란한 상태에 빠졌다. 사회, 문화적으로도 새로운 것과 낡은 것이 뒤섞이고 갈등하는 시대였다. 이런 시대적 배경에서 새로운 문화 운동의 일원으로 『신청년』이라는 잡지가 발행되기 시작했다.

『신청년』(위키백과)

당대 중국의 대표적인 젊은 지식인 진독수, 호적, 이대교, 전현동 등이 1917년에 발행을 시작한 이 잡지는 중국 대중들을 계몽하는 것을 목적으로 했다. 그들은 중국의 전제정치와 전통문화를 비판하고 근대 서구의 사상인 민주주의와 과학 정신을 퍼트리면서 중국 사회의 변혁을 지향했다. 하지만 이 신문화 운동은 대중 운동으로 승화되지 못하고, 지식인의 사상운동이라는 틀 속에 갇혀서 점차 쇠퇴하였다. 이 시기에 문호 노신 은 신해혁명과 신문화 운동의 흐름 속에서 도 거대한 중국의 대지 위에 흩어져 살아가 는 가난하고 우매한 농민들에게는 아무것도 달라진 것이 없다는 이야기를 『아Q정전』에 서 풀어냈다. 당시 그의 눈에는 중국 사회나 중국인 개인에게나 혁명은 여전히 진정한 의미의 혁명이 아닌 것으로 보였다. 더불어 서 노신은 이 시기에 중국의 민중에게서 이 른바 '이중 관념'을 발견했다. 그들은 외국의

노신(위키백과)

문물을 배우면서도 중국의 구습을 그대로 보존했고, 자유를 신봉하 면서도 특별히 공자를 추앙했을 뿐만 아니라 혁신의 당위성을 주장 하면서도 동시에 복고를 외쳤다.*

중화혁명당 본부가 있는 상해에 머물고 있던 손문은 서남 지역 의 6개 성을 합쳐서 새로운 민주 정부를 세우는 일에 매진했지만, 뜻대로 되지 않았다. 이제 50살이 넘은 손문의 활동은 침체에 빠졌 다. 그에게 다시 한번 비상할 기회가 오지 않을 것처럼 보였다. 그 러나 1919년에 터진 5.4 운동은 그에게 다시 기회를 주었다.

5.4 운동의 배경은 이렇다. 1897년부터 독일이 차지하고 있었던 산둥반도를 1차 대전 기간에 일본이 점령하고는 이전에 독일이 보 유했던 권리를 계승하겠다고 주장했고, 원세개의 북경 정부가 이를

---

*   임현치, 『노신 평전』, 실천문학사

5.4 운동, 천안문 광장에서 시위하는 군중(위키백과)

수용하였다. 1차 대전이 끝나고 열린 파리강화회의에서 중국의 산둥반도 주권을 승전국들이 거부했다. 게다가 어이없게도 일본의 권리를 인정하는 강화조약을 북경 정부가 받아들였다. 그러자, 이러한 소식을 전해 듣고 분개한 청년 학생들 약 3천여 명이 천안문 광장에 모여 집회를 하고 시위를 벌였다. 북경 정부는 시위 진압에 나서서 30여 명을 체포하였다. 이제 시위의 물결이 천진·상해·남경·무한 등에까지 파급되어 노동자들은 전국적인 파업을 호소하고 외국 회사 상품의 불매 등을 외쳤다. 6월 3일 북경 정부는 시위가 커지는 것을 막으려고 학생 약 1천 명을 체포하였다.

　5.4 운동의 열기 속에서 손문은 신정부 수립을 위해 광주로 갔

다. 1921년 4월 7일에 광주에서 국회 비상회의는 손문을 대총통으로 선출했고, 이와 함께 중화혁명당이 중국 국민당으로 바뀌면서 집권당이 되었다. 하지만 광주 정부는 실제로는 광동성만을 통치했을 뿐만 아니라 국제적인 승인도 받지 못했다.

"이러한 상황을 타결할 방법이 있었을까요?"
"한 가지 방법이 있었지."
"그게 무엇이었나요?"
"당시에 국제적으로 인정받고 있던 중국의 다른 정부를 없애버리면 되지."
"아, 그럼 북경 정부를 타도해야겠네요?"
"맞아. 그래서 손문은 이른바 '북벌' 즉 북경 정부 정벌을 일차적인 과제로 내세웠지."
"당시 북경 정부 상황은 어땠나요?"
"이른바 북양군벌이라고 하는 직예파와 봉천파 군벌들이 장악하고 있었어."

1921년 12월 4일에 손문은 육해군 대원수로 취임하여 북벌에 의한 중국 통일을 기획했다. 하지만 이에 반대했던 광동 성장이 휘하의 군대를 동원해 총통부를 습격했고, 손문이 지휘하는 북벌군은 패배하여 도주하였다. 손문은 광주를 탈출하여 상해로 돌아왔고, 광동성에 있던 중국 국민당 조직도 붕괴되었다.

"이제 정치 지도자로서 손문의 역할은 끝난 것인가요?"
"하하, 세상사는 한 치 앞도 알 수 없는 법이지."
"그럼 예상치 못한 일이 생겼다는 것인가요?"
"공산주의 인터내셔널 이른바 코민테른이 손문에게 접근했어. 이 조직은

1919년에 소련공산당의 지도자 레닌에 의해서 전 세계의 공산혁명을 지원하는 것을 목표로 설립되었지."

"코민테른이 손문에게 무엇을 제안했나요?"

"중국공산당과 중국 국민당의 합작이었어. 구체적으로는 중국 공산당원을 개인적으로 중국 국민당에 가입시키면, 소련과 코민테른이 지원하겠다는 것이었지."

"손문이 그 제안을 받아들였나요?"

"그에게는 다른 대안이 없었어. 그리고 그때까지는 공산당과 국민당 사이에 이념적인 간격이 크지도 않았고. 그는 공산당원을 이용하여 지역 사회에 자신의 영향력을 심으려고도 했지."

1923년 1월에 손문은 코민테른의 지원으로 북벌군을 동원하여 광주를 탈환하고 새로운 정부를 구성했다. 손문은 광주 정부의 대표단을 소련으로 파견하면서 관계를 돈독히 했다. 한편으로 그는 자신의 지원 요청을 거절하고 북경 정부를 지지했던 일본을 이렇게 비난했다.

"일본에는 원대한 뜻도 고상한 책략도 없이 그저 유럽의 침략적 수단을 흉내내기만 하여 결국에는 조선을 병탄하는 행동을 취했기에 아시아 전역의 민심을 잃게 되었다."[*]

그는 이제야 일본의 실체를 깨닫고는 친일파 딱지를 떼어버렸다. 국민당은 1924년 광주에서 1차 전국대표대회를 열어 정식으로

---

[*]   후카마치 히데오, 『쑨원』, AK

국민당과 공산당의 합작을 공포했다. 이 개회에서 손문은 주석으로 선출되었고, 국민당 쪽에서 5명의 주석단과 공산당 쪽에서 3명의 중앙위원회 집행위원이 선출되었는데, 그중 한 명이 바로 모택동이 었다.

　1924년 12월에 손문이 중국의 평화적 통일을 위해 천진에서 봉천 군벌 장작림과 회담하던 중에 간 질환 발작이 일어났다. 그래도 그는 고통을 무릅쓰고 북경으로 가서 북경 정부 지도부와 협상했지만 아무런 성과도 얻지 못하였다. 1925년 1월에 그는 말기 간암으로 수술을 받았지만, 회복되지 않았다. 그는 임시정부가 수립되었던 남경에 묻히고 싶다는 유언을 남기고 1925년 3월에 59세의 나이로 숨을 거두었다.

　그는 자신이 구상했던 민주 공화국을 통일된 중국에서 이루지 못하고 세상을 떠났다. 이후 국민당 우파의 지도자인 장개석이

남경의 중산 능(위키백과)

1926년 7월에 국공 합작으로 이루어진 국민혁명군을 이끌고 북벌에 나서서 다음 해 봄까지 양자강 유역의 대도시들을 탈환하고 중국 중남부의 거대한 지역을 통치하게 되었다. 이때부터 국민당 우파가 노골적으로 공산당을 배척하면서 국공 합작의 열기는 급속히 식어버렸다. 마침내 1927년 4월에는 장개석이 휘하 부대를 동원하여 상해와 광주에서 대대적인 공산당 소탕에 나섰고, 이로 인해 국공 합작은 공식적으로 종료되었다. 그의 백색 테러로 인해 그해 말까지 공산당원 약 3만 명이 살해되었다. 이어서 장개석은 국민당 좌파가 세운 무한 국민당 정부를 전복하고 남경에 새로운 국민당 정부를 세웠다. 이로써 그는 불씨가 살아나기 시작한 중국 민주주의에 찬물을 뿌리고 일당독재를 기도했다. 당시 광주의 중산대학에 재직하고 있었던 문호 노신은 무장 병력이 학교로 쳐들어와서 학생들을 체포하는 것을 보고 비분강개했지만, 자신이 아무것도 할 수 없음을 깨닫고 사직서를 제출했다. 이후로 그는 집안에서 두문불출하면서 비감에 잠겨 시를 썼다.

> "이렇게 나는 또 엄청난 피와 눈물을 보았는데도 내게는 '잡감'밖에 없다.
> 눈물은 말라버렸고 피도 사라졌다.
> 도살자들은 아주 멀리 떨어진 곳에서
> 강한 칼을 쓰기도 하고 부드러운 칼을 쓰기도 한다.
> 하지만 내게는 '잡감'밖에 없다.
> '잡감'조차도 반드시 가야 할 곳으로 들어가 버렸을 때
> 나는 다만 '어쩔 수밖에' 없을 뿐이다."[*]

*   임현치, 『노신 평전』, 실천문학사

노신은 장개석이 공산당원들을 학살하면서 내 새운 명분인 '삼민주의를 실현하기 위함'이었다는 말은 새빨간 거짓말이었고, 진실을 말하자면 오로지 경쟁 세력을 제거하여 일당독재를 실현하려는 행위일 뿐이라고 질타했다.

　한편으로 장개석은 측근 군벌들과 연합한 북벌군을 이끌고 북상하여 봉천 군벌 장작림의 군대를 패퇴시키고 1928년 6월에 북경을 함락하여 중국 통일을 완수했다. 이제 그는 공식적으로 중화민국 총통으로 취임하였고 일당독재를 실현했다. 당시 중국은 외형적으로 통일된 나라로 보였지만, 실제로는 곳곳에서 군벌들의 통치가 여전히 남아 있었다. 게다가 장개석의 탄압으로 인해 지하로 잠적한 공산당이 각 지역에서 세력을 확장하고 있었다. 결국에 장개석의 국민당 정부는 민주주의를 망쳤으면서도 실제로는 중국 통일도 이루지 못했다. 국민당 독재 정권은 국민당 우파, 군벌, 상해 자본가, 상해 마피아 등의 연합체로 반민주적, 반민중적 속성을 가진 부패한 집단이 되어 민심을 잃고 결국 공산당과의 내전에서 패하여 작은 섬으로 도망간 비참한 신세가 되었다.

　1949년 4월 20일 등소평과 유백승이 지휘하는 공산군 양자강 사령부 휘하의 백만 대군이 일만 척의 배를 타고 양자강을 건너 국민당 정부의 수도 남경으로 몰려왔다. 장개석이 양자강 남안에 배치한 70만의 국민당군은 산야를

남경 총통부의 공산군(위키백과)

손문과 장개석(위키백과)

뒤덮는 기세로 달려드는 공산군에게 사방에서 방어선이 뚫리며 패
퇴하였다. 공산군이 남경에 진입했을 때 이 도시는 텅 빈 상태였다.
이곳을 지키던 국민당군과 장개석은 전날 이미 도주해 버렸다. 장
개석은 자신의 전용기에 온갖 보물을 싣고는 타이완으로 날아가 버
렸다. 이와 함께 중국 본토에서 중화민국은 사라져버렸다.

"결과적으로 손문의 이상은 좌절된 것인가요?"

"삼민주의를 기반으로 한 민주 공화국을 수립하자는 손문의 이상은 훌륭했고,
국공 합작을 통해 중국을 통일하겠다는 생각은 올바른 판단이었지. 단지 당
시 중국 사회의 상황이 손문의 이상을 실현하기에는 너무 열악했고, 게다가
그가 역량을 다 발휘하지 못하고 사망한 것이 아쉬운 일이었어."

그가 좀 더 살아서 중화민국을 이끌었다면, 국민당 우파의 전횡과 독재는 없었을 것이고, 국공 내전의 참화도 피할 수 있지 않았을까 하는 생각이 저절로 떠오른다. 그래서 민주주의 발전에는 뛰어난 지도자가 필요하다는 말이 나오는 것이 아닐까.

"손문 사후에 정권을 잡은 장개석을 어떻게 평가해야 할까요?"
"그는 동경에서 일본 육사를 다녔던 시절에 중국동맹회에 가입했고, 신해혁명 시에 혁명군에 가담해서 활약했기에 손문의 신임을 얻었지. 하지만 그는 비민주적이고 권력욕이 과도한 인물이었어. 군사 분야에서만 약간의 재능을 보인 그의 유일한 업적은 북벌이었어."
"손문과 장개석이 동서 사이였지요?"
"손문의 부인 송경령이 장개석의 부인 송미령의 친언니이지만, 장개석과 송미령의 결혼은 손문 사후의 일이야."

송씨 세 자매[왼쪽 애령, 가운데 경령, 오른쪽 미령]
(위키백과)

송씨 집안의 세 자매는 중국 현대사에서 가장 유명한 신여성으로 모두 미국에서 대학을 졸업했다. 첫째 애령은 갑부인 은행가와 결혼했고, 둘째 경령은 손문의 부인, 셋째 미령은 장개석의 부인이 되었다. 중국에서 이 세 자매는 각각 '돈을 사랑한', '중국을 사랑한', '권력을 사랑한' 여인이라는 별명으로 불린다.

"송씨 세 자매 중 경령과 미령은 정치적으로 완전히 대척되는 인생을 살았지요?"
"맞아. 경령은 국공 내전에서 공산군을 지지했고 내전 후에는 중화인민공화국에서 높은 지위에 올랐어. 미령은 장개석과 함께 타이완에서 여생을 보냈고."

1949년 10월 1일 오후 3시에 북경 천안문 성루에서 중앙인민 정부 비서장 임백지가 건국대전 개회식을 선포했다. 이어서 모택동이 마이크 앞으로 걸어와서 장엄한 목소리로 외쳤다.

천안문(위키백과)

"중화인민공화국 중앙 인민 정부가 오늘 성립되었습니다. 우리 중국 인민은 일어섰습니다. 우리의 미래는 밝습니다."[*]

모택동(위키백과)

그 소리와 함께 천안문 광장에 운집한 30만 군중의 환호성과 박수 소리가 천지를 뒤흔들었다. 그리고 다시 20여 년의 세월이 흐른 문화혁명기에 모택동은 이런 말을 했다.

"진시황은 중국 봉건 사회에서 최고로 유명했던 황제다. 나도 진시황이다."[**]

그 많은 사람이 피를 흘리고 이루어낸 중국 공산혁명은 현대판 진시황을 창조했다.

"모택동을 어떻게 평가해야 할까요?"
"그가 국민당과의 내전 중에 온갖 악조건 속에서 공산당을 이끌어 승리를 거둔 뛰어난 지도자이고 영웅이었던 것은 사실이야. 그는 전쟁에는 천재적인 재능을 보였지만 중화인민공화국 수립 이후의 경제정책에서는 대실패를 했어."

[*]   현이섭, 『중국지』, 인카운터
[**]   현이섭, 『중국지』, 인카운터

어쩌면 그는 파괴에는 유능했지만 건설에는 무능했던 사람이었고, 정치 투쟁에는 강했지만 경제 투쟁에는 약했던 사람이었다. 그는 뛰어난 지략가, 지식인, 시인, 호색가로 삼국지의 조조처럼 다면성을 가진 사람이었고, 어디로 튈지 알 수 없는 사람이었다. 훗날 등소평은 모택동을 회상하며 "그 속을 헤아릴 수 없었다."라고 고백했다.

모택동은 자신이 주도한 경제정책인 '대약진운동'에서 실패한 후에 그것에 대해 책임진다는 의미로 1962년에 국정에서 한 걸음 뒤로 물러앉았다. 하지만 그는 미칠듯한 권력욕으로 인해 조용히 앉아 있을 수가 없었다. 마침내 그가 자리를 박차고 일어나 자신의 주특기인 정치 투쟁을 시작한 것이 1966년에 시작된 이른바 '문화혁명'이었다. '문화혁명'이란 말에 담긴 의미는 자본주의 잔재를 청산하고 사회주의로 가기 위한 진정한 혁명은 정신에서 시작되어야 한다는 것이었다. 이제 모택동은 경제가 역사를 끌고 간다는 마르크스의 역사 유물론을 거침없이 버렸고, 대신에 정신이 역사를 끌고 간다는 헤겔 부류의 관념론을 내세웠다. 모택동은 철없는 청소년들의 팔에 붉은 완장을 채우고(홍위병) 그들을 선동하여 전국을 무법천지로 만들면서 인권을 짓밟았고, 집단지도체제를 붕괴시키고 1인 독재정치를 시행했다. 게다가 문화혁명기에는 국가 기관이 파괴되어 기능 마비 상태가 되었고, 혁명위원회가 정부 부서의

홍위병(위키백과)

권한을 대행했다.

　　이견을 용납하지 않았던 그
시절에 중국인들은 살아남기 위
해 입이 있어도 말하면 안 되었
고, 생각도 시키는 대로 똑같이
해야 했다. 심지어는 결혼과 잠
자리도 당의 노선에 따라야만
했다. 사람들은 앵무새처럼 매
일매일 똑같은 구호를 외쳤다.
사상, 정치 투쟁에만 매몰되었

문화혁명 시절에 핍박당하는 사람(위키백과)

던 10년간의 문화혁명기에 빈곤의 쓰나미가 몰려와서 수많은 아사
자가 발생했고, 적어도 수십만 명이 핍박받고 죽었으며 인권유린을
당한 사람은 수백만 명에 이르렀다.

　　문화혁명은 1976년에 모택동 사망과 함께 막을 내렸고, 중국공
산당의 새로운 지도자 등소평은 '문화혁명은 잘못된 일'이라고 선
언했다. 문화혁명기에 탄압받았고 끝까지 모택동 노선에 비판적이
었던 등소평을 중심으로 하는 개혁파가 1978년에 집권하여 집단지
도체제로 전환하면서 국가기관의 기능을 정상화하고 개혁·개방 정
책을 실행하여 중국경제의 고도성장을 이끌었다. 당시에 경제 성장
은 국가의 최우선 과제로 설정되었고, 등소평은 '부자가 되는 것은
영광스러운 일'이라는 유명한 말을 남겼다. 이후로 지난 수십 년간
의 경제 발전 과정에서 중국의 경제체제는 자본주의적인 요소와 사
회주의적인 요소 그리고 시장 경제적인 요소와 계획 경제적인 요

소가 마구 섞여서 작동했다. 등소평 일파는 중국 경제개혁의 청사
진이나 시간표를 만들지 않았고, 최후의 목적지를 말하지 않으면서
'돌을 더듬어가며 강을 건너는' 방식으로 조금씩 바꾸어가며 나아
갔다.* 공산당은 독재 정권을 유지하면서 경제 전환의 모든 과정을
기획하고 조종했다.

> **"모택동 사후에 중국에서 민주화 운동이 발생하지 않았나요?"**
> **"극소수의 민주화 운동가가 출현했지만 그들의 힘만으로 민주화를 이루는 것**
> **은 사실상 불가능했어."**

1978년 말에 북경의 변두리 동네에 있는 한 담벼락에 손으로 쓴
대자보가 붙여졌다.

> **"인민은 민주주의를 필요로 한다. 우리는 민주주의를 요구한다. 이것은 원래**
> **우리에게 속했던 것으로 우리는 단지 그것을 되돌려주기를 청할 뿐이다. 인**
> **민에게 민주주의의 법을 감히 거부하는 자, 그는 그 누구라도 노동자의 피**
> **와 땀을 착취하는 자본주의자보다 더 야비하고, 더 파렴치한 불한당일 뿐이**
> **다."****

이 대자보를 쓴 사람은 당시 29세였던 북경의 한 전기공으로 이
름은 위경생이었다. 그는 이 일로 18년을 중국의 감옥에서 보냈고
마침내 미국으로 망명의 길을 떠났다.

---

*   마크 레너드, 『중국은 무엇을 생각하는가』, 돌베개
**   기 소르망, 『중국이라는 거짓말』, 문학세계사

"1989년 천안문 사건을 민주화 운동으로 볼 수 있나요?"
"천안문 사건은 고물가, 고실업, 불평등과 부패의 심화 등과 같은 당시의 경제, 사회 현실에 대한 불만 때문에 발생한 사건으로 공산당 독재를 타도하자는 민주화 운동은 아니었어."

'천안문 사건'이란 1989년 4월부터 천안문 광장에서 시위했던 대학생들에게 군대가 발포하여 시위대 수천 명이 사망한 사건을 말한다. 서구의 학자들은 천안문 사건을 공산당 정권과 자유민주주의를 요구하는 대학생들 간의

해외 중국인의 천안문 희생자 추모식(Wikipedia)

충돌로 보려고 했지만, 실상은 달랐다. 실제로는 등소평이 개혁 개방 정책을 시행한 이후로 발생한 경제적, 사회적 부작용에 대한 불평과 비판에서 천안문 사태가 촉발되었다. 시위 참가자들이 요구했던 것은 물가 안정, 사회적 안전망, 부패와 투기의 척결이었다.* 하지만 천안문 사태는 수많은 지식인이 국외로 망명하여 해외 유학생들과 결탁해서 공산당 독재 정권을 반대하는 해외 민주화 운동의 계기가 되었다.

해외의 민주화 운동 단체들은 주로 인터넷을 통해 중국에 있는 민주화 운동가들과 연결된다. 하지만 이런 부류의 민주화 운동은

---

*　마크 레너드, 『중국은 무엇을 생각하는가』, 돌베개

지식인 운동으로서 대중적 기반이 취약하다.

> "중화민국 탄생에서 지금의 공산당 통치까지 약 110년 동안의 중국사를 살펴
> 보면 민주주의 발전이 정체되어 있다고 할 수 있잖아요?"
> "그렇지. 국민당 독재를 무너트리고 들어선 것은 공산당 독재였으니까. 하지
> 만 공산당의 통치는 평등성과 사회정의 측면에서는 국민당 통치보다는 진보
> 했고, 경제에서도 큰 성과를 올렸지. 그렇다고 해도 민주주의 측면에서 중국
> 이 많이 미흡한 것이 사실이야."

중국에는 공산당과 민주당파 정당이 존재하지만, 그들이 선거에
서 경쟁하지는 않는다. 사실상으로는 공산당 일당독재이고, 단지
민주당파는 입법, 사법, 행정 기관에 일정 비율 참여해서 '다당합작
정치 협상 제도'를 구성했다. 실제로 민주당파의 역할은 미미하여
장식용이라는 의미로 '정치적 꽃병'이라고 조롱을 받기도 한다.[*] 공
산당이 국가를 영도한다는 개념에서 유래된 '인민민주주의 독재 정
권'은 1949년에 모택동에 의해 채택된 정체로서 마르크스가 주장
한 프롤레타리아 독재의 중국판 버전이다. 공산당의 최고 의결 기
구인 전국대표대회에서 당의 지도부인 중앙위원회가 그리고 중앙
위원회에서 다시 중앙정치국, 중앙서기처, 중앙군사위원회가 구성
된다. 중앙위원회 총서기(공산당 총서기)가 국가 주석을 맡는 등 중
앙위원회 위원들이 행정부의 고위직을 겸임하고 있다. 국가기관으
로는 입법부의 역할을 하는 전국인민대표대회(전인대)가 있고, 행
정부에서는 국무원이 국가 정무의 최고 집행기관이고, 사법부의 최

---

[*]   이계희, 『현대중국정치 제도와 과정』, 충남대학교출판문화원

상위에는 최고인민법원이 존재한다.

전국인민대표대회는 성과 직할시의 지방 인민대표대회에서 선출된 대표와 인민해방군 및 재외 중국인이 선출한 대표로 구성된다. 즉 국민이 직접 선출하지 않는다. 대표의 수는 3천 명을 초과하지 않으며, 임기는 5년이다. 전인대의 직권은 헌법 및 법률의 제정과 개정 그리고 국가 주석과 부주석, 최고인민법원장의 선출 및 면직 등이다. 국가원수이면서 정부 수반이라고 할 수 있는 국가 주석이 전인대에서 선출되기에 국민의 직접선거로 선출되는 것에 비해서 비민주적이라고 할 수 있다. 국가 주석의 임기는 5년이고 기본적으로는 한 번 연임될 수 있지만, 예외적으로 시진핑이 두 번 연임되었다.

전국인민대표대회가 열리는 인민대회당(위키백과)

중국에서는 공산당이 국가기관을 감독하는 역할을 하기에 모든 공직의 배후에는 감독하는 당직이 있다. 그들은 행정을 담당하는 공직자가 당의 노선에 어긋나지 않게 일하는지 늘 감시한다.

"중국에서 가까운 미래에 민주정이 수립될 수 있을까요?"

"유감스럽게도 아닌 듯하군. 중국에서는 공산당이 국가와 사회를 권위적으로 통제하는 지배 체제를 정착시켰고 정치를 사실상 독점하고 있지. 민주화를 요구하는 시민사회는 거의 형성되지 않았다고 할 수 있어."

　실제로 중국의 시민사회는 아직 유아기 수준에 있으며 영향력과 조직력 면에서 미약하다. 하지만 이런 상황에서도 고립된 소수의 민주주의자에 대한 중국공산당의 감시와 탄압은 엄청나다. 게다가 종교와 관련되어서도 중국공산당은 과민 반응을 보인다. 중국인은 종교의 자유를 가지고 있다. 실제로 오늘날 중국에서 각종 종교의 신도 수는 약 1억 명이고, 종교 단체는 약 300개가 존재한다.[*] 그러나 신자들이 조직화하지 않는다는 조건에서만 신앙생활이 가능하다. 만약에 신자들이 조직화되면 당에 의해 탄압당한다. 1999년에 발생한 파룬궁 탄압 사건은 대표적인 경우이다. 파룬궁은 불가와 도가를 기반으로 한 기공(氣功) 수련법으로 인격 수양과 신체 단련을 결합한 특별한 종교이다. 파룬궁 신도들은 도덕적으로 엄격한 생활과 더불어 수련을 통해 번뇌를 제거하고 깨달음을 얻으려한다. 파룬궁은 이홍지가 창시하여 1992년에 중국 동북부 지역에서 처음으로 전파된 이후로 열풍을 일으키면 전국으로 퍼져나갔고,

---

[*]　이계희, 『현대중국정치 제도와 과정』, 충남대학교출판문화원

1999년에는 신도가 약 7천만 명에 이르렀다.

　파룬궁 신도들 사이에서는 상호 신뢰와 협조의 정신 및 나아가서 동지애가 발생했고, 1999년 4월에는 인터넷으로 연결된 만 명의 파룬궁 신도들이 북경의 인민대회당 앞에 모였다. 이홍지를 모욕하는 신문 기사에 항의하기 위해서였다. 공산당은 파룬궁이 조직화되었다는 것을 알고는 경악했다.*

　마침내 1999년 7월에 공산당 지도부는 파룬궁을 완전히 제거하기 위해 전국적으로 탄압을 시작했다. 중국 정부는 파룬궁을 언급한 웹사이트들을 차단하면서 파룬궁을 사회 안전을 해치는 집단으로 낙인찍었다.

*　　　기 소르망, 『중국이라는 거짓말』, 문학세계사

수십만 명의 파룬궁 신도들이 강제 노동 수용소로 끌려갔다. 중국에서 경찰은 재판 절차도 없이 공공질서를 교란한다는 자신들의 판정만으로 누구나 4년까지 강제 노동 수용소에 보낼 수가 있다. 여기서 파룬궁 신도들은 사상 개조라는 미명으로 노동력 착취, 정신 약물 투여, 고문 등을 겪었다. 최소 2천 명의 파룬궁 신도들이 이곳에서 사망했다.

"중국공산당의 어이없는 과민 반응이 왜 발생하는 것이죠?"
"아마도 구 동유럽 사회주의 국가에서 공산당 정권의 몰락을 목격한 후에 발생한 두려움 때문인 것 같아."
"공산당이 종교 집단과 관련해서 특히 예민한 것 같아요."
"중국의 역사에서 백련교도의 난, 태평천국의 난, 의화단의 난 등 종교 집단이 주도했던 민란이 정권에 가장 위협적이었기 때문이겠지."

하지만 실제로 중국의 대중들에게는 민주정에 대한 열망이 약하고 그래서 공산당 일당독재에 대한 반감도 강하지 않다. 그들은 민주정이 중국을 번영으로 이끌거나 현실의 문제를 해결해주지 못할 것으로 생각한다. 중국 사회에서는 민주주의를 가치와 절차가 아닌 기능론적으로 평가하는 시각이 주류를 이루고 있다. 게다가 공산당은 '개인의 자유보다는 조국의 부국강병이 중요'하다는 논리를 국민에게 주입하면서 자신들의 독재를 국가주의로 정당화하고 있다. 뮐러는 『문명의 공존』에서 현대 중국을 이렇게 평가하고 있다.

"중국은 아시아의 강대국 가운데 가장 불투명하고 가장 권위적으로 통치되고 있으며 또 가장 심하게 국가주의적 목표를 추구하고 있다."[*]

"사실 1990년 이후로 중국은 정치적으로 안정되었고, 권력 승계도 순탄하게 이루어졌으며 경제적으로는 고도성장을 했어요. 이만하면 중국의 정치체제도 나름대로는 효율적으로 작동하고 있다고 볼 수 있을 듯한데요?"
"그렇게 볼 수도 있어. 하지만 정부가 경제를 강력하게 감독하는 바람에 정경유착을 피할 수 없었고, 그 결과로 공직 사회가 심하게 부패했지. 흔히 들리는 말로 중국에서는 뇌물을 쓰지 않으면 사업할 수 없다고 하잖아."
"중국에서 시장경제가 계속 발전하고 있는데, 그러면 장래에는 어떤 일이 발생할까요?"
"시장경제의 발전은 시장의 자율성 확대를 의미하기 때문에 권위적이고 경직된 정치체제와 충돌을 피할 수 없을 듯하군."

"중국의 근현대사에서 어떤 교훈을 얻을 수가 있나요?"
"오랜 세월 동안 전제왕권과 봉건적 인습이 깊이 뿌리 박힌 사회를 민주적으로 바꾸기는 매우 힘든 일이었어. 중화민국이나 중화인민공화국이나 이름뿐인 공화국이었고, 실제로는 독재 정권이 통치하는 사회였지."

"동양에서 민주주의가 발전하지 못하는 이유를 문화적인 차원에서 설명할 수 있을까요?"
"동양 사회에서 개인의 자유 의지보다는 집단에 대한 충성심과 권위에 대한 복종심이 상대적으로 강한 점이 민주주의 발전의 장애인 것 같아."

[*]   하랄트 뮐러, 『문명의 공존』, 푸른숲

전통적으로 중국은 아시아의 패권 국가였으며 문명의 중심을 자처했지만, 근대에 들어서는 쇠락의 길을 걸으면서 서양 열강 및 일본에 온갖 굴욕과 갈취를 당했다. 그래서 뮐러가 『문명의 공존』에서 말했듯이 오늘날의 중국은 열등감과 최고가 되고 싶은 욕망이 뒤엉킨 나라이다. 지난 몇십 년 사이에 성취한 빠른 경제 성장으로 중국은 두 번째 경제 대국이 되었고 국제사회에서 커다란 영향력을 행사하고 있다. 하지만 중국이 민주화를 이루지 못하면 현대판 문명 중심국이 될 수는 없다. 민주주의는 현대 사회에서 문명의 수준을 가름하는 핵심적인 척도로 자리 잡았고, 중국의 정치체제가 현대 사회에서 보편적으로 인정되는 민주주의 정체와는 멀리 떨어져 있는 것이 확실하다. 전국적 보통선거와 다당제의 도입은 중국의 민주화를 위한 선결 과제이다.

맺는말

군사 독재 정권 시절에 어린 시절을 보냈던 나는 민주주의라는 말만 들어도 가슴이 뛰는 사람이다. 내가 이토록 민주주의에 대해 열정을 품고 있는 이유는 아마도 자유를 끔찍이 사랑하고 정의를 소중히 여기기 때문인 듯하다. 그리고 민주주의의 실현이 자유롭고 정의로운 세상을 만들기 위한 필요조건이라는 확고한 믿음을 갖고 있다. 하지만 내가 원하는 민주주의 사회는 쉽게 이루어지지 않았고, 때로는 일보 전진 후에 일보 후퇴하는 행태를 보이기도 했다. 그렇다고 해서 그것이 한국 사회만의 문제는 아니었다. 세계사적으로 볼 때 서구 사회에서 출현한 근대 민주주의는 전 세계로 퍼져나가면서 많은 나라에서 실현되고 정착되었지만, 발전과 퇴행을 반복했던 것이 사실이다. 결론적으로 민주주의는 불안정한 체제이고, 그것은 투표함으로 입증되고 있다.

> "투표함은 지혜, 애국심, 인간성을 향해 열려있기도 하지만, 동시에 무지, 배신, 자존심, 질투심, 가난한 사람들에 대한 경멸이나 부자에 대한 적대감을 향해서도 열려있다."*

* 마이클 샌델, 『당신이 모르는 민주주의』, 와이즈베리

결국에 민주주의의 불안정성은 모순적이고 부조리한 인간의 본성에 기반을 두고 있다. 일찍이 아리스토텔레스는 "인간은 이성적 동물이다."라고 하면서 인간을 다른 동물과 구분하는 가장 주된 특징을 이성이라고 보았다. 만약에 인간의 본성이 이성이라고 규정한다면 투표함의 모순과 부조리는 어떻게 설명될 수 있을까. 반면에 유교의 경전『중용』에는 "천(天)이 명(命)하는 것이 성(性)이다."라는 말이 나온다. 이는 사람의 본성은 하늘이 결정했다는 의미로 흔히 이해되고 있다. 여기서 인간의 본성은 '기쁨(喜), 노여움(怒), 슬픔(哀), 두려움(懼), 사랑(愛), 싫어함(惡), 바람(欲)의 7개 감정적 요소의 결합이다.'* 투표함의 모순과 부조리에 관해서는 아리스토텔레스나 계몽주의의 이성보다는 유학의 칠정(七情)에서 답을 찾을 수 있을듯하다. 이성의 작용은 안정적이지만 칠정의 작용은 불안정하고 역동적이다. 그래서 이 세상에서 가장 예측하기 힘든 것 중의 하나가 유권자의 표심이고 그래서 투표함 민주주의는 어디로 튈지 모른다.

유권자의 투표함이 설사 한때 모순과 부조리를 드러냈다고 할지라도 민주주의의 퇴행을 막는 사회적 안전장치가 잘 갖추어져 있으면 위험은 감소한다. 설사 사악한 집단이 정권을 잡아도 쉽게 무너뜨릴 수 없는 민주주의 장벽을 제도적으로 갖추면 된다. 무엇보다도 권력의 견제와 균형 원리가 작동하도록 해야 한다. 더불어서 사상의 자유가 보장되어야 한다. 독재 정권은 흔히 이념적 독선을 통치 수단으로 악용했다. 공산당 정권은 마르크시즘을 내세우며 의회

---

*   김용옥, 『중용 인간의 맛』, 통나무

민주주의를 부정했고, '파쇼 정권'이라 불리는 우익독재 정권은 반
공주의를 악용하면서 국민의 민주화 요구를 짓밟았다. 해방 후 한
국 사회가 그 대표적인 사례가 아니었던가. 이념적 독선을 극복하
는 방안은 사상의 자유를 법적으로 보장하고, 어떤 사상도 사회적
으로 억압이나 탄압을 받지 않는 환경을 조성하는 것이다. 다양한
사상이 공존하고 교류하는 세상에서는 이념적인 독선을 통해서 국
가를 통치하려는 독재 정권이 설 자리가 없어진다.

민주 사회에서 개인들은 자유로운 삶을 영유하지만, 한편으로는
외로움과 불안에 떨면서 살아가고 있다. 시장경제의 불안정성으로
인해 개인들의 생계는 때때로 위기에 봉착한다. 심한 불황이 덮치
면 실업과 폐업으로 인해 삶이 나락으로 추락하고, 이성적인 판단
능력을 잃어버리기도 한다. 이런 시기에 사악한 정치 세력과 결탁
한 언론이 선동의 전위대로 활약하면 사악한 독재 정권이 출현할
수 있다. 그렇기에 민주 사회의 쇠락을 막으려면 공동체가 개인의
불안한 삶을 지탱해주는 지팡이가 되어야 한다. 결론적으로 자유와
사회적 연대성이라는 두 기둥 위에서 민주 사회는 안정된 건물을 지
을 수가 있다.

민주주의 흥망의 역사를 걷다
: 유럽, 미국, 중국의 여정

초판 1쇄 발행일 2024년 3월 25일
지은이 김종천
펴낸이 박영희
편 집 조은별
디자인 김수현
마케팅 김유미
인쇄·제본 AP프린팅
펴낸곳 도서출판 어문학사
　　　　서울특별시 도봉구 해등로 357 나너울카운티 1층
　　　　대표전화: 02-998-0094 / 편집부1: 02-998-2267, 편집부2: 02-998-2269
　　　　홈페이지: www.amhbook.com
　　　　인스타그램: amhbook
　　　　페이스북: www.facebook.com/amhbook
　　　　블로그: 네이버 http://blog.naver.com/amhbook
　　　　e-mail: am@amhbook.com
　　　　등록: 2004년 7월 26일 제2009-2호

ISBN 979-11-6905-028-9(03900)
정가 20,000원

※잘못 만들어진 책은 교환해 드립니다.